Urban Geography
(Third Edition)

城市地理学（第三版）

大卫 H. 卡普兰
[美] 史蒂文 R. 霍洛韦　著
詹姆斯 O. 惠勒

周晓艳　李　全　叶信岳　译

WUHAN UNIVERSITY PRESS
武汉大学出版社

图书在版编目(CIP)数据

城市地理学:第三版/(美)大卫 H. 卡普兰,(美)史蒂文 R. 霍洛韦,(美)
詹姆斯 O. 惠勒著;周晓艳,李全,叶信岳译.—武汉:武汉大学出版社,2021.12
书名原文:Urban Geography (Third Edition)
ISBN 978-7-307-22734-7

Ⅰ.城⋯　Ⅱ.①大⋯　②史⋯　③詹⋯　④周⋯　⑤李⋯　⑥叶⋯
Ⅲ.城市地理学—教材　Ⅳ.C912.81

中国版本图书馆 CIP 数据核字(2021)第 253532 号

责任编辑:王　荣　　责任校对:汪欣怡　　版式设计:马　佳

出版发行:**武汉大学出版社**　(430072　武昌　珞珈山)
　　　　　(电子邮箱:cbs22@whu.edu.cn　网址:www.wdp.com.cn)
印刷:湖北金海印务有限公司
开本:787×1092　1/16　印张:18.75　字数:433 千字　插页:1
版次:2021 年 12 月第 1 版　　2021 年 12 月第 1 次印刷
ISBN 978-7-307-22734-7　　定价:55.00 元

Foreword to Chinese Translation
of Urban Geography

More than half of the world's population now lives in cities, and these cities are more connected than they have ever been. This is especially true in China, which has witnessed an explosive urbanization in the last 30 years to become a predominantly urban society.

As a subdiscipline, urban geography received only scant attention in China prior to the late 1970s. Since the economic reformation of 1978, Chinese cities have gone through major economic and spatial transitions. The great changes in Chinese cities have provided precious opportunities and spaces for the development and studies of urban geography in China and this has resulted in a substantial quantity of works in the geography of Chinese cities and the urbanization process. In China, the subdiscipline of urban geography emerged out of geography but also incorporated principles of economics, sociology, and psychology. Many classical Western urban theories and traditions were introduced to China, and textbooks covered a host of different urban issues, among them urbanization, urban social structure, community types, and the relationships among the city classifications.

I am pleased to see that Kaplan and Holloway's *Urban Geography* (*Third Edition*) is now being translated into Chinese. As the best-selling urban geography text within the United States, *Urban Geography* offers the most comprehensive treatment and provides insights into the field as it has evolved, looks at the origins and development of cities, classical and contemporary urban theories and models, and the challenges found uniquely within cities. The information in this book can be adapted to nearly every urban society. We hope that Chinese students and other readers can benefit from our approach to urban geography and that you find the material most helpful in attaining greater understanding of cities in China and across the world.

著 者 序

目前，世界上有超过一半的人口居住在城市，城市之间的联系空前紧密。这个现象在中国尤其突出，过去30年里，在经历了一场迅猛的城市化后，中国已经成为一个以城市化社会为主的国家。

作为一门分支学科，在 20 世纪 70 年代之前城市地理学在中国受到的关注较少。从 1978 年改革开放以来，中国城市经历了重大的经济和空间转型。中国城市的巨大变化为中国城市地理学的发展和研究提供了宝贵的机遇，使得中国城市地理学伴随城市化进程产生了大量的研究成果。在中国，城市地理学不仅包含地理学，也包含了经济学、社会学和心理学的相关理论。许多经典的西方城市理论和研究方法被引入中国，教科书涵盖了大量不同的城市相关议题，包括城市化、城市社会结构、社区类型以及城市之间网络关系。

我们很高兴看到 Kaplan 和 Holloway 所著的《城市地理学》（第三版）（2014 年）被翻译成中文。作为全美最畅销的城市地理学教材，《城市地理学》为该领域的发展演化提供了最全面的阐释和深刻的理解，对城市的起源发展、古典和当代城市理论与模型及城市发展所面临的独特挑战进行了深入的研究。这本书中的研究内容几乎可以适用于所有的城市社会。我们希望中国学生和其他读者能从我们的城市地理研究方法中受益，并且也能有助于读者增进对中国乃至全世界城市的了解。

David H. Kaplan

译 者 序

随着工业革命兴起，城市化成为席卷全球的重要现象。而城市及城市化地区作为知识发现、社会进步、人类文明的主要场所成为众多学科的研究对象。进入 21 世纪以来，我国进入城市化加速发展阶段。中国的城市化已经成为带动世界经济发展的重要引擎。中国的城市化转型及城市研究亦成为全球关注的热点问题。

地理学是一门综合性的学科，贯穿其中是空间视角。城市地理学主要运用地理学原理从空间的视角来研究城市和城市地域。随着人文地理学的多元发展，城市地理学领域已从早期主要研究城市起源以及城市(镇)的形成、发展、空间结构和分布规律的学科，演变成为研究城市相关问题空间规律的学科。除了在技术手段应用上突飞猛进之外，城市地理学相关研究主题呈现出管理化与人文化趋势。

原著(*Urban Geography*, *Third Edition*)(2014)作为美国最为畅销的城市地理学教材，较全面地反映了近些年城市地理学多元发展的成果。该书在全球化、信息化的背景下，阐明城市起源、发展与空间布局以及城市体系等相关知识的基础上，从经济、社会与政治(规划)三个维度介绍城市地理学的基本原理及研究成果。本译著除了删去原著中美国种族、性别等对我国借鉴意义不大的内容以外，仍保留原著从经济、社会、政治多元视角解读城市地理学的相关教学内容，从而较好地保证了教材内容的系统性和前沿性。

本书亦为读者提供了解读城市地理问题的国际视角。书中美国等发达国家城市化及城市发展中出现的城市蔓延、城市住房、大都市区破碎化等若干问题，为未来我国城市区域治理提供了重要参考。另外根据原著形式，本书亦在每一章节根据教学内容需要设有专题，既有对正文相关内容的深度解读，也有对前沿技术应用的介绍；这些专题的内容既能加深学生对于教学内容的理解，也能拓展学生的专业视野。

本书可以作为高等院校城市地理学专业的本科高年级教材和教学参考书，也可以作为地理学、城乡规划学、经济学和公共管理学相关人员的研究和教学参考书。还可以为城市与区域规划、国土空间规划与经济发展战略规划等实践工作者提供重要参考和借鉴。

译者：周晓艳 李 全 叶信岳

前　言

詹姆斯·O. 惠勒（James O. Wheeler）是佐治亚大学（University of Georgia）的资深地理学教授，是《城市地理学》（*Urban Geography*）期刊的创始人且兼联合主编20多年。1999年底，他发现应该编写一本城市地理学领域新教科书。因为他意识到学生需要一本教材来了解城市研究中有趣和丰富的发现，需要以通俗易懂的方式阐述城市地理相关理论，并介绍如何应对城市发展面临的各种挑战。此外，他认为这本教科书的内容，在时间上将从远古城市的起源到当今的城市发展；在空间层面上既着眼于美国的城市，也会涉及世界各地多样的城市。

詹姆斯·惠勒很快召集了另外两位作者：肯特州立大学（Kent State University）教授大卫·H. 卡普兰（David H. Kaplan）和佐治亚大学教授史蒂文·R. 霍洛韦（Steven R. Holloway）。本书的前两版显然填补了城市地理学领域的空白，很快成为城市地理学领域领先的教科书。在计划编写第三版时，詹姆斯·惠勒在为地理学领域贡献一生后，于2010年底去世。大卫和史蒂文决定继承传统并接手新版本的编写和出版。

《城市地理学》（第三版）受益于几位外部审稿人的建议，尤其是在自己的课堂上使用本书的同仁的建议。我们感谢所有有益的建议，并希望将这一版修订得更加完善。再版时我们对每一章数据都进行了更新。我们尽可能地使用了2010年美国人口普查中的数据，还尝试对来自其他国家的最新统计数据和事实进行了更新。

大卫·卡普兰主要负责编写第2、3、5、9章，史蒂文·霍洛韦则主要负责第1、4、6、7、8章。经过共同努力，这本教科书基本达到我们的预期，因此这本书是两位作者的共同成果。

在此，大卫·卡普兰要感谢以下同仁的付出。感谢两位学生 Gina Butrico 和 Christabel Devadoss 对《城市地理学》（第三版）的出版提供了非常大的帮助；感谢 Jennifer Mapes 在绘图方面的帮助；同时感谢 James M. Smith, Leena Woodhouse, Samantha Hoover, Najat Al-Thaibani 和 Rajrani Kalra 在本书第三版编写过程中起到的重要作用；感谢詹姆斯·惠勒当初让他参与教材编写；感谢与史蒂文·霍洛韦多年来卓有成效的合作，而本书只是其中一个合作成果。

史蒂文·霍洛韦深切感谢詹姆斯·惠勒从求学期间至工作期间，在学习、科研和个人方面给予的长期帮助。没有詹姆斯的帮助，史蒂文不会拥有今天的成就，非常怀念詹姆斯及其为他所做的一切。史蒂文还感谢他的研究生，在编写第三版教科书的几个月里，对他们投入的时间和关注可能远远不够。来自佐治亚大学的几位同事也给予史蒂文许多支持与鼓励，尤其是 Hilda Kurtz，他在课堂上使用《城市地理学》（第二版），并且在第三版编写

1

过程中提供了非常有用的反馈。最后，史蒂文感谢大卫·卡普兰与他在所有关于城市方面有共同的兴趣与努力。他们共同相信如果不了解城市和城市化历史根源，任何对城市和城市化的理解都是非常贫乏的。

此外，我们感谢 John Wiley & Sons 公司的许多人，他们在本书第三版的出版过程中承担了大量的幕后工作。我们尤其要感谢 Ryan A. Flahive，地理和地质学的执行主编，在本书三版的编制中都有他的指导。也尤其要感谢 Denise Powell，他推动我们完成了关键的第一版。对于第三版，我们非常感谢 Darnell Sessoms 的善意和监督，他一直在协助我们的每一步。在最后出版阶段，我们也感谢 Brian Baker，Marian Provenzano，James Russiello 和 Wanqian Ye，我们的文字编辑 Veronica Jurgena 和 Laserwords 公司的 Lavanya Murlidhar 所作出的努力。

大卫·H. 卡普兰　史蒂文·R. 霍洛韦

目　　录

第1章　城市地理学发展概述

本章首先介绍过去和现在的城市地理学学科发展状况。我们从浏览对城市感兴趣的研究领域和学科开始，并注意城市地理学与这些领域的联系和明显区别。接下来，简单介绍城市地理学家研究城市的方法。然后，探讨一些与城市相关的基本却重要的问题：①如何界定城市，尤其是城市与其他非城市居民地对比有何不同；②如何划定城市的空间范围以及如何看待城市边界。最后，介绍本书的内容和方法，以便读者能抓住现代城市地理学的热点和动态发展，这一领域正随着全球城市人口的增多变得日益重要。

1.1　为什么研究城市？

城市是让人特别感兴趣的地方，也是持续增长的人类共同家园。20世纪90年代中期，全球首次有一半以上的人口居住在城市。到2015年左右，全球约70亿人口中有超过36亿居住在城市，而且其中每五个人里就有一个居住在人口超过100万的特大城市。未来城市人口增长的趋势会进一步加剧，据联合国预测，到2050年全球90亿人口中约2/3将居住在城市。

100年前，也就是20世纪初，全球还仅有14%的人口居住在城市。再往前追溯100年，在19世纪初，只有3%的人居住在城市。图1.1显示了在过去的几个世纪里全球城市化进程的迅猛变化。

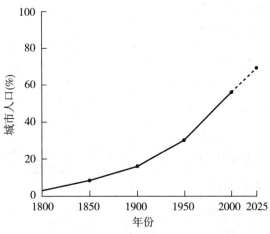

图1.1　1800—2025年世界城市化趋势

经济发达国家/地区(如美国、加拿大、西欧、日本、澳大利亚和新西兰等)，及经济快速发展的国家/地区(如韩国、新加坡等)，它们的城市人口比例明显超过其他地方。在美国和加拿大，超过 80% 的人口属于城市人口，而且几乎所有人在日常生活中都依赖城市。世界已经城市化，发达资本主义国家——它们彼此之间紧密联系——几乎彻底烙上了城市生活方式的印迹。即使是北美地区的乡村，也在信息、经济、社会联系、娱乐休闲、政治诉求、文化以及流行时尚等方面完全依赖大的中心城市。不管我们是否身在城市之中，我们实际都是城市的一部分。

2010 年，有超过 83% 的美国人居住在都市区(metropolitan area)，这是由中心城市加上周边与其有经济联系的城镇构成的城市地区。这些人口聚集在不到 1/4 的美国国土上。目前为止，美国的纽约都市区最大(1960 万人)，洛杉矶都市区次之(1280 万人)，芝加哥都市区第三(950 万人)(见表 1.1)。另外，人口在 400 万~700 万的都市区有 11 个，包括达拉斯-沃斯堡、费城、休斯敦、华盛顿、迈阿密、亚特兰大、波士顿、旧金山、底特律、河滨和凤凰城。此外，还有 37 个人口在 100 万~400 万的都市区。现在，超过一半的美国人居住在排名前 50 的都市区。

表 1.1　　美国人口排名前 20 的都市区(2010 年)及变化率(2000—2010 年)

序号	都市区	2010 年人口(百万)	2000—2010 年变化率(%)
1	纽约州,纽约	19.6	3.3
2	加利福尼亚州,洛杉矶	12.8	3.7
3	伊利诺伊州,芝加哥	9.5	4.0
4	得克萨斯州,达拉斯-沃斯堡	6.4	23.5
5	宾夕法尼亚州,费城	6.0	4.9
6	得克萨斯州,休斯敦	5.9	26.1
7	华盛顿哥伦比亚特区	5.6	16.5
8	佛罗里达州,迈阿密	5.6	11.1
9	佐治亚州,亚特兰大	5.3	24.0
10	马萨诸塞州,波士顿	4.6	3.7
11	加利福尼亚州,旧金山	4.3	5.1
12	密歇根州,底特律	4.3	-3.5
13	加利福尼亚州,河滨	4.2	29.8
14	亚利桑那州,凤凰城	4.2	28.9
15	亚利桑那州,西雅图	3.4	13.0
16	明尼苏达州,明尼阿波利斯-圣保罗	3.3	10.5

续表

序号	都市区	2010 年人口(百万)	2000—2010 年变化率(%)
17	加利福尼亚州,圣地亚哥	3.1	10.0
18	密苏里州,圣路易斯	2.8	4.2
19	佛罗里达州,坦帕街-彼得斯堡	2.8	16.2
20	马里兰州,巴尔的摩	2.7	6.2

来源:根据 2010 年美国人口统计局数据整理。

在美国排名前 20 的都市区中(见表 1.1),2000—2010 年期间人口增长最快的是河滨(29.8%)、凤凰城(28.9%)、休斯敦(26.1%)和亚特兰大(24.0%)。一些人口为 100 万人以上的都市区增长速度尤其快,如内华达州的拉斯维加斯和北卡罗来纳州的罗利,人口增长率都达到惊人的 41.8%,得克萨斯州的奥斯丁也增长了 37.3%。在 20 个最大的都市区中,2010 年底特律的人口较 2000 年减少 3.5%,波士顿、芝加哥、洛杉矶和纽约则都是以低于 4% 的速率温和增长。

城市的重要性远远超出"大部分人居住在城市或依赖城市而生存"这一人口统计学事实。著名的城市学家 Lewis Mumford 在 75 年前写道:

> 从历史上看,城市,是社区影响力和文化最为集中的点。在这里,许多不同生命的光束散发的光线在此聚集,以提升社会效率和意义。城市是完整社会关系的形式和标志,是庙宇、市场、司法大厅、学院的所在地。在城市里,文明的成果倍增并多样;这里是人类经验被转化为可行的符号、标志、商品模式和秩序系统的地方。这里是文明社会重大议题聚焦的地方,同样,这里的礼仪有时会展现成为充分分化和有强烈自我意识的社会中的生动场景。(1938,p. 3)

Mumford 回顾历史上的城市所发现的事实在今天同样成立。城市,伟大又平凡,是几乎生活的每个领域(包括政治、经济、法律、教育和文化)的权力和重要性汇聚的场所。Richard Florida 在 2011 年大西洋城博客(www. theatlanticcities. com)中第一次发帖时指出:"城市是人类最伟大的发明,它们在提供使我们更富创造性和生产力的密集性、相互作用和社交网络的同时,创造财富并提高我们的生活品质。它们是我们这个时代关键的社会和经济组织单元,将人口、工作和经济增长所需的所有投入聚集到一起。"

Bruce Katz 和 Jennifer Bradley 在他们最近出版的著作《都市革命》(*The Metropolitan Revolution*,2013)中指出,都市区对国家经济的重要性无可替代。排名前 100 的美国都市区仅占全国 12% 的土地,但聚集了 2/3 的人口和 3/4 的国民经济总产值。他们指出,今后都市区会越来越重要,因为它们体现了集中和集聚——创新型企业、熟练工人、富于冒险的企业家、支持性科研机构和协会构成的网络聚集在都市区,共同推进经济的运转及增长。本质上,没有所谓的美国经济,或者中国、德国、巴西经济,国家经济其实是由众多都市区经济构成的(Katz，Bradley，2013，p.1)。

即使对那些不关心城市的人来说，城市也应该得到尊重，以下的基本问题也应得到重视：是什么让人类如此集中地聚集在一起，以致我们称之为城市(cities)、城市地区(urban areas)或都市中心(metropolitan centers)？人类几乎在其整个历史进程中都居住在人口密度低、规模小且经常迁移的部落中，为什么仅仅是在过去的八九个世纪前才开始在大的定居点聚居？为什么在 1900 年前后美国城市人口总量才首次超过 3000 万，而现如今这个数值可以轻易被纽约和洛杉矶两大都市区人口之和超越？还有，为什么是在 1920 年美国城市人口首次超过总人口的一半？最后，为什么美国和加拿大出现了 50 多个人口超过100 万的都市区？是什么强大的、看起来势不可挡的力量，吸引人们日益向都市区聚集并同时又推动人口向郊区转移？在很大程度上，本书的目的是给人类定居点的集中和扩散这些基本问题提供深入的了解和答案。

1.2　怎样研究城市？

有很多专业和学科对认识和研究城市感兴趣，你可以主修其中的一个专业。在图 1.2 中，"城市"被描绘在图的中心，周围环绕着不同学科的名称。每一个学科都有一个分支来研究城市。例如，社会学研究城市具有悠久的传统——城市社会学就是其中的一个主要分支。类似地，其他学科均有研究城市的分支学科。一些分支学科(如城市社会学)已有较长的时间，而另一些(如城市生态学)则存在时间短得多。

你可能注意到，地理学并没有在图 1.2 中出现。这是因为地理学是一门综合学科，地理学的核心关注点(core concerns)需要来自所有其他学科的知识。贯穿地理学综合性的维度是空间。在某种程度上，城市历史学也是一门融入时间维度的综合学科。

图 1.3 将"城市地理学"放在中心，用双向箭头连接周围其他学科。意思是城市地理学要利用来自其他学科的信息和知识，同时城市地理学也产出被其他学科利用的知识。

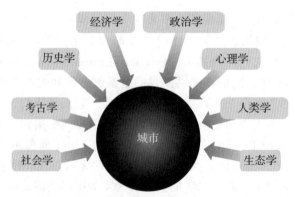

图 1.2　城市广泛分布，已成为当今人类社会必不可少的部分。很多传统学科有研究城市的分支学科，
　　　　如城市社会学、城市生态学等

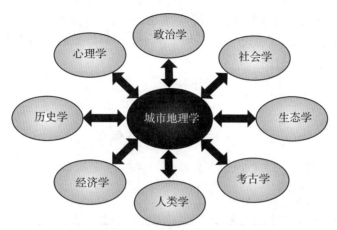

图 1.3　城市地理学是一门综合学科，它从各种关系密切的学科中借鉴信息和知识，也对这些学科作出贡献

除了旨在认识城市和城市系统的传统学科之外，还有许多为需要认识城市并且/或者想要改变城市的职业提供专业训练的应用学科。第一，城市规划是与城市地理学最密切相关的学科，人们学成后可以在政府及私营部门任职。第二，城市设计及相关职业（如建筑师、景观设计师、环境设计师等）也与城市地理学关系密切——许多来自这些学科专业的学生选修城市地理学课程。第三，公共管理学科为想要在公共管理部门工作的学生提供训练。虽然不是所有公共管理都与城市和城市地区相关，但具有公共管理学位的专业人士通常会从事对城市环境有很大影响的工作。第四，房地产的古老格言是"地段、地段和地段"，考虑到城市地理学在城市内部提供对地段（区位）的更好理解，房地产及其衍生职业常常提供应用城市地理学知识的机会。第五，工程学和土木工程，提供在城市环境建设和运营中需要的实践。第六，大量的非政府和非营利组织，尝试去改进城市及提升居住质量。

1.3　城市地理学学科

迄今为止，我们讨论了城市地理学是如何与其他相关学科发生联系的，但我们还没有详细讨论城市地理学的核心实质问题。地理学家广泛研究自然和人文环境，他们探索人类如何已经/正在改变自然景观、大气、水和土壤。然而，自然地理学家研究地貌（地貌学）、长期气候变化趋势和模式（气候学）以及自然和人为改变的动植物空间分布（生物地理学），人文地理学家则把关注点放在人类及其活动在地理空间的位置选择上。这一位置关注强调地方或区域尺度上的经济活动和行为、人类的社会和文化特征、地方和区域的政治权力关系等。城市地理学通常被看作人文地理学中研究城市或城市地区的一个分支学科。然而，当今城市地理学家越来越关注城市与生物物理过程之间的相互联系，关注可持续和修复的概念，这在人文地理学和自然地理学之间架起了一座桥梁。

城市地理学家重点从两个方面和两个尺度对城市和都市区进行研究。首先，通过强调在区域、国家或全球尺度上的一个系统或城市群之间的关系，我们采用一种城市间（intermetropolitan）或城市体系的方法。一幅美国城市夜间灯光的卫星影像（见专题1.1）引发了很多关于城市体系的讨论。

◎ **专题1.1**

明亮的灯光，大城市

美国国家航空航天局（NASA）制作了一种新的卫星影像，描绘了夜间灯光强度（图B1.1）：

这幅美国大陆的夜间灯光影像是由 Suomi NPP 卫星 2012 年 4—10 月获取的影像复合而成。数据由可见光红外成像辐射仪（Visible Infrared Imaging Radiometer Suite，VIIRS）的"昼夜波段"拍摄的，探测从绿光波段到近红外波段的波长范围的光线，并且利用滤波技术观察如城市灯光、气火炬点、极光、野火和反射的月光等微弱信号。（www. nasa. gov/mission_pages/NPP/news/earth-atnight. html）

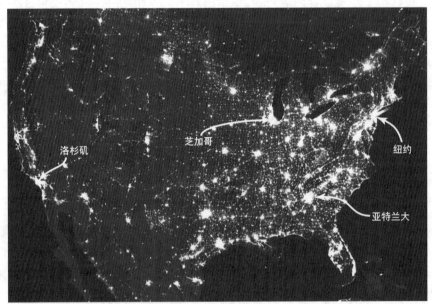

图 B1.1　NASA 的合成卫星影像描绘了夜间灯光强度（来源：美国宇航局地球观测站/美国国家气象局地球物理数据中心，www. nasa. gov/mission_ pages/NPP/news/earth-at-night. html）

这个国家的一些大都市区在影像上清晰可见，如纽约、芝加哥、洛杉矶和亚特兰大。你是否可以发现离你的居住地最近的城市？这幅影像展示了不同类型的城市体系或城市之间的位置，这也是城市地理学家喜欢研究的问题。为什么城市坐落在它们所在的位置？为什么一些城市比另一些城市大？城市是如何以自己的方式扩张的？城市是如何与其他城市相互联系的？如果我们有一个 100 年前的相似影像，虽然 100 年前的影像会更暗，但为什么城市体系在基本结构和格局方面（与现在）是相似的？对比还会促使我们去提问，为什么一些城市，比如亚特兰大在过去的 50 多年里扩张得如此迅猛？

在这幅影像上，我们应该注意的另一件事情是城市之间发生了什么。线性排列的灯光看起来像一条条连接大城市群的线。这些是高速公路，是一种城市之间连接的方式。实际上，这些连接既可以通过高速公路或飞行航线等交通基础设施，也可以以金融、信息或文化的方式进行。所有这些问题说明了我们对城市体系的关注，我们将在本书中解决这些问题。

有趣的是，这个卫星影像（当颜色反转时）几乎完美地匹配一张详细的人口点分布图，在这个图里每个人在地图上都用点来表示（地图来自 2010 年的人口普查数据，http：//bmander. com/dotmap/index. html#4. 00/40.00/-100.00），这证明了以不同形式的数据和分析结果去揭示城市化范围和格局的结果趋于一致。不过，有些不能在人口点分布图上看到的特征，而在 NASA 影像上是可见的。例如，跨越旧金山湾和坦帕湾的桥、墨西哥湾沿岸的石油钻井平台在 NASA 影像上都可以清楚地看到。

城市地理学家使用的第二个方法强调了大都市区域内部人类、活动和机构的空间分布格局，即城市内部（intrametropolitan）方法。这时问题被转化为城市内部空间是如何组织的：市中心商业区选址在哪里？富人居住在哪里？外来移民居住在哪里？由什么机制在推动？发展趋势如何？城市是如何通过内部交通（包括一般道路和高速公路、公共交通、铁路及其他方式）运转的？我们可以采用这一方法研究一些主题，包括土地利用/土地覆盖、地价、建成环境的演化、地方经济特征和健康程度、城市社会结构的性质以及如何反映在城市空间布局中，通常从相互分离和自然的角度考虑：城市如何改变非人类环境过程？城市如何管理和应对环境过程？例如，全球气候变化的影响，特别是海平面上升，越来越引起许多城市的关注。

同时，城市地理学家可以根据城市化进程的规模或水平组织分析研究（遵循城市间或城市内部方法）。此外，他们也按如下方式区分自己的工作：要么研究特定的城市（案例研究）或特定区域的一些城市（如俄罗斯城市、阿拉伯城市）；要么研究一个热点话题（如贫困、种族）以及尝试作出一般性的解释以应用于多个区域的众多城市。

在本书中，第 3~5 章应用城市间的专题方法（图 1.4 左下象限）；第 6~12 章采用城市内部的专题视角（图 1.4 右下象限）；第 13~15 章遵循区域传统，同时适用城市间和城市内部方法。①

---

① 译者注：由于章节的删减，此处的第 3~5 章对应本书第 3~4 章，此处的第 6~12 章对应本书第 5~9 章，第 13~15 章已删减。

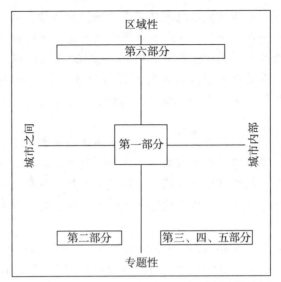

图 1.4　垂线代表城市地理学的区域性方法 (基于更大范围的专题或属性对有限数量的地点进行研究) 到
　　　　专题性方法 (针对一个或者几个特征对很多地方展开研究) 的连续性。水平线表示城市地理学从
　　　　城市之间 (中心体系) 到城市内部 (中心内的活动) 研究的连续性

　　城市地理学家研究城市中心的另一个重要方式——不论是在城市之间尺度还是城市内部尺度——是通过分析地方之间 (既包括城市之间, 也包括城市内部不同地点之间) 不同层次的相互作用或联系 (图 1.5)。例如, 考虑一个区域内一组依靠卡车运输联系的城市地区。一些中心, 因为自身的规模以及 (通过州际公路) 与其他中心的接近程度, 会使这些中心之间以及它们与其他中心之间形成更大的交通流量。这些流量值可以度量空间相互作用 (spatial interaction), 即中心之间的空间联系。类似地, 在城市内部, 交通流量也会在不同地点之间变化, 同样表现了不同程度的空间相互作用。

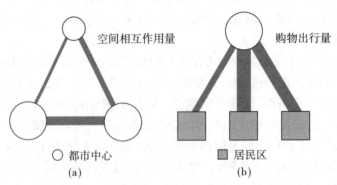

图 1.5　示意说明了城市中心之间 (a)、城市内部不同地点 (如仓库、工厂) 之间 (b) 的空间相互作用或联
　　　　系强度的假定级别。某年在三个城市中心之间通过航空运输的旅客数量可作为 (a) 的例子, 往
　　　　返于不同地点之间的卡车数量可作为 (b) 的例子

1.3.1　起源和演变

城市地理学从 20 世纪开始作为地理学科的一个分支。在 1900 年，当时只有 40%的美国人口居住在城市，地理学家主要对自然景观，特别是对地形和地貌的研究(后来被称为自然地理学)感兴趣。围绕少数学者提出的几个关键概念，城市地理学在 20 世纪上半叶逐渐形成。一些早期的工作阐明了地点(site，主要是自然属性)和位置(situation，该地点相对于其他地点的定位)两个概念在解释定居点的最初选址及随后发展成城市的差异。

Mark Jefferson 在城市体系空间结构方面的理论研究(如 1939 年的城市首位度定律)使他成为 20 世纪 50 年代末至 60 年代在城市规模分布研究领域最著名的地理学家(参见第 3章)。Chauncy Harris 和 Edward Ullman 对这个领域也有重大研究，"二战"刚结束时他们关于城市空间结构的论文(1945)，成为城市内部空间结构的三个经典模型之一(见第 6 章)，而且在今天仍然为城市地理学和社会学的教材内容(Harris，1997)。正式开设城市地理学课程始于 20 世纪 40 年代末，在随后的 10 年里城市地理学得到快速发展，成为一门重要的分支学科，并贯穿了 20 世纪下半叶(Berry，Wheeler，2005)。

1.3.2　研究方法论

自 20 世纪 50 年代成为一门重要的分支学科以来，城市地理学已使用多种方法论来进行研究。认识论(epistemology)是哲学的一个分支，关注如何以及在什么条件下产生知识——如何认识世界。城市地理学家通常认为他们的研究工作归属于四种主要方法论中的一个或多个，也就是说，城市地理学家力图用四种主要的方法论去探索关于城市的知识：实证主义，结构主义，人文主义和后结构主义。我们使用这些术语并不是让大家严谨地理解每一种方法论的哲学教义，而是这些术语为城市地理学家认识研究对象提供了广泛的描述性方法。

1)实证主义

实证主义是科学方法的认识论。大多数科学家没有花太多时间去考虑支撑他们工作的哲学假设和哲学信念，实证主义会帮助他们达成目标。对城市地理学而言，这个方法假设学生和研究者去理解的"事实"是存在于我们能力之外的。这意味着产生知识的唯一权威方式只能依靠对反复出现事件做严谨实证观察，结合通过假设检验的归纳和理论构建。研究者力求客观(用事实说话)，且成果能被其他学者验证。知识被认为是累积的，会对社会产生解放性的影响。几个城市地理学的流派的研究思想大致符合实证主义。尽管实证主义在城市地理学领域受到强烈批判，原因如下所述，但大多数实践这种研究方法的城市地理学家只是将他们所做的工作视为"科学"，并不明确坚持实证主义的哲学原则。

2)结构主义

结构主义认识论认同实证主义"通过人类的调查，大量的事实是可以被认识"的观点。但结构主义不同意实证主义所认为的通过观察反复出现的事件可以获得对"事实"的认识能力。相反，他们认为那些铸造显性事物特征的机制并不能直接被观察——它们是不易被度量的深层结构性现实。即使有多种多样的结构方法，在城市地理学中结构逻辑通常等同于马克思主义。马克思主义的结构逻辑认为，城市化过程只能结合对各种历史形态资本主义的深层理解才能被认识。

3）人本主义

人本主义地理学家有时像行为地理学（定义见下文）一样批判实证主义方法论，尤其是对其中假定的人类行为合理性。当然，他们也提出自己的批判，比如实证主义把人类当作临床试验者一样对待是不人道的，以及只有当事情是可以被测度时有效的观点。人本主义不是追求基于可复制方法的科学可证实的知识，而是注重意义和经验。人本主义较少关注理论和假设检验，更关注对于地方和景观的态度、观念和价值观。其中，最有名的人本主义地理学提倡者之一是段义孚（Yi-Fu Tuan），他（1976，p.266）深入思考了人本主义地理学的意义："人本主义地理学，通过研究人类与自然的关系、地理行为以及对于空间和地方的感受和想法，实现对人类世界的理解。"

段义孚创造了"恋地情节"（topophilia）这个术语，它是指对于土地的热爱，同时这也是一本最畅销的地理学著作名。举一个人本主义地理学的例子，一个城市地理学家步行穿过圣路易斯市中心，他对市中心土地利用的数值数据、广义模型、所见贫困的结构主义解释都不感兴趣。相反，这个地理学家力图体验式地解读圣路易斯市中心的味道和声音，以及市中心附近和远处的风景。

4）后结构主义

城市地理学研究的几个流派对实证主义、结构主义和人本主义认识论都有批判。虽然这些研究流派之间差异明显，但我们认为这些流派都有很多后结构主义的特点，比如他们认为最终具有普遍意义的真理是不可以被认识的。一些学者认为没有这样的真理，而其他不可知论者认为这种真理存在但不可知。他们利用这一点批判实证主义者和结构主义者，认为人本主义者不关注权力和不公正的问题。相反，后结构主义者为人类探究提供了各种各样的目标。虽然不是所有的后结构主义研究流派都认同此观点，但是其中的许多流派都认为"事实"是存在的，不过它取决于历史和地理的背景。还有许多人认为"事实"本身并不是最重要的，"事实"如何通过社会机制被发现的过程才是最值得研究的。观察在特定情况下情境和社会产生的事实是如何运转的及其相关后果才是研究目标。与实证主义研究不同，后结构主义者并非要去寻找放之四海而皆准的准则。

1.4 城市地理学研究流派

虽然大部分城市地理学家在各自的工作中应用千差万别的方法，但他们通常会与特定的研究流派联系更紧密。图 1.6 描绘了 1950—2020 年城市地理学的分支学科。在大多数情况下，这些流派属于以上介绍的 4 个研究方法论，但是几个流派随着时间的推移已经转变了方法论。

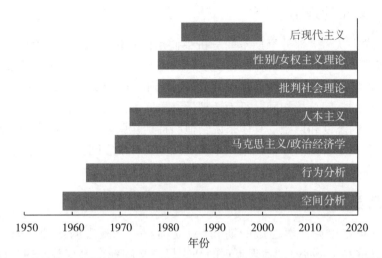

图 1.6 1950—2020 年城市地理学研究方法。尽管这里呈现的是不同的研究方法,但事实上这些研究流派彼此相互融合

1.4.1 空间分析

空间分析(spatial analysis),也称为空间科学,是第一个主导城市地理学的研究流派,属于实证主义的方法。它在很大程度上依赖新古典经济学的工具和理论,尤其是关于人类行为合理性的假定。"二战"刚结束的一段时间,城市地理学受三个德国学者的影响很大,他们是地理学家沃尔特·克里斯泰勒(Walter Christaller,1933)、经济学家奥古斯特·廖什(August Lösch,1938)和阿尔弗雷德·韦伯(Alfred Weber,1929)。克里斯泰勒和廖什关于德国南部城市模式的研究就是后来的中心地理论。韦伯的简单但富有洞察力的理论解释了工业区位选择基于三个因素:最小运输成本、最少劳动成本和集聚效应带来的成本节约(通常是在城市内部或城市区域范围内接近其他企业)。托斯滕·哈格斯特朗(Torsten Hägerstrand,1967[1953])的《作为空间过程的创新扩散》(Innovation Diffusion as a Spatial Process)在城市地理学领域引发了研究热潮。英国地理学家彼得·哈格特(Peter Haggett,1966)则整合了早期出现的空间分析研究——其中大部分的研究是美国学者所做——且为新的定量空间分析在整个 20 世纪 60 年代占据城市地理学主导地位提供了一个更加坚实的基础。

城市地理空间分析研究最典型的特点是统计和数学模型的运用,这些模型也被其他如社会学、生物学及自然科学使用。Taaffe(1974)认为这些技术对地理学有三个方面的革新:技术的(统计和数学),理论的和定义的。基本统计技术被应用于城市数据分析以建立普遍性的关系;通过提出和检验假设,建立了理论模型;地理学被定义为抽象概括的和细致严谨的学科,而不是描述性的。这些思想上的改变导致对早期强调描述性方法的摒弃。

1.4.2　行为城市地理学

行为地理学家认为大部分早期空间分析中使用的总体分析(研究大群体)过于宽泛而不能解释城市背景下个人和小群体的行为。行为地理学遵循空间分析使用的科学的/实证主义的方法,但又研究个人如何作出空间决策,比如在哪里买房子或如何选择最佳上班路线。与很多早期的空间分析相同,行为地理学家质疑了人类行为合理性的假设。他们转而强调个人对地方的态度和期望。具体来说,他们特别强调如何了解城市的不同区域、如何作出地理选择和决定、如何评估风险和不确定性以及日常空间行为的特点。行为城市地理学和心理学科存在一定的重叠。

1.4.3　马克思主义城市地理学和城市政治经济学

随着 1969 年克拉克大学出版的期刊《对立面:一本激进的地理杂志》(*Antipode:A Radical Journal of Geography*),地理景观的马克思主义解释变得日益普遍。以大卫·哈维(David Harvey)的《社会公正和城市》(*Social Justice and the City*,1973)为例,马克思主义城市地理学家认为空间分析太专注于区位的几何排列和地表的相关性,因而不能了解和挑战不公正。比如,大部分区位论将关注点放在资本家的利润而不是工人阶级身上(Massey,1973)。在研究和面对一些不公正的根本原因时,马克思主义地理学家强调了解资本主义生产结构及其劳动关系的重要性。这些不公正包括城市贫困、对妇女和少数族裔的歧视、城市社会服务的不公平性以及不发达的第三世界等。马克思主义城市地理学家研究这些现象的内在矛盾,以及这些现象是在哪里及如何与更广的社会经济背景相关联。理解复杂社会问题的结构性根源,为社会转型革命提供了可能。激进派和马克思主义城市地理学家认为他们的工作与在 20 世纪 60 年代晚期和 70 年代早期出现的其他激进社会运动相呼应。

早期马克思主义城市地理学中的愤怒和彻底的激进主义特点已经发展成熟,使得马克思主义城市经济学成为最强大、最广为认可的城市地理研究流派之一,现在这个流派通常被称为城市政治经济学(urban political economy),它主要关注广义的政治和社会关系的经济结构之间的变化关系。城市体系的结构和城市内部的结构可以理解为反映和构建城市的政治经济。实质上,城市政治经济学对经济全球化的兴起,以及新自由主义政治意识形态影响下的政府与城市经济之间不断变化的关系关注甚多。许多致力于政治经济学传统的城市地理学家并不强烈支持结构主义视角,而是呼应一些后结构主义研究流派的观点。

1.4.4　城市地理学中的社会批判理论

20 世纪 70 年代末和 80 年代,各种社会批判理论(critical social theory)发展和整合进入人文地理学和城市地理学。社会理论家采用了一种批判政治的观点:"致力于以某些方式改变世界使其更好。社会理论在风格、特征和内容上几乎一直是左翼的,即致力于人类解放。(Peet,1998,p.7)"社会理论家不接受空间联系(距离、扩散速率、干扰机会)决定通勤和迁移等社会活动的观点;相反,他们认为是社会关系解释了在地图上显示的地理空间分布或模式。只有揭示和理解了人的能动性(human agency)或者社会环境与权力之间的关系，我们才能理解空间属性。所有的人类现实是社会建构（socially constructed）的产物，即被人类创造。

1.4.5 女权主义城市地理学

在 20 世纪 70 年代，性别和女权主义理论很有意义地进入地理研究领域。这个流派的研究与四个认识论方法中的三种相关。例如，早期 Hanson 和 Hanson（1980）研究瑞典乌普萨拉的男性和女性通勤模式，发现女性就业者的通勤移动性显著低于男性就业者（p. 294），两人运用了空间分析工具去研究性别差异。从整个 80 年代到现在，人们对女权主义地理学的兴趣大大增加。正如 Melissa Gilbert（1997，p. 166）所说："城市进程和日常生活的女权主义研究正繁荣发展，这类主题的会议论文、期刊文章和书籍的大量出现佐证了这一点。"她同时也指出："许多女权主义城市地理学家已经开始研究城市女性经历的多样性，以及不同的不平等结构塑造城市进程的方式。（p. 167）"

当人们探讨父权制和资本主义之间的联系，尤其是关于女性承担社会生育责任的结构化角色时，女权主义理论和女权主义城市地理学呈现出一个更加结构主义的特性。（他们）在城市空间结构（比如郊区化）与劳动性别分工及一系列家庭责任的关联上取得了显著进展。

最近，女性主义理论已经变得相当多样，与后结构主义方法产生强烈的共鸣。女权主义仍然把重点放在权力和压迫上，但是认为单纯从与资本主义结构的联系中并不能理解父权制。"女权主义理论认为性别就像阶级和种族一样，是社会组织的基石。在这种程度上，性别关系维持了一个可以塑造个人能力的权力系统。性别不是生理上设定的，而是通过男性和女性在家庭、学校、工作场所和国家的行为中约定俗成的产物"（Pickles，Watts，1992，pp. 312-313）。性别是权力系统交织的一部分，是构建在物质基础上的社会产物。与早期相比，女权认识论变得更加微妙和多样。这些认知把女权主义意识带入城市地理学的研究中，这与早期假定的"男性"（masculine）城市形成对比。Gilbert（1997）简明扼要地总结了女权主义城市地理学的现状："现在的女权主义城市地理学家，虽然保留了具有重要意义的性别作为一个分析类别，但正在具体层面上研究不同结构和不平等之间的关系是如何彼此构成以及如何在空间上构成的。探索城市女性经历的差异通常需重新定义女权主义城市理论。（p. 168）"

1.4.6 后现代城市地理学

在某种程度上，地理学出现后现代主义流派可以追溯到 20 世纪 80 年代 Michael Dear 和 Ed Soja 的著作（据 Dear，1988；Soja，1989）。与其他采用后结构主义方法的流派一样，后现代主义也不认为科学是产生知识的唯一有效方式。后现代主义对于实证主义和结构主义的批判可能是最强烈的，但后现代主义自身也成为最具争议的研究流派之一。这部分源自许多学者和学生将一系列被称为后现代性的社会变革与后现代主义的研究议程混淆了。后现代主义早在地理学家涉足的几十年前就已出现——因为社会开始怀疑科学的合理性及科学解决紧迫社会问题的前景。犬儒主义和怀疑论日益渗透到西方社会，随之而来的文化分裂和对差异的推崇，导致社会、政治和经济的分裂。

比较而言，后现代主义通常与 20 世纪 70 年代开始的艺术和建筑潮流相联系。之前，极端现代主义是基于非常简单朴素的形式，它反映和促进建筑的功能，而不是呼吁只关注外形。许多建于"二战"后初期的市中心摩天大楼，是后现代主义的极端例子。后现代主义在设计上较为叛逆，并沉迷于在组合艺术品中庸俗设计元素的模仿。带入学术界，后现代主义不认同空间分析认知的贫乏和缺乏特色，以及结构主义马克思主义的傲慢本性。Michael Dear 在《后现代城市状况》（*The Postmodern Urban Condition*，2000，p. 1）中称："现代主义思想的原则已经被破坏、怀疑；在他们的位置上，认知新方式的多样性已经被替代。"他接着说："21 世纪地理学的诞生，促进了后现代主义思想的兴起，后现代主义思想鼓励和坚持用新方式看待世界。基于对差异和激进不可判定性的敏感，后现代主义已经质疑我们关于需要、表现和做选择的方式。"

然而，除了对现代主义的排斥，定义什么是后现代主义是困难的。事实上，考虑到后现代主义对范畴的排斥以及多种多样的解释，后现代主义不认同任何简单的定义。后现代主义欣赏复杂性和多样性、主观和模糊不清以及混乱和矛盾。虽然后现代主义希望释放现代主义带来的压抑和束缚，消除种族歧视和性别歧视等基于社会的权力关系，但许多人批评它，因为它的模糊性和复杂性损坏了一个明显进步的政治策略。尽管在 20 世纪 90 年代中期后现代主义引起了广泛的关注，但今天几乎没有地理学家再使用这种方法，伴随它的那些论战也消失了。

1.4.7　地理信息科学和城市地理学

地理信息科学（Geographic Information Science，GISci）是地理学最新的和增长最快的领域之一。地理信息科学从传统的地理学子领域发展而来，如地图学、遥感和卫星数据图像处理以及计算机科学和地理数据编码等。在许多方面，以城市为重点的地理信息科学是空间分析研究流派的现代版。美国地质调查局（U. S. Geological Survey）将地理信息系统（Geographic Information System，GIS）定义为："一个由硬件、软件以及程序组成的系统，其中程序用于支持采集、管理、处理、分析、建模和显示空间数据以解决复杂的规划和管理问题。"地理信息科学/地理信息系统在 20 世纪 80 年代中期成为一个独立的分支，至 80 年代后期已经成为北美大学里一门普遍开设的课程。进入 21 世纪，GIS 仍然是地理学中发展最快的领域，这可以从就业机会、专业会议的论文数以及出版的书籍，尤其是学术期刊上的文章得到反映。GIS 以及相关技术正越来越多地出现在城市的日常生活中（专题 1.2）。

GIS 对城市地理学家有天然的吸引力，城市地理学家在规划、研究和教学中经常使用 GIS。包括城市和区域规划在内的政府部门，以及城市研究学者，都大大扩展了在城市问题上应用 GIS 的范围和可能性。

GIS 运用带有空间特征和尺度特征的地理数据。地理空间要求数据以坐标空间（比如经度和纬度）进行组织，以便不同来源的点、线、面数据可以进行关联。地理尺度则意味着在高度复杂的城市地区，小地块的数据需要在不同的以及更详细或更综合的比例尺上进行显示或者分析。

图 1.7 显示了几个典型的城市 GIS 图层数据。一些数据,如零售网点,用点表示;另一些数据,如行政单元,用多边形,也就是由一系列的线段围成的封闭区域来表示;还有一些数据,如道路、河流或者基础设施,则用线来表示。尽管原始数据格式不同,地理信息系统允许这些数据结合在一起进行显示、建模、分析和管理。

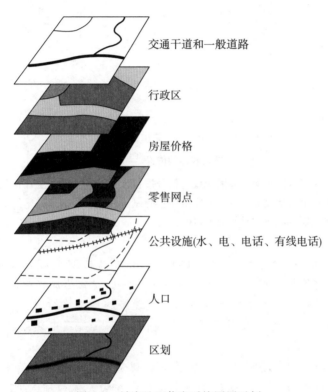

图 1.7 城市地理信息系统图层示例

◎ **专题 1.2 技术和城市地理**

全球定位系统(Global Positioning System, GPS)

GPS 最初由美国国防部开发用于军事导航,现在已大量并越来越多地应用于城市。简单来说,GPS 是一个用来对地球上的地点精确定位的技术。

GPS 背后的原理相当简单,但是它的实现耗费了美国政府数百亿美元的高新技术投资。这个系统由 24 颗卫星组成,它们在地球上空约 12500mile(1mile = 1609.344m),均匀分布在 6 个轨道平面上。每个卫星向地球发射无线电信号,有 GPS 接收器的人可以接收这个信号。卫星和地面接收器采用同步的原子钟,可以计算以光速传播的无线电信号到达地球特定地点的精确时间(图 B1.2)。通过 3 个(有

时是 4 个)卫星信号组成的三角测量方法，可以找到 GPS 接收器的位置，精度在 15~
30ft(1ft = 0. 3048m) 之间。

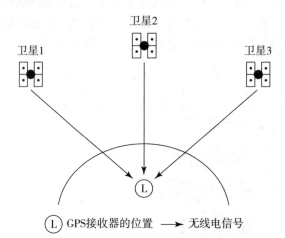

图 B1. 2　通过卫星发送以光速传播的无线电信号进行三角测量，地球上任何地点都可以被准确定
　　　　位。地球上的接收器和卫星有完全同步的原子钟，这个定位是基于 3 个无线电信号到达
　　　　GPS 接收器所花费的时间来测定的

　　GPS 在城市的一个重要应用是在汽车上安装卫星接收设备以跟踪被偷的汽车。
另一应用是通过外科手术在宠物身上植入米粒大小的微芯片以帮助它们与主人团聚。
同样，定位装置可以置于手机上以帮助寻找迷路的徒步旅行者，而且随着 GPS 接收
器的价格持续下降，还可以用它找回在现代城市"迷宫"中迷路的游人和参加会议
的人。
　　在城市社会空间，GPS 的应用应该发展到哪种程度呢？举例来说，阿尔茨海默
患者可能会离群走散，那么社会是否应该允许在病人体内植入 GPS 微芯片接收器？
这个技术应该用于追踪假释的猥亵儿童犯、毒贩或者被怀疑不忠的配偶吗？社区孩子
会被采集指纹，为什么不坚决要求在他们身上嵌入一个有用的 GPS 芯片？显然，和
其他技术一样，这个技术有很多可能性，同时也面临道德问题。

　　城市地区的商业企业利用 GIS 集成多源数据可以为市场区域的变化做安排、分析销售
业绩、选择新店的位置或者找出现有的业绩不让人满意的网点。数据可以来自美国人口普
查数据和其他政府部门、咨询公司以及公司自身。这些数据可以基于人口普查区、地方规
划区、交通活动区、邮政编码、零售市场区甚至单个家庭。GIS 将这些数据整合起来分析
各种业务的增长情况；规划公司扩张可能带来的影响，增强竞争力；以及确定在供给点和
需求点之间的货运量。总之，20 世纪 60 年代，GIS 的空间模型开发和应用越来越多地被
应用在城市商业公司、城市规划以及城市学术研究和教学中(Sui, 1994)。

1.5 城市

1.5.1 城乡连续区

为了理解城市的本质和城市化进程,我们需要考虑如何界定城市。我们将从两个方面来界定城市:首先,我们将使用城乡连续区(rural-urban continuum)的概念。城乡连续区内部特征多样,范围从连续区一端的农村或者以任何方式来看都明显不是城市的地方,延伸到另一端百分百的城市(任何人都认为是城市的地方)。一片荒野或者一个几乎没有农场的地方在某种程度上可能被大部分人认为既不是城市也不是农村。其次,在纽约,特别是曼哈顿,显然是整个国家最典型的城市地区。图1.8描绘了城乡连续区,端点由具有独特性的地方占据。

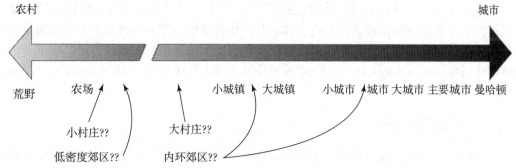

图1.8 城乡连续区。政府和研究人员经常把定居点分为城市和农村(或非城市)。事实上,定居点有多种特征,可以认为是连续的。面临的挑战是制定可以把城市和农村之间区分开的标准

然而,这是一个定居点的连续区,意味着我们不仅需要确定连续区的终点,在终点之间还有各种类型的定居点。沿着这个连续区,我们要将这些定居点放置在哪里?很显然,我们会将大、小城市选址在连续区的城市一端。但是小村庄或者一个较大的村庄呢?小村庄是几乎没有商业和公共机构用地的聚落,而较大的村庄是有一些商业和公共机构用地的较大聚落。小城镇呢?是更大一点的定居点吗?郊区呢?一些发展于20世纪早期、历史较长的郊区不仅面积大且密度高,属于连续区中城市的一端。其他郊区在都市区边缘的远端,密度很低。这些区域是在连续区的农村一端吗?

城乡连续区引导我们思考用线来分割连续区的标准,也让我们更好地理解城市的基本特征。第一个标准与人口有关,显然城市地区比非城市地区拥有更多的人口。这看起来很简单!即使如此,人口这个标准取决于具体的国家,不同国家之间的人口标准差异很大。对某些国家来说,只要一个地方有200个居民,就会把这个地方定义为城市。而对其他国家如美国而言,长期以来的传统观点认为,一个至少有2000人口的镇才能被看作城市。其他国家设定的人口阈值要大得多,甚至高达2万人。所以我们可以看到,在不同的地

方，这一人口标准各异。

但是，仅有人口数量是不够的，我们还需要知道人口密度。换句话说，相比居住在那儿的人口数量，我们更需要了解那地方有多大。因此第二个标准是密度：城市地区的居住人口密度比农村地区要大很多。总之，用人口规模和人口密度区分城市和非城市地区走了很长一段路。

比如，有一些地方显然是城市，但人烟非常稀少，这在西方国家，特别是在美国尤为常见。再如亚特兰大这样的大城市，其在远郊边缘有极低密度的开发。尽管这些地方有一些小镇或乡村生活的特点，但它们与亚特兰大都市区有着紧密的联系，所以我们可能需要将这些空间视为城市。与此相反，有大量人口集聚，但几乎所有居民都以农业或渔业为生的地方，我们真的想从根本上把这里看作城市地区吗？

除了人口规模和人口密度，另外的标准可以是社会的、经济的、政治的、文化的、生态的、建筑的或者与设计相关的。关键是要批判地、全面地思考是什么让城市空间从根本上与非城市空间区别开来。

城市理论家 Neil Brenner 认为城乡连续区已经过时，且具有误导性。他认为城市化在全球已无处不在——作为政治、经济、社会和文化系统的一部分，被迅速发展的通信能力所促进——任何地方被认为是非城市地区都是没有意义的。相反，他认为我们应该考虑星球城市化(planetary urbanism)，毋需试图区分城市和(不存在的)农村(Brenner，Schmid，2012)。

1.5.2　城市空间范围

随着讨论的继续，我们转向关注定义城市的空间范围。换句话说，我们如何划定城市的边界？现在有两种划定边界的主流方法。

1)功能方法(Functional Approaches)

划定城市空间范围的一种方法是考虑城市本身的影响范围，也就是深受城市影响的空间。腹地(tributary areas)是指为城市提供消费市场的范围，或者城市商品/服务到达的范围。举两个例子，一个医院为居住在城里的人提供医疗服务，也为居住在城外的人和来这个城市看病的人提供服务；一支运动队，如佐治亚州的雅典市有一支很厉害的橄榄球队，人们会从很远的地方来这里观看现场比赛。这两个例子说明，一个城市在文化、经济、商业上的影响范围大于城市本身。

城市的势力范围大于城市本身的另一种方式是体现就业者每天移动的日常城市体系(daily urbansystem)。日常城市体系描述通勤者因为工作关系从某个空间向城市的运动。我们有时会将这个空间称为劳务输出区和/或者通勤区。通过城市与周边地区通勤的过程，反映出它们每天在经济、社会，甚至政治上的交流。

2)形式方法(Formal Approaches)

到目前为止，我们已经讨论了依据城市对周边区域的影响范围，用功能来划定城市边界的方法。形式方法会指出城市的实际边界，最常见的是指出城市的法律边界。这是当我们说"某某市"(如亚特兰大市)时最典型的意思。需要注意的是，正式的城市边界与人们通常认为的"市"可能有很大不同。例如亚特兰大，相对于人口超过 400 万人的整个都市区，正式城市边界内的面积和人口规模都小很多(仅约 50 万人)。亚特兰大市周围，还有数十个法律意义上的郊区和许多由县级政府管理的郊区(属于亚特兰大都市区的)。

地理范围小于"真正的"城市或功能方法定义的城市时，称为边界低估(under bounded)(图 1.9)。这一现象在历史比较悠久的都市区非常普遍，在这些地方正式边界在较早的历史时期就已设置。随着城市的增长，独立的法律管辖区往往包围原来的老城市。然而，还有些城市是边界超估(overbounded)，即在正式城市边界内还有很多未开发的空间。超估的城市在美国西部和西南部更为常见，这些地区的城市在最近几十年快速增长。在美国所有的大都市区，都有一大批复杂的法律意义上的管辖区，而不仅仅是城市及其法律上的郊区。像消防、学区、供水和排污这类基础设施和公共服务，通常由法律上承认的管辖区负责组织，这些司法管辖区通常并不恰好在这个法律意义的城市范围内。总体来说，大城市常遭受管辖权碎片化(jurisdictional fragmentation)的苦恼，这造成了混乱和政治上的争议。

第二个界定城市边界的形式方法是用于统计目的，即设置边界是为了方便数据的收集和传播，这就是所谓的统计边界。在美国，宪法授权人口普查局统计人口，人口普查局也收集了很多非常重要的关于人口的数据。为此，人口普查局设置了广泛的城市形式边界体系。其中一个系列的边界是针对城市内部小块地区，从最小的"街区"(blocks)单元开始，人口普查局有全国范围内这种数百人居住单元的形式边界数据。街区群(block groups)则由一组街区组成，每个街区群平均约 1000 人。

片区(tracts)是由一组街区群构成的，平均容纳 4000~6000 人。片区被认为是"邻里"(neighborhood)这一概念的最好代表(尽管关于它们的表现有很多争论)，同时也被广泛应用。这些系列数据都可公开获得，且数据时间跨度长达几十年，使得我们可以对邻里的变化进行研究。

人口普查局还用其他方法定义了城市边界。如为了反映土地城市化模式，设置了城市化地区(urbanized areas)和稍小的城市集群(urban clusters)的边界。这些边界围绕着连续的城市建成区，与我们在航片或卫星影像中"看到"的城市边界是最一致的。按"城市化地区/城市集群"定义边界的不利因素是，随着城市化进程的推进，它们的边界会随着时间而急剧变化。

我们要讨论的最后一个统计边界概念是基于核心基础统计区(Core Based Statistical Area，CBSA)。这一概念尝试从形式上表示一个城市周围更大的区域或功能上整合的多个城市。CBSAs 的基本构成单元是完整的一个县——要么属于，要么不属于。不过新英格兰地区有两套 CBSA 边界，分别基于县(counties)和镇(townships)。在 CBSAs 内有两种类型的县。一种是核心县(corecounty)，这种县必须有人口介于 10000~50000 之间或者大于 50000 的核心城市地区(core urban area)。

当另外的一些县与核心县发生联系，并且每天都有充分的相互联系(主要是通勤联系)时，这些县就被加入核心县所在的 CBSA。所以，当一个县毗邻一个核心县，且该县有足够比例的居民(大于 25%)在核心县工作，这个县就被纳入 CBSA。当然也可以是核心

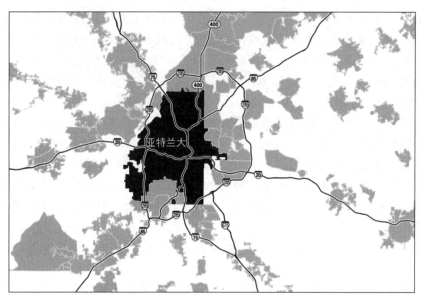

图 1.9　亚特兰大市(黑色部分)周边是许多合法并入的地方(灰色部分)，显示了城市边界低估的特性和
管辖权碎片化的问题

县的就业者通勤进入邻县。这是美国人口普查局的尝试，试图用一种不随时间变化的地理
单元来估算日常城市体系。

按照核心县城市规模的大小，CBSAs 被分为两类。大都市区(metropolitan areas)，是
人口超过 5 万人的城市化地区。小都市区(micropolitan areas，见专题 1.3)，作为核心的城
市集群，人口在 10000~49999 之间。

为了反映大都市区正在变得更大以及在更大的范围内变得更有影响力这一事实，出现
了"组合区"(combined areas)这一概念，从字面上理解就是大都市区与毗邻的大、小都市
区的组合，这些都市区有共享的(一段)边界，且通过通勤实现经济互联。

◎ 专题 1.3

小 都 市 区

美国行政管理和预算局(Office of Management and Budget，OMB)定期更新美国大
都市区，也就是大都市统计区(Metropolitan Statistical Areas，MSA)的定义指南。在
20 世纪 90 年代末，美国行政管理和预算局对与大都市区相关的概念和定义进行了全
面的审查[大都市的标准检查项目(Metropolitan Area Standards Review Project，
MASRP)]。作为成果，美国行政管理和预算局在 2000 年发布了新的条例，修改了大
都市区的概念、术语和定义。概念的更新基于核心城市地区与周边地区之间的经济和
社会关系。这个概念里，县是构建大都市区的基本单元，以镇为单位来定义的新英格
兰除外。基于这些条例，就得到了核心基础统计区(CBSAs)。大都市区的 CBSAs 是

以核心县为中心，至少包含一个人口超过5万的城市化地区，加上通过至少25%的就业人口交换(通勤)而与核心城区有密切联系的毗邻县。

2000年版的美国行政管理和预算局条例还创造了一个新的地理名称，叫作小都市区(micropolitan areas)。小都市区也是一个CBSA，核心县包含至少一个人口在10000～49999之间的城市集群。如果毗邻县与核心县之间的就业人口交换(通勤)足够强，那么毗邻县就能被纳入进来。小都市区定义了小城市和它的功能性邻域。

美国行政管理和预算局在2010年又稍微完善了一下条例，并在2013年开始执行。图B1.3显示了佐治亚州一些小都市区的例子。佐治亚州的都柏林是一个小城市(2010年人口为16201人)，位于该州中心。它可以被定义为一个小都市区的核心。位于劳伦斯县(人口为48434人)的都柏林，与梅肯和萨凡纳经16号州际公路相连，劳伦斯县与东北方毗邻的约翰逊县构成了小都市区，因为两县之间的通勤人口超过现有人口的25%。约翰逊县(人口为9980人)的主要城市是赖茨维尔，其2010年人口为2223人。在2010年，这个由两个县组成的小都市区的总人口是58414人。惠勒县(2010年人口为7421人)也毗邻劳伦斯县，但不是小都市区的一部分。因为约翰逊县本身就业岗位相对较少，而且与都柏林有优质双车道公路连接，通勤距离仅为15mile，而从位于惠勒县的麦克雷到都柏林，经优质双车道公路通勤，则有超过30mile的距离。

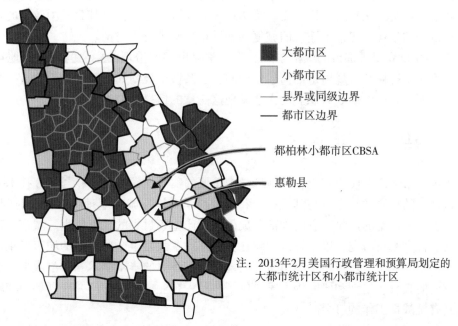

图B1.3　佐治亚州的大都市和小都市核心基础统计区(CBSAs)，基于2013年实施的条例版本(来源：美国人口调查局)

1.6　本书介绍

如前所述，过去几十年，城市地理学已经成为地理学的一个主要教学科研领域。近年来，成千上万的大学生学习了城市地理学，他们中的许多人已经在攻读研究生学位，或在城市地理、城市与区域规划、公共管理和相关领域任职或任教。对许多学生来说，城市地理学是一门与日常生活密切相关、富有魅力且让人兴奋的学科。在对本学科进行了一个概略回顾后，接下来我们再对本书进行一个简单的总结。

引言章节(第 1 章)之后，在第 2 章介绍城市的起源和发展。为什么早期城市恰好在那个时间出现？为什么它们恰好出现在那里而不是其他地方？第 3 章从全球化的视角探讨世界城市体系，阐述了世界上的城市、资本主义的角色、世界城市之间的联系和跨国公司的作用。我们强调信息通信技术(ICT)在促进全球城市体系形成中的作用。

第 4 章和第 5 章转向讨论都市区的经济格局。第 4 章探讨了市中心/中央商务区角色的变化，以及 20 世纪的郊区在人口、零售业和制造业方面的崛起和发展。经济景观的研究之后是生产景观，也即第 5 章的制造业。在最近几十年，制造业就业人数和比例经历了急剧下滑，而且都市区内制造业用地的区位也出现了根本的变化。

第 6~7 章研究都市区的社会景观。这一部分的关注重点是人，即这些人住在哪里，以及如何居住。第 6 章不仅提出城市社会空间的传统模型，而且研究了城市内部空间组织的新要素——全球化和后现代主义。第 7 章则关注城市住房，尤其是其中政府的角色，对房地产市场的歧视、房市萎缩、旧城复兴和城市蔓延进行了讨论。

第 8~9 章介绍了都市的政治景观。第 8 章提出都市治理的主要问题以及地理和政治分裂。第 9 章解释城市规划是如何起作用的，以及城市规划如何帮助我们创造一个更美好的城市。那些希望以规划为职业的人会发现这一章的信息特别丰富。

1.7　小结

当今城市地理学应用广泛，是地理学中重要的实质性领域之一，与 GIS 技术一起成为当代地理学的重要增长点。与其他社会和行为科学一样，城市地理学诞生的时间并不长，仅是过去一个世纪的产物，它的大部分成果都只产生于过去的几十年里。城市地理学为我们如何进行多视角研究，以更好地理解在美国、加拿大乃至全球发生的城市变化提供了机会。得益于一代又一代致力于城市研究的地理学家建立的丰富学术和教学成果，如今城市地理方面的教育、培训和研究为大家提供了在私人企业、政府部门、规划部门和教育部门从事具有挑战性工作的机会。

第2章 城市的起源和发展

　　铁路和河流之间到处点缀着稀疏的农田、泥土房小村庄或苇席居所，但是向西走却是一片未开发的处女地。在这片荒地以外耸立起一个个土堆，被阿拉伯人称为"吾尔"，其中最高的一座，即叫"阿勒-穆卡亚土墩"的金字古拉特山（Ziggurat hill）。

——C. Leonard Woolley，1930，p. 17（图 2.1）

图 2.1　吾尔的庙塔，世界上最古老的城市之一（国会图书馆，G. Eric 和 Edith Matson 摄）

　　仅仅是在人类历史最近时期，城市人口才占有了较大的比例。然而，城市本身已经存在了几乎和历史一样长的时间。尽管城市最初只容纳少数人，但它们保存和培育了人类文明最主要的特征：有组织的宗教、复杂的政治体系、文字、知识以及工艺和技术。也许在我们的描述中城市隐约被夸大了，因为那些撰写史书的人居住在城市，而大部分的历史题材也发生在城市。吾尔、雅典、西安、摩亨佐-达罗、廷巴克图、罗马、特诺奇蒂特兰、巴格达、威尼斯、杭州、伦敦——按现代标准衡量这些历史上著名的城市在当时并没有多大的规模，只有少数城市的人口超过了100万。但是，这些城市以及其他许多城市，稳定了人类社会，甚至成为社会变革的原动力。

2.1　城市是什么？

　　正如我们在第1章所讨论的，城市可以用多种方式来定义。从历史的角度看，城市通过以下方面与其他定居点区别开来：更大的人口规模、不直接参与农业生产的城市职业以及作为政治、经济和社会权力中心的地位。精英人士居住在城市。城市也被贴上高密度的标签，密集的一群人作为一个社会单位共同发挥作用，这将城市与周边地区区别开来（图2.2）。

图 2.2　这张阿贝拉古城的照片凸显出高密度。早期城市的一个特征是人口密集

著名的公知——路易斯·芒福德（Lewis Mumford）用自然特征（包含"固定的地点，长期的居所，永久性的集会、交易和存储的场所"）和社会特征（在这里，城市行使一个"地理网络、经济组织、体制进程、社会活动舞台和统一审美符号"的职责）来划分城市（Mumford，1937）。城市的社会功能——人们在不同领域互动的中心——是城市存在的关键。

进一步讲，城市在其整个发展过程中被各种形式的社会功能所标记，而且见证了这些功能在性质上的稳定性和转变。转变首先来自经济，因为城市已经发展成农业、商业、工业等各种经济系统的中心。但城市也有重要的政治转变，因为城市在不断扩张的空间范围上集中权利，并且成为不同类型政治制度的中心。城市还有文化上的重大转变。在某些情况下，城市作为重申地位的正统中心而兴盛。在其他时候，城市还作为意义深远的文化变革代表。

2.1.1　城市形成的先决条件

城市是一种相对较新的现象，最早的城市也只能追溯到约 6000 年前，而且直到 300年前，城市才在世界范围内变得普遍。城市最初出现在农业区，它们是在农业被推行和接受后才得以发展的(专题2.1)。不过很多农业区,例如北美洲东南部的印第安人生活区和南美洲的亚马孙地区,并没有发展成城市,所以城市的出现似乎还需要除农业以外的其他产业。

◎ **专题2.1**

　　大多数研究人员认为城市只能出现在已经有农业经济的地方,但这种观点反过来还可能成立吗?这一看法主要基于两个人类定居点——恰塔霍裕克(Çatal Höyük,在今天的土耳其)和耶利哥(Jericho,在约旦的西岸)的证据,(证据显示)在农业出现之前城市可能就已经存在了(图B2.1)。

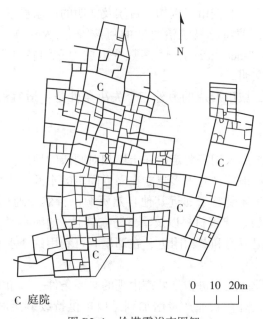

C 庭院

图B2.1　恰塔霍裕克图解

　　这些地方表现出城市的很多属性。例如,早在公元前8000年,耶利哥就出现了刚刚转向从事农业的人口居住的密集定居点,其巨大的石墙因圣经故事和歌曲而闻名。恰塔霍裕克似乎也有大量的人口聚集,只能从屋顶进入的众多居所覆盖了32acre(1acre=4046.856m²)土地。这个定居点可以追溯到公元前7500年。这些定居点早于苏美尔城是毋庸置疑的,但一个很大的争议是这些定居点是否可以称为城市。尽管恰塔霍裕克的发现者形容它遍布各色工人和产业,但它可能仅仅是主要由农民组成的过度增长的农业村落。

　　基于这些信息,Jane Jacobs(1969)声称恰塔霍裕克在农业社会前就出现,但大多数主流的考古学家并不赞成这一观点。恰塔霍裕克存在的基础是有像黑曜石这类重要商品的贸易,居民的食物最初是通过自产或贸易获得的。后来,这个城市成为一个贸易中心，激励了集约型农业的出现。

1）文明

城市出现的一个基本先决条件是文明的存在。词语"城市"和"文明"共享同一个拉丁词根，并且在历史记录中它们之间也有明显的联系。虽然定义文明比定义城市更成问题，我们还是可以把文明看作包含了正式制度并能将彼此陌生的人们组织起来成为一个中央集权控制下有凝聚力集体的复杂社会文化组织。文明虽然已成为一个文化承载的术语，但是它仍能区分人类交往的简单形式（组织、秩序和复杂性）。

当然，城市不能独立于文明而存在。建立一个容纳数百或数千个不能自己生产粮食的居民固定定居点，需要与文明属性相关的组织、秩序和复杂性。另一方面，历史上大多数的文明都孕育出大小不一的城市。例如，古埃及文明的记录显示，埃及的城市很小而且是临时性的。相比之下，蒙特苏马统治时期的阿兹特克（Aztec）帝国催生了巨大的中心城市——特诺奇蒂特兰（Tenochtitlán）。大多数城市成为它们各自文明的焦点，在这些地方可以发现最高形式的文明。

除了文明的存在，城市形成的另外三个先决条件是：适宜的生态环境、技术和社会权力。

2）环境

城市需要粮食，因此人们需要定居在土壤相对肥沃的地区。最早的城市大部分出现在霜冻不太严重的亚热带地区，并大多建立在靠近固定的水源、土壤也相对更容易耕作的河岸边。除此之外，城市还受益于邻近其他自然资源：自然交通（如河流或港口）、矿产资源（如某种有用的金属）、建筑材料以及军事防御属性（如海拔高度）。例如，埃及和中国最早的城市分别位于尼罗河和黄河附近，在那里有可利用的淡水和肥沃的土壤。

3）技术

某些农业和非农业的技术进步是城市出现的必要条件。城市需要足够的食物来支持非农业活动，所以城市只有在农业产量增加到足以提供持续剩余时才会出现。在很多情况下，城市会出现在灌溉农业区。当然，交通和食物储存技术的进步对城市的出现也很关键。最后，城市自身还需要建筑技术的长足发展来容纳更多居民、修筑防御工事以及建造用于仪式和纪念性的美轮美奂的建筑。

4）社会组织和权力

相比于农村，早期的城市庞大而复杂。城市里的人们不再是彼此都认识的，因此需要一些社会组织将人们联系在一起。另外，城市需要社会协调来完成以下活动：①通过强迫或贸易关系从周边农村地区获得粮食；②建设和维护城市及其腹地的自然面貌；③管理城内居民的活动。社会组织需要社会权力，这种权力被定义为一个集团在多大程度上能够控制物资和社会资源以及引导城市内外人们的活动。

只有这些先决条件同时成立，城市才会产生。那些作为盈余粮食存储和分配地的早期城市，就是这些先决条件的体现。城市作为"农村—粮仓—城市人口"的（粮食）攫取和再分配中心来行使经济职能。这个权力机构的主要功能之一就是攫取、存储和分发粮食。储存粮食的粮仓经常在早期城市的寺庙中被发现并非偶然。书写系统的发展对城市发展至关重要，因为它是社会能够记录粮食盈余的最好方法。首要的是原始的分类账表，用于记录粮食的收入、分配、配给量和工资。最重要的是，城市通过在中央政权的席位来行使其政治职能，城市也具有文化中心的职能。城市是文化以编纂和传播为主要特征的地方，也是权力合法化的地方。

2.1.2 城市起源理论

关注先决条件如何相互关联是非常重要的。例如，良好的生态环境和农业技术的进步可能使人口增加，人口的增加反过来需要更多的粮食，也需要一个更复杂的社会组织。社会权力的发展是几乎所有城市起源理论的核心。阿拉伯历史学家和地理学家 Ibn Khaldun表示："王朝和皇室的权力对于城市建设和城镇规划是绝对必要的"（Kostof，1991，p. 33）。然而，列出城市出现的先决条件并不能解释城市为什么能够发展。几十年来，学者都在寻找城市出现在那个时间和那个地点的原因。早期学者从单因素角度探寻城市出现的原因。然而，由于多种多样的城市起源，这样单一因果关系的解释显然过于简单了。城市的出现看起来更像是几个相互关联的因素共同作用的结果。Harold Carter 在 1983 年的著作《城市历史地理学导论》（*An Introduction to Urban Historical Geography*）中，总结了与城市出现相关的四个主要因素，即农业剩余、宗教、防御需求和贸易需求。

1）农业剩余

随着时间的推移，早期的农民逐渐能够生产足够的粮食来养活自己和家人，并略有盈余。在农村环境下，这样的农业剩余将导致社会盈余。也就是说，它将部分农业劳动力解放出来，不再需要每个人都必须从事农业生产。在一个小型社会里，这种盈余可能会被用来供养一两个在制作诸如金属工具等物品方面有特殊才能的人，这些人就能花更多的时间在自己的工作上，从而使自己的制作水平变得更高。这种早期的专业化涉及农民和非农专业人士之间的简单劳动分工。随着社会发展得越来越大，越来越复杂，农业剩余被收集起来用于解放更多的人从事非农业工作。此外，剩余也可被用来使农民自由分配部分时间用来做些其他事情。

有几种机制既可以攫取剩余，还可以让劳动用于公共目的。什一税是义务地留出一个固定比例的收入来形成集体积累。税收是一个农民被迫向政府支付一定比例的收成。徭役则是政府迫使个人为一些大型公共工程工作一段时间。例如，埃及的金字塔就是奴隶劳动和徭役劳动的产物。

这里一个关键的问题是：是否剩余的出现使社会权力成为必要？据考古学家 Sir Leonard Woolley 和 V. Gordon Childe 的观点，生产和管理这些剩余需要一些组织，这反过来使一些形式的社会控制成为必要。管理剩余的需要导致了中央权力（central authority）的出现，而中央权力反过来也需要某种形式的社会控制。这个观点已经在需要对劳动力进行精心组织的复杂灌溉系统发展上得到验证。当然也有一些文明和城市——如早期的苏美尔地区——并非因大型的灌溉工程而出现。此外，大型的公共工程很可能是在有组织的社会发展后才出现的。没有关于单纯的剩余需要社会控制机制的明确论据。

2）宗教

所有早期城市的一个共同特点就是存在庙宇。在所有（考古）案例中，庙宇比城里任何其他元素都更突出。在平坦的美索不达米亚平原上，吾尔的圣殿在几英里外就可以看到。位于今天巴基斯坦境内印度河流域的摩亨佐-达罗，有一个约 43ft 高的宗教城堡（图 2.3）。很多早期城市，如在今土耳其境内的恰塔霍裕克，有相当多的城市空间被用于宗教目的。当然，宗教在所有前城市社会中都是很重要的，宗教体系在所有早期城市中也是非常显著的，因此宗教与社会权力发展相互关联的观点是成立的。这种关系因早期的上层集团同时握有政治和精神权柄的事实而被强化，很多时候国王和精神领袖是同一个人。

图 2.3　该城堡位于印度河流域城市摩亨佐-达罗的边缘。图片上这个高高的西向土堆，由哈拉帕时期的
　　　　巨大的泥砖平台和砖房组成（公元前 2600—前 1900）。哈拉帕建筑的顶部是一个可追溯到 1 世纪
　　　　佛教时期的泥砖佛塔

基于这些历史，很容易重建由农业剩余导致有权有势的祭司阶层这一过程。许多早期的非农专业人员参与制造实际的物品。但也有少数特别的"神赐能力者"专门解释尚不被了解的悲剧——干旱、洪水、虫灾、疾病，这是当时农民生活中的很大一部分。这些人也被赋予专业人士的地位，但有一点不同：他们专门负责解释和整理必要的宗教法典，这有助于安抚未知。随着这些人变得更加强大，他们形成了最初的祭司阶层——一个解释超自然力量以及在村民和超自然力量之间充当媒介的阶层。一代又一代之后，祭司阶层变得有别于所有其他人，他们强行制定成员资格规则，世袭职位，有时声称（自己）来源于神。最重要的是，这个团体获得了对农业剩余的控制，并利用这种控制最终得到其他人的完全服从。这种宗教和世俗权力的混合——一个神权政体，是早期文明的特征。

显然，祭司阶层举足轻重，但没有证据证明它的出现为复杂的社会组织提供了唯一的推动力，也没有证据表明通过祭司阶级自身就使得早期农村社会转变为集中、协调的城市社会。

3）防御需要

早期城市的另一个特点是存在某种类型的防御工事。大部分古城都有城墙，它们是防御工程、军人阶级、军备生产的证据。埃及象形文字中的小镇是圆圈内一个叉。叉代表某种集会场所，也许是一个市场。圆圈代表保护这个集会场所的围墙。有意思的是，大多数古埃及城市并没有引人注目的城墙，这是与古代苏美尔戒备森严的城市之间不同的地方（图2.4）。

图2.4 苏美尔城市的古城墙和防御工事。城墙是早期苏美尔城市的一个重要部分。它们抵御攻击，同时也限制城外村民的进入。乌鲁克的城墙长约6mile

由于囤积的粮食、权力机构所在地和人口的集中，早期城市显然需要某种形式的防御，因为它们很可能成为一个明显的目标。我们想象一下，面对攻击时，城市为其腹地的居民打开大门，为他们提供避难所和必要的防卫武器。任何一个军人都知道，一次成功的防御需要大量的协调，而这样的协调需要一个清晰的指挥链和分工。最成功的军队，可能是那些以全职士兵为主，并在需要时又有兼职士兵作为补充的部队。大量的农业剩余被抽走，用于建造防御工事、生产武器以及供养士兵。一旦防御工事建立起来，军人阶级就会占据特权地位，能够对城市及其腹地的居民施加一定程度的社会控制。

4）贸易需要

日益复杂的文化发展与愈益复杂的经济增长同步进行。大量证据表明，在城市完全出现之前，（后来出现城市的地方都）有兴盛的特定商品贸易。在近东地区（指中东地区），贸易似乎主要是黑曜石，这是一种可用作工具组成部分的坚硬火山玻璃，当然也有其他物品的交易。很多美索不达米亚生产的工具用到铜，这些铜来自 1000mile 以外的安纳托利亚高原。贸易也是导致市场出现的一个因素，而市场又成为新城市形成的基石。城市出现前的商人，在定居点之间来回穿梭，通过易货交易为早期的定居点居民提供那些不是随处可得的物品。随着人们谋求通过盈余粮食去购买其他农业和非农产品，这些商品的贸易促进了更大的专业化和集约化。这些贸易也促使熟练的工匠茁壮成长。围绕着市场，这一贸易的中心点会形成城市。

贸易无疑是许多早期城市的重要组成部分，它被认为是中世纪城市生活方式苏醒的首要因素（参见 2.4.1 小节"新贸易城市"）。与此同时，没有什么证据表明贸易是最早一批城市诞生的首要原因。市场并没有呈现出像寺庙和城墙一样的宏伟和重要性。考古记录没有显示商人群体享有特权地位（这与中世纪贸易城市中他们的地位形成对比）。实质上，资本主义经济有利于自由贸易的情况在很久以后才出现。在当时，经济交换被谨慎地管理，并置于各种规则和宗教仪式之下。

综上讨论，可以发现，没有哪一个因素能单独成为城市出现的关键。事实上，某些良好的社会和生态因素在特定地区的结合，才使世界最早城市中心的发展和文明的诞生成为可能。

2.2　早期城市化模式

早期城市的发展跨越了广阔的时间和空间。学者一度认为，城市自美索不达米亚起源，然后从这里扩散到地球上其他的地方。尽管最早的城市出现在美索不达米亚，但现在大多数学者都认为城市实际是在几种不同文化和地方独立发展的。由于农业是支撑城市的一个关键必要条件，城市定居点只有在那些农业经济处于首位的地方才会出现。城市化的星星之火就从这些地方扩散燎原。

2.2.1　早期城市的位置

早期城市的位置如图 2.5 所示（见专题 2.2，发掘消失的城市）。大多数学者赞同第一个真正的城市出现在约公元前 4750 年的苏美尔（美索不达米亚南部，今伊拉克境内），随后在公元前 3000 年左右埃及出现城市，公元前 2200 年左右在印度河流域（今巴基斯坦境内）出现城市。公元前 1500 年，在中国北方的黄河沿岸开始出现城市。有确凿的证据表明，约公元 1 年在墨西哥南部也独立发展出城市，公元 1000 年左右在秘鲁以及不久之后在非洲西部都出现了独立的城市。所有这些城市都存在一系列的证据，包括强大的神权统治阶级、文字、重新分配剩余的先进手段和灌溉工程的大量记录（依赖玉米的中美洲除外）。可能在其他地方也独立发展出了城市，但这方面的证据都不够充分。

必须指出的是，这些早期城市都位于早期农业生产区。简单地说，城市需要粮食和常住人口，而农业提供了这两个要素。成功的农业生产带来了持续的粮食剩余。所有的早期城市实行的都是种子农业模式（seed agriculture），这迫使人们待在原地，集中在一小块土地周围。农业生产也增加了人口的总体密度。早期的狩猎和采集时期，人口密度不到 1

人/平方英里。引入农业使人口密度大大提高，特别是在肥沃的美索不达米亚、印度河以及黄河流域。

2.2.2　城市化的扩散

之后，城市从早期的几个地方扩散到许多地区：从美索不达米亚、埃及，贯穿地中海东部，再到北非和欧洲南部的海岸；从印度河流域到中亚；从黄河流域到华北；以及整个中美洲。考古探险队不断扩大对早期城市的数量和规模的认知(图2.5)。他们还发现，已有文明之间的联系点往往是沿贸易路线发展的定居点。也有很多的证据表明，一些文明，如古埃及文明和现位于美国西南部的阿纳萨奇人的文明，建立过一些临时性的城市，这些城市存在了一段时间后被舍弃。

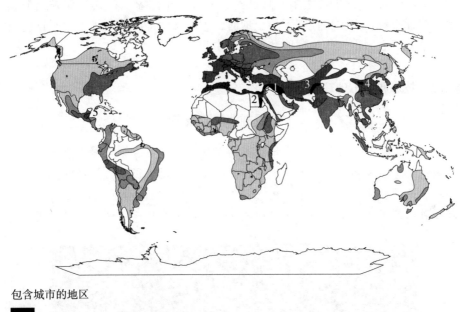

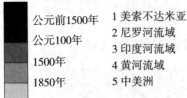

包含城市的地区

公元前1500年	1 美索不达米亚
公元100年	2 尼罗河流域
1500年	3 印度河流域
1850年	4 黄河流域
	5 中美洲

图 2.5　城市扩散。随着农业技术的进步、交通工具的改进和军事征服，城市渐渐扩散

什么使城市对文明而言变得可以实现、必需或有吸引力，从而导致城市扩散？农业技术的进步在创造必要的可支撑城市的剩余上扮演了重要的角色。其中最重要的进步，也许是公元前 1200 年左右开始的主要金属从青铜到铁的过渡。早期农业生产被限制在光照充足、有易耕作的冲积土的河谷。人们用铁能制作出更好的斧头，进而可以清理出更多的土地；用铁生产出更强劲的犁头，从而可以挖掘更坚硬的肥沃土壤。所有这些导致了耕地数

量的增加。毫无疑问，铁器时代的前 5 个世纪的城市增长比青铜时代 15 个世纪的都多。

交通的改善也有着重要意义。大多数城市出现在那些接近自然运输路线（如河流）的地方，交通的进步使得它们可以在一个更广阔的区域发挥作用。在这里，铁同样是非常重要的，因为它能造出更好的车轮和更快的船舶。交通进步扩大了贸易可能发生的范围。腓尼基商人甚至为帮助自己扩大贸易而建立了城市，迦太基城（位于今突尼斯境内）也是以这种方式建立的。克里特岛同样有强大的贸易经济，建立的港口遍布克里特岛和其他一些爱琴海岛屿。殖民地则通常被用来吸纳剩余人口和开发新的土地，如希腊的殖民地向西远至西西里岛。

此外，因为野心勃勃的统治者强迫自己的子民占领相邻的地区，军事征服将一些较小的国家合并为一个更大的国家。随着国家规模越来越大，独立政治实体的数量也随之减少。公元前 2300 年，所有的苏美尔城邦已经合并成一个国家。在其他地方，类似的合并也在发生。当征服者扩大中央控制下的土地时，大的文明地区就出现了。在这些新征服的国土上，统治者建立城市来作为攫取和控制的中心。

◎ **专题 2.2　技术和城市地理学**

发掘消失的城市

古城挖掘在过去常常涉及大量艰苦的工作，因为考古学家需要依靠自己的观察和铲子来挖掘埋在地下的定居点。现在，人造卫星和遥感影像已经可以极大地辅助古城的发现。这些影像可以使用不同的光谱"看到"许多肉眼看不见的景观。此外，考古学家还可以使用探地雷达寻找埋在地表几英尺以下的建筑。这对发现埋藏在荒凉沙漠

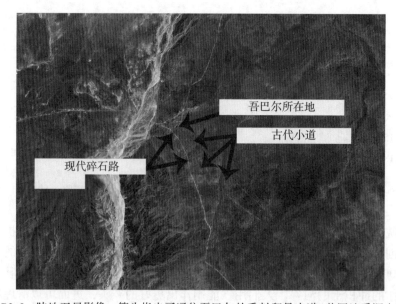

图 B2.2　陆地卫星影像。箭头指出了通往吾巴尔的香料贸易小道（美国地质调查局）

下的景观特别有效，(影像上显示的)许多古代定居点都是真实的。

消失的吾巴尔城，埋在今天阿曼境内的沙漠下，它是考古学家通过艰苦的研究、凭着直觉并结合遥感技术才最终被发现。吾巴尔作为乳香提取和分销中心而得以发展，乳香是一种从树液中提炼的用于医疗和美容的香。吾巴尔在公元 2 世纪开始崛起。虽然有不少关于这座城市的神话，但它的存在并不为人所确切了解。据传它坐落在一个巨大的沙漠中，所以几乎不可能用传统的方式发现。但是，卫星影像(图 B2.2)显示了埋在地下的城市，甚至包括穿行沙漠的古代商队踪迹，从那一刻起，这个消失的重要古城被发现了。

2.3　城市演变和早期经济规则：传统的城市

古代城市千差万别。早期的城市，如西安(唐朝的首都)、罗马和巴格达(伊斯兰的中心)，规模从 2000 人到上百万人不等。城市形态也多种多样：一些城市更有规划，而另一些城市看起来是从城市中央自然发展而成的。类似地，一些城市依靠重型防御工事，但少部分城市甚至没有城墙。然而，城市也有共同点，尤其是欧洲中世纪晚期资本主义商业开始前出现的传统城市。这些传统的城市有三个重要特征。

(1)它们依赖从腹地攫取粮食生活(通常是强制的)。攫取的机制是征税或进贡，这两者在很大程度上都是强制性的。虽然存在贸易，但其重要性还不足以构成城市的经济基础。

(2)它们环绕在上层集团周围，这个集团通常但不总是宗教势力。这些权势集团在城市里形成，凸显了城市的中心位置，也帮助提升了城市的地位，使之高于农村。城市的建立即源于这些上层集团。

(3)它们是正统文化中心。这些城市尽管反映了文化、政治和经济关系日益增长的复杂和精巧，但它们主要致力于提升现状，而抵制变革。它们处于各自文明的中心，而不是转变的边缘。城市在空间上的布局促进了这种正统性。

2.3.1　早期城邦：苏美尔

正如我们所指出的那样，可识别的最古老的城市被认为出现在苏美尔时期的美索不达米亚南部。虽然更早期的定居点(如耶利哥)令人印象深刻，也拥有很多早期城市特点(例如集中定居和拥有防御工事)，但它们与更大的文明相隔绝，并由农业人口构成。沿着底格里斯河和幼发拉底河的山谷，我们看到了在一个更大文明范围内出现的第一批真正的城市。农业已在这一地区繁荣多时，开始是在河谷两边的山上分布，大约在公元前 5300 年又迁移到低处。从公元前 4750 年左右的埃利都开始，到公元前 3600 年，一些城市已沿着河岸成串分布：乌鲁克，吾尔，拉格什，艾乌比(图 2.6)。与当时大多数农业村庄也许只包含不到百人相比，这些早期城市的人口数量是巨大的。到公元前 3100 年这些城市的人口就已达到 10000 人，到公元前 2600 年更是达到 50000 人。

　　苏美尔文明由周围文化相似的大约 12 个城市组成，但最初这些城市在政治上处于分离状态。每一个城市都从各自的腹地攫取剩余，如果没有周边地区富庶的农业产出，这些城市根本不可能存在。正因为如此，早期城市的规模受制于从腹地收集的农业剩余，在那个时期，农业剩余的比例非常低。即使假设有 20% 的剩余（在那个时期已经算是很高的比例），一个 10000 人口的城市需要一个有 40000 农民的腹地，一个 50000 人口的城市则需要一个拥有 200000 农民的腹地。只有非常复杂的政治体系才可以管理这种规模的腹地。

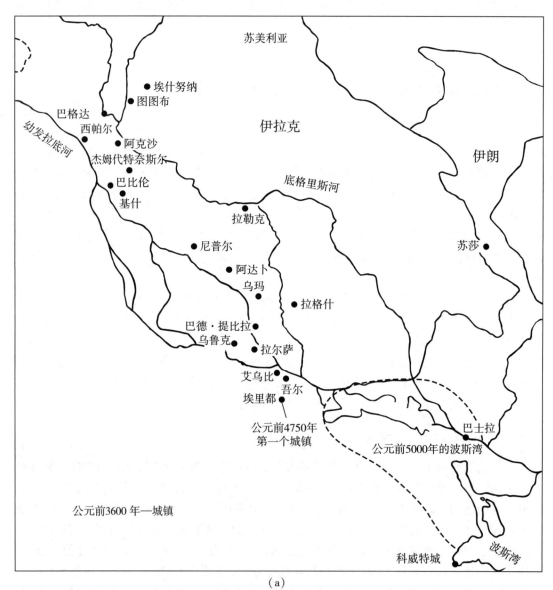

(a)

图 2.6　地图显示了早期苏美尔城市的位置。早期的苏美尔城邦沿着今伊拉克的底格里斯河和幼发拉底河延伸

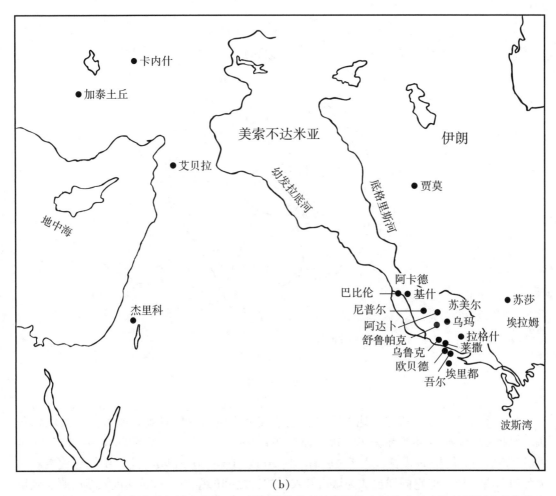

(b)

图 2.6 地图显示了早期苏美尔城市的位置。早期的苏美尔城邦沿着今伊拉克的底格里斯河和幼发拉底
河延伸

在城邦(city-state)制下，城市与腹地之间的关系是由法律规定的。城邦在今天已经罕见，但在历史上它们曾非常普遍。每个苏美尔城市都在一个政治主权独立的国家内。根据这个简单的安排，城市在政治和军事上控制了周边农村。城市本身就是中央权力的体现。命令和政策进入城市腹地，就像剩余粮食流入城市。后来，这些城邦被合并成更大的王国。其他一些文明——特别是古埃及和印度河流域文明——则是由一个中央管理机构统治多个城市。

早期苏美尔城邦的空间布局，被 Gideon Sjoberg 在他的著作《前工业城市：过去和现在》(*The Preindustrial City: Past and Present*, 1960)中作了最好的描述。他指出这些模式适用于所有非工业城市，事实上，某些要素在不同时空的城市中会重现。苏美尔城市的模式是最完整的范例(图 2.7)。

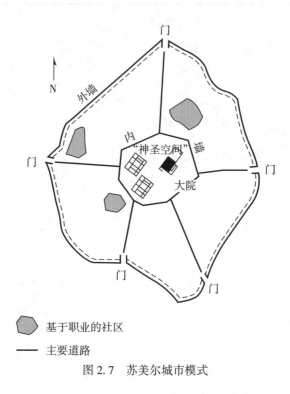

基于职业的社区

—— 主要道路

图 2.7　苏美尔城市模式

每一个苏美尔城市都与腹地相联系，这些腹地为城市提供食物。城市本身被城墙包围。乌鲁克，一个早期的苏美尔城市，面积接近 $2mile^2$，环绕着长约 6mile 并带有 900~950 个圆形防御塔楼的城墙。这堵城墙有 10~20 码(1 码＝0.9144m)厚，由泥砖建造。它显然有防御功能，但它同样也成为城市和农村居民之间的壁垒，从城外进入城内要受到城门开放时间的限制。

在城市的中心，上层集团的大院或"神圣空间"布局在此。对早期城市的研究发现这种大院主要由寺庙和附属建筑组成。寺庙高出地面约 40ft，从远处看呈现出一个令人敬畏的轮廓。庙里有僧侣、经学家和档案管理员，还有粮仓、学校、工坊——几乎涵盖非农业社会的方方面面。其中一个苏美尔庙宇的雇佣人数超过了 1200 人。

早期社会日益增加的复杂性体现在这个上层阶级大院内的不同建筑。特别是早期的城市，首先出现的建筑是宫殿。宫殿的存在表明宗教权威和世俗权威是分离的，尽管可能由同一个人掌控。另一个由 Woolley(1930)公布的可怕发现是吾尔国王的坟墓，里面有国王和 74 个殉葬者的遗骨。这种殉葬在许多文化中都很常见，人们可能自愿甚至乐意这样做，因为他们期待在另一个世界继续为神圣的主人服务。

城市的主要道路从城市中心向城门延伸。权力和声望依据到中心的空间可达性来界定，所以道路两旁通常排列着富人的居所。在一个自然发展的城市(organic city)，如古代苏美尔城市，道路不是在宏大的方案或规划下被设计的，而是以更随意的方式发展。另一些古老的城市，如印度河流域的摩亨佐-达罗，则有着规则的街道布局，看起来是按照规划发展而成的。

古代的城市中也非常拥挤。所有建筑都是由芦苇或泥砖建造的，所以还不可能存在高层建筑。这使得空间稀缺，城内的人口密度超过 25000 人/平方英里。相比之下，大多数现代美国城市的人口密度约为 5000 人/平方英里，这与多层建筑和摩天大楼提供的额外楼层空间有关。

卫生条件非常糟糕。如果存在一个像样的供水系统，那它通常是在城市的富人区。街道本身排水也很差。事实上，对苏美尔城市的考古发掘表明，随着大量人类废弃物的堆积，街道地面也随着时间推移而不断增高，一些独立入口不得不切入地下。

随着城市社会变得越来越复杂，非宗教专业人士离开庙宇，搬迁到上层阶级大院的周围。在这些早期的城市中，社区是围绕职业组织的。有些街区只有酿酒师，有些街区则只有金属制造工。总的来说，与城市中心的距离反映了职业的地位。声望低的职业，如制革工和屠夫，会居住在靠近城墙边的偏僻地方。随着社会复杂性增加，城市中心变得越来越多样化。内城城墙被发展为将上层阶级区与平民区隔离的警戒线，以及用于分离不同的职业社区。后来的城市也将城墙用于隔离不同的种族群体。

2.3.2 其他古代城市

城市至少在全球 5 个不同的地方独立出现，并在各自不同的社会和生态环境里变化和适应。上面描述的苏美尔城市是一个范例，因为它的年代，也因为它的历史记录更完整。由其他古代文明衍生的城市笼罩在极大的神秘中，使得我们更难了解它们的模样。

1）埃及

埃及的城市发展有可能受苏美尔文明影响，但它采取了一种截然不同的形式。首先是政治体制的原因。苏美尔文明由自治城邦组成，而整个尼罗河流域由唯一的法老控制。城市发展被纳入法老的需求，而其首要的需求是建设一个宏伟的坟墓。有些配套政府和雇员的城市，是为修建金字塔的建筑工人、熟练的手工艺人及工匠而建的，在法老埋葬后城市将被舍弃。最近在吉萨（Giza）一个面包店的考古发现，古埃及的城市尽管是临时的，但有时也会发展成就当时而言庞大的规模。

2）印度河流域

印度河流域文明的城市，位于今印度和巴基斯坦的边境地区。考古发掘显示至少有 5 个主要城市和二十几个级别较低的定居点。其中最著名的是接近喜马拉雅山麓的哈拉帕和更靠近海洋的摩亨佐-达罗。

每个城市的面积约 1mile^2，20000 人左右。与苏美尔人没有规划自然发展的城市相反，印度河流域的城市是被规划过的。宽阔笔直的街道被精心布置，这表明它们从一开始就被设计好了。所有主要城市在城市元素上的一致性显示了相当高的协调性和可能的政治统一。与早期的苏美尔城市不同，印度河流域的城市可能属于一个很大的王国。此外，苏美尔城市的一些城市要素在印度河流域的城市中没有出现。比如几乎没有环绕城市周围的城墙，反而是一些私人大院被围墙包围；也没有明显的迹象表明有一座占统治地位的寺庙；

每个城市倒是包含一个可能具有象征性意义的城堡，尽管很难明确查明这个意义是什么。城堡位于城市主要中心区的西部，并且被厚重的围墙围住。社会结构中似乎神权政治的成分偏少，相反更重视工匠和商人。考古学家 Edwards(2000) 把印度河流域城市描述为一个"结构精巧的中产阶级社会"。住房多种多样，从单人公寓到引人注目的别墅应有尽有。许多住房有浴室，废弃物会被冲到一个主下水道。

因为我们没有能力解读他们的语言，所以对这种文明和印度河流域城市生活体系的认识是模糊的。我们对于铭文记录了什么一无所知，甚至给城市起的名字也是现代创造的。印度河流域文明缺乏历史延续性。与其他早期文明不同，印度河流域文明的城市在大约公元前 1750 年就被浅肤色的印欧人毁灭了，他们没有沿用这一复杂的文明，所以没有文明的继承者。

3) 中国北部

最长的连续性文明属于中国，这种文明最古老的证据位于黄河流域，被称为"商"文化。这里的城市发展可以追溯到公元前 1500 年左右。但我们对这些城市的认识是模糊的。从已经确定的证据看，他们生活在一个有文字的社会，由位于社会顶层的被士族精英支持的神圣统治者严格分等。此外，这里有一个公平的职业细化等级。虽然城市明显存在，但其数量有限。城市本身可能是被城墙围起来的，中心是宫殿大院。后来的中华文明时期，尤其是开始于公元前 200 年的汉朝时期，制作的大量器物体现了一个宏伟帝国文明的蓬勃发展和延续。

4) 中美洲城市

新大陆文明的开端总体上要比其城市的出现早几个世纪。城市出现之前，小的仪式性中心帮助稳固一个更复杂的社会。首个大城市于公元 1 年在特奥蒂瓦坎(Teotihuacán)出现，并可能在一个强大的中央政府支持下快速增长。大约到公元 500 年，特奥蒂瓦坎处于势力的巅峰，统治了以墨西哥山谷为中心的大片区域，其影响力还延伸到尤卡坦半岛。特奥蒂瓦坎的规模惊人，它占地 8mile^2，人口可能多达 20 万人，尽管比罗马和西安(中国几个朝代的首都)小得多，但它是新大陆最大的城市。

特奥蒂瓦坎最有吸引力的是它经精心设计和根据宇宙学规划建设而成。René Millon 绘制了整个城市的地图，发现了一个朝向巨大寺庙的格网，其中一个是太阳金字塔，其底部与最大的埃及金字塔相当。特奥蒂瓦坎的规则布置始于主街——"死亡大道"，街道从大院和羽蛇神殿(Quetzacoatl)开始延伸到另一个大金字塔——月亮金字塔(图 2.8)。其他的主要街道，甚至包括穿过城市的河流，都平行或垂直于这条重要的大街。

城市包括宗教和军人阶层，当然还有大量的非农业劳动者。特奥蒂瓦坎的经济重要性因几个主要市场得以强化，在这些市场里销售整个中美洲栽培、开采或制造的物品。特奥蒂瓦坎似乎也沿着约 2000 个院子构成的轴线自由发展，每个院子由几个家庭组成，这些家庭可能因职业或血缘关系而联系在一起。此外，还有的院子明显居住着少数民族，因为它们具有不同的房屋类型和代表不同风俗的工艺品。这一种族多样性的特点随后在阿兹特克帝国首都特诺奇蒂特兰再现。

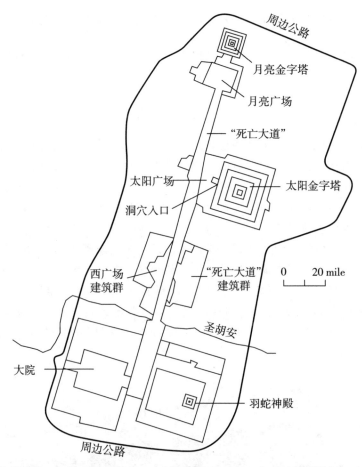

图 2.8　古代中美洲城市——特奥蒂瓦坎是一个规划城市的例子。作为城市轴线的"死亡大道"连接了三
　　　　大古迹并导向所有其他的街道

2.3.3　帝国城市

　　公元前 1000 年左右，大一统帝国的发展终于促成了可能拥有一百万甚至更多人口的
名副其实的大城市。一些帝国，如环绕地中海的罗马帝国、中国的汉朝和后来的唐朝帝
国、中东和北非的伊斯兰帝国等，都有 5000 万以上的人口，且由一个专制中央政府所控
制。这样的帝国加快了城市化的扩散。为了彰显皇权，（新的）城市会建设在新取得的土
地上，而它们又成为殖民者寻求新土地的基地。

　　这些帝国城市的规模引人注目，但它们其实非常类似于之前出现的更古老的城市：都
是建立在攫取经济的基础之上，都是正统文化的象征并充当上层集团的总部。当然，城市
毕竟已经经历了几千年的变化。随着时间的推移，建筑材料和建筑技术、交通网络、供水
和下水管道以及防御工事都得到了改善。农业生产效率的提高和交通的进步意味着粮食可
以来自更远的地方。随着小国合并成错综复杂的大帝国，社会权力也扩大了。庞大的帝国

城市看起来一点也不像苏美尔城市吾尔，但它们保留了相同的基本经济、文化功能(专题2.3)。

◎ **专题 2.3**

集 体 决 策

　　与一切权力归最高统治者的模式形成对比，一些城市反过来趋向由一个集体来管理。一些证据显示，古代苏美尔的城市在早期是由一个集体来管理，后来才逐渐由单一统治者管理。希腊的城邦是最著名的由一个团队来管理城市的例子。有选举权的群体规模通常很小，或许是全部人口的1/6，但它仍代表了一个更民主的方法。

　　集体权利的出现对应了一个略微不同的城市形态。一般而言，这些城市在城市上层/非上层群体之间或腹地/城市本身之间，没有表现出严格的土地利用分隔。它们经常出现在腹地很小和不需要大型灌溉工程的地区。另外，它们没有明确划分上层阶层区。它们有一个卫城(庙宇区)，一个广场或普通的集会场所，以及市场区(图B2.3)。许多集体决策城市的另一个特点是城市与腹地之间的寄生关系更弱。腹地居民也被给予完全的公民身份，更强调通过市场来交易剩余而不是简单地通过征税。

图 B2.3　雅典卫城

　　所有古代城市的规模都受制于可攫取剩余的数量。随着时间的推移，城市因三个原因而变得更大。

　　(1)更大腹地的取得。城市有了一个更大的区域用于攫取剩余粮食。在这里，国家的规模是一个重要因素。帝国相比小王国可以支撑更大的城市。帝国是如此庞大，使得剩余的绝对数量首次大到足够支撑一个巨型城市。这些广阔的腹地，不仅使作物，也使奢侈品、金属和奴隶等的大规模交易成为可能(图2.9)。

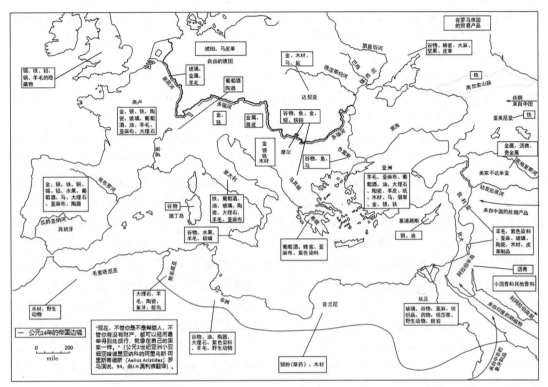

图 2.9　罗马贸易地图。帝国城市(如罗马)受益于庞大的腹地,不仅可以从中获得食物,还可以获得奢侈品、牲畜、金属,甚至是奴隶

(2)农业技术的提高。这意味着一方面可以开垦新的土地,另一方面现有的土地可以养活更多的人。很多这样的技术(如铧式犁),可以耕作坚硬但肥沃的土壤。其他的一些变化,如水稻的复种,也意味着在同一块土地上可以增加产量。

(3)运输方式的改进。古代文明想方设法利用现有的自然条件,甚至创造条件来改进运输。例如,在中国隋朝,建设连接长江和黄河的大运河是腹地扩张的一个里程碑。它使处于饥饿之中的中国北方城市可以获得南方生产的大米。城市接近水路运输至关重要,因为陆路运输比河运贵 5 倍,比海运贵 20 倍。

1)罗马帝国

罗马曾被称作"不朽之城",在某些方面它一直长期保持世界城市的地位。它还是历史上最有影响力的城市之一。今天,罗马既是意大利的首都,也是天主教的中心。历史上,罗马在武力征服、语言、行政管理、宗教和城市化方面对于欧洲的影响无与伦比。因为罗马帝国的出现,最初的荒野景观变成了一幅由极其著名的"罗马道路"连接的城镇和农村组成的画卷。

罗马创建了一个复杂的城市体系(图 2.10)。罗马的殖民地作为保护罗马领土的一种方式被组织起来。罗马人征服新领地后的第一件事就是建立城市,这实际是罗马文化的反映。即便罗马的农村人认为自己是城里人，但殖民者(通常是被以土地抵付退伍费的忠实退伍军人)仍想要确保自己能搬到一个定居点。城市是很重要的，因为它们有效地展现了罗马的强大和宏伟。城市也给征税提供了便利，还使政府和军方官员以及商人的流动更加容易。据估计，罗马帝国包括大约 1200 个城市，其中有一些城市的人口超过了 10 万人。在以前尚未城市化的西部(东地中海地区在前罗马文明时期有悠久的历史)，即使是最小的城市也按照棋盘式(grid pattern)设计。这种模式历史悠久，创立于许多个世纪之前的印度河流域，由希腊规划师希波丹姆斯(Hippodamus)设计并付诸实践。罗马人通过绝对的权力和决心，将这种模式扩散到整个地中海和欧洲。罗马风格的"棋盘"始于成直角的两条主要街道和与主街平行的二级街道。在主街交叉处放置一个公共集会的广场，广场附近是一个主要寺庙、公共浴室以及剧院。用于角斗和其他展览的巨大圆形竞技场被建在市郊。通常还会有用于防御的城墙，不过对那些位于罗马前沿防线之后的城市，城墙并不是必需的。通过建立城市，帝国的控制力得以强化，帝国文化得到传播。罗马城本身就是一道风景线(图 2.11)。它是那个时期最大的城市，这一殊荣从公元前 100 年一直持续到公元 455 年它被征服(尽管在此之前它还遭受了几十年的衰退)。到公元 300 年，罗马城的人口至少达到 100 万，占地 8mile^2，甚至更大。这表明当住宅楼层被限制在六层时，罗马城平均每英亩土地上有约 200 人。当然，古罗马城的范围被严重低估了，这意味着城市的所有人口并不都在官方的城市界线内。罗马人建了七堵城墙，其中最大的建于公元 272 年，周长 11.5mile。罗马还有 8 座大桥、2 个马戏表演场、2 个圆形竞技场、3 个剧院、28 个图书馆和 290 个公共仓库。城市的政治组织同样是复杂的。罗马城被分为 14 个区和大约 265 个正式的社区。

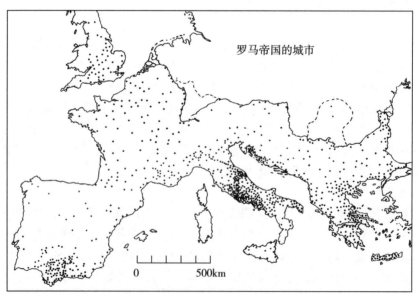

图 2.10　罗马帝国城市地图。罗马帝国的城市主要是军事和行政性质的，用于控制帝国庞大的外围地区。这些城市还充当吸引拉丁语殖民者的磁铁石以及改变周围地区文化的影响者

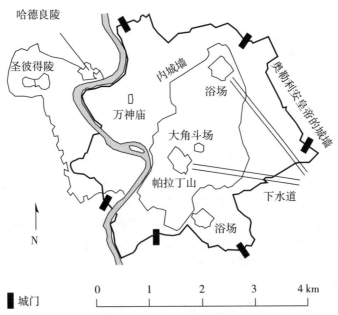

图 2.11　古罗马城地图。在鼎盛时期，罗马是世界上最大的城市，人口约 100 万，分布在 8mile² 范围内

2) 罗马对城市发展的贡献

罗马综合了很多创新的城市元素，包括集体住宅、广场、公共纪念碑和建筑，以及更复杂的社会地理。

集体住宅：住房分为称作"domus"的贵族独栋住宅和称为"insulae"的平民及奴隶居住的 3~6 层公寓大楼。最小的"insulae"包含 5 套住房，可住大约 30 人，大一些的"insulae"中居住人数超过这个数字。在其他城市，如港口城市奥斯帝亚（Ostia），罗马人建造了复杂的公寓复合体，一个公寓复合体包含 40~100 套住房。显然，罗马人非常精通以城市住宅的发展来应对人口的增长。

罗马广场：广场是政治和商业活动的中心区。它最终连接了被称为会堂（basilica）的巨大室内大厅。随着罗马人口的增长，广场的压力变得越来越大，以至于不得不反复扩建。

公共纪念碑：每一位四处征服的将军凯旋后，都会献给神灵一座纪念碑。罗马的国家宗教是多神教，这意味着罗马人敬奉多个神，而且神的数量还是持续增加的。伟大领袖的纪念碑，尤其是皇帝的纪念碑也急剧增加。

公共建筑：贵族成员资助建设马戏表演场和剧院。罗马人喜欢洗澡，庞大的包含冷水池、温水池和热水池的洗浴设施，连同其他为了罗马公民的卫生和恢复活力的设施一起被建设。

更复杂的社会地理：罗马城汇聚来自帝国各个角落的庞大人口，他们从事商业活动、向政府请愿或只是为了观光。事实上，我们不难想象帝国的平民百姓会将造访这样一个辉煌显赫的地方视为平生之愿。罗马文化的多样性让一个叫 Piana 的希腊观察家这样写道：

宣称罗马帝国的城市是整个地球的缩影并不离谱，因为你既可以从中看到集体决策的城市，也能看到很多实行专制统治的城市。一整年的时间对一个想要尝试走遍那个时期所有罗马城市的人来说是不够的，因为城市太多了。事实上，几乎整个国家的民众都定居在城市中。(引自 Piana, 1927, p. 206)

罗马城市的规模、密度和复杂性要求进行更宏大的规划。不过，罗马城并不是一个被某种方式规划的城市，它发展得太大、太快，以致不可能进行系统性的设计。当然，考虑到在城市范围内对管理的迫切需要，罗马人基于交通容量和城市职能对街道分类进行设计。此外，还有强制实行单行道；限高，尽管无人遵守，到公元前 300 年规定建筑物不得高于 100ft；众所周知的地下城市建设，264mile 长的下水道和供水管带走了城市污水，同时为许多居民提供淡水。尽管罗马城的规模很大，但它还是比大多数之前或之后出现的城市干净。当然，罗马城只是帝国城市的一个例子。同时期的西安和后来的君士坦丁堡、巴格达、特诺奇蒂特兰等城市都是庞大帝国的中心，其中的几个城市还是首都。一些大城市（包括巴黎、伦敦、北京、莫斯科和华盛顿特区等）甚至持续发展到今天，它们（在当时）同样依赖从腹地收集的剩余来实现增长和繁荣。

2.4　城市作为经济增长的引擎：商业资本主义、工业资本主义和城市化

大约在 1000 年，东方城市开始主导人类社会。那时文明在东方帝国蓬勃发展。罗马帝国灭亡后，拜占庭帝国出现，但其势力范围只限于地中海东部。它的首都是金碧辉煌的君士坦丁堡，一个可以被称为世界商业中心的城市，汇集来自欧洲和亚洲的货物，并拥有50 万人口。公元 7 世纪早期，伊斯兰教由穆罕默德创立，这有力地推动了伊斯兰帝国的发展。到 1000 年，拜占庭帝国已经分裂成几个相互敌对的伊斯兰王国，不过伊斯兰文化也已经从中东、北非蔓延到南亚，向西远至伊比利亚半岛。像科尔多瓦和开罗这样的首都城市，大约有 50 万人口，巴格达可能有超过 100 万的人口。尽管有塞尔柱突厥人的征服和后来的十字军东征，这些城市仍在继续发展。在具有最长延续文明的中国，黄金时期是在唐朝，以及经过短时间分裂后诞生的宋朝。这些王朝有着两个当时世界上最引人注目的城市——西安和杭州。

相比之下，这时可怜的西欧还并没有从罗马的洗劫和罗马帝国西半部分的崩溃中恢复。在超过五个世纪的时间里，持续的逆城市化过程——城市人口和城市数量都急剧地下降——已经将昔日的繁荣景象变成可怕的荒野，到处都是土匪、军阀和暴民（专题 2.4）。

◎ 专题 2.4

城　市　之　死

在资本主义以前的帝国经济时期，城市的兴旺和安宁依赖帝国的完整。对罗马帝国的城市而言尤其如此。罗马帝国一崩溃，四处劫掠的日耳曼部落占有了大部分的土

地，他们在新土地上定居、使用拉丁语、发展基督教。但是他们没有保持帝国的统一，而只是瓜分了其中的战利品。

其余的人居住在日耳曼部落统治的偏远地区。罗马的城市变成了荒地，逆城市化正式开始。据估计，罗马城在帝国崩溃之后的一个世纪里减少了 80% 的人口。到 1000 年，罗马城的人口估计只有 35000 人。但罗马城至少仍继续作为天主教的中心，保留了一些城市功能。罗马帝国的其他城市经济衰退更加剧烈。

罗马城东南大约 100km 外的一个城市——明图尔诺(Minturnae)的考古发现，显示了当帝国庇护不再时到底发生了什么。明图尔诺一度有 100000 人，但到公元 500 年，已不足 15000 人。这座城市本身位于一个自然灾害区。一个又一个街区的房子空荡荡地耸立着。大火毁灭了大部分的房屋，地震破坏了引水渠，人们不得不靠挖井来解决吃水问题，甚至街道路面都掉进了下水道(图 B2.4)。

人们凑合使用他们能够获得的东西。废弃的房屋和建筑物被劫掠当作材料。大型图书馆的纸草卷轴被用来引火，几个世纪积累的知识毁于一旦。逝去的人被埋在废弃的门廊或剧院。在一些欧洲城市，几乎所有人都生活在竞技场，这些地方大到足以容纳幸存下来的为数不多的人口。少量保存下来的"城市"是那些以天主教大教堂和修道院为中心的城市。用这种方式，城市生活的一些外部标志帮助保存了罗马文明的某些特征，也为新的城市复兴铺平了道路。

图 B2.4　明图尔诺废墟

2.4.1　新贸易城市

西欧在 1000 年时的复苏情况不值一提。但令人难以置信的是这个地区未来的前景，因为这个地区即将成为新经济的诞生地，而这种新经济将主宰世界，并将产生一种与之前城市截然不同的新型城市。

1) 资本主义经济

城市化重获新生的动力是资本主义经济的复兴并占据统治地位。最初的商业资本主义，通过商品买卖创造利润。随后的工业资本主义，通过制成品的大规模生产创造利润。两种形式的资本主义是当时世界的主要力量，现在也继续在全球范围发挥着重要作用。但是，可能除了腓尼基人之外，（其余地方的）贸易往往被封建政治体制所控制。例如，在中国，一直有着强大的贸易经济，但商人阶级处于四大传统阶级的最底层，而书生处于首位。纵观整个世界，商人作为一个群体（在当时）通常很少被给予地位或自治权。经济和政府主要由宗教阶层、军人或者大地主掌控。即使在罗马，尽管许多商品从帝国的偏远角落流入城市，却很少有商品从城市流出。

在西欧，贸易已经极大缩减，大部分人生活在自给自足的封建领地内。当地的地主或主教依赖从农民或农奴阶级攫取剩余，并把这些作为他们世袭权力的一部分。大部分的剩余被用来购买武器装备、供养士兵和马匹。经常有人因食物不够而饿死，更不用说有农业剩余可以与别人交易。

贸易经济的复苏独立地出现在一个大的帝国内。围绕贸易逐渐形成的新城市，往往位于封建领地及王国的外部或边缘。基于政治控制和经济义务，老的传统腹地转变为商业腹地，即城市买卖商品的辐射范围。与传统城市不同，新的商业城市可以不依靠从农业腹地攫取剩余，他们更愿意通过商品买卖来维持生存。区别于传统腹地，商业腹地往往跨越多个统治者的控制区，尽管后来一些强大的贸易城市试图强加（给腹地）更排他性的关系。

2) 城市化复兴

这个时候在西欧形成的城镇并不很大。没有一个能在规模和光彩上媲美东方帝国的首都或古罗马城。此外，它们出现在政治分裂时期。早些时候，查理曼帝国在 8 世纪时已成功地统一了西欧的大片地带，但随着查理曼大帝的离世又再次分崩离析。直到 16 世纪以后，真正的联合才得以实现。

尽管缺乏核心的政治中心，到 1000 年西欧的人口还是开始出现增长。据估计，在1000 年至 1350 年间，欧洲人口从 5200 万增加到约 8600 万，按照现在的标准来说这个增长微不足道，但这与后罗马帝国时代的人口减少形成了鲜明对比。曾急剧下降但并没完全消失的商品交换，也开始增速。城市开始增加进出口货物的数量和种类，并扩大了市场的范围。在其他地方，定期交易集市（也称周期性市场，即在一个固定的时间段吸引买家和卖家）出现在莱茵河畔的法国香槟地区。制造业也恢复了活力。在罗马帝国衰落后的 500年里，西欧主要是作为遥远东方帝国的原料来源地，提供木材、皮草、羊毛等。现在，他们的重点开始放在制成品的供应上，这主要是纺织品，也包括白蜡器皿和铁制品。

最终，城市的数量和规模开始扩大。虽然第一个千禧年后的 3 个世纪见证了巨大的城市发展，但确切的城市数目在很大程度上取决于对城市的界定。在中世纪的欧洲，城镇是一个法律定义的实体，许多这样的小镇在早期也被定义为小城市。据 Norman Pounds（1990）估计当时大约有 6000 个新城镇被建立，在巅峰时期，即 1250 年至 1350 年，每 10 年就有 75~200 个新城镇在中部欧洲建立。少数这些城市是由当时在中世纪黑暗时期没有被完全破坏的城镇重建的，有些是由于防卫需要而产生的，还有些出现在修道院和城堡附近。然而，大部分的城市是源于商人和手工业者的定居点。

按照当时的标准，欧洲的城市（新的或重新焕发活力的）并不大。到 1250 年左右，只有几个城市超过了 5 万人。在当时的华夏帝国，这样规模的城市比省会城市还要小。在 1000 年，当欧洲城市增长刚起步的时候，唯一超过 2 万人的城市可能就是罗马。欧洲中世纪城市的地图（图 2.12）显示了这些城市的位置。许多较大的城市，如君士坦丁堡（Constantinople）、塞维利亚（Seville）、科尔多瓦（Córdoba）和格拉纳达（Granada）等，隶属于罗马帝国，这些城市的人们依靠传统的方式谋生。也有一些较小的城市在今天的法国和德国的内陆地区。除了这些地方，城市化程度最高的两个地区是意大利北部和欧洲西北部。这两个地区是新资本主义贸易经济的支点，对城市化复兴起到了主要作用。

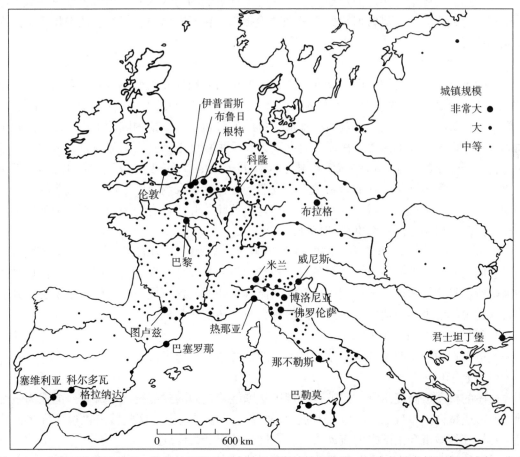

图 2.12 中世纪欧洲的城市。这张地图显示了中世纪后期城镇的位置。最大的城市仍是帝国城市，在意大利北部和欧洲西北部的城市集群证明了城市主义复兴和贸易的重要性

（1）意大利北部。

最重要的新资本主义城市是意大利北部的城镇，最著名的有威尼斯、热那亚、米兰和佛罗伦萨，也包括其他一些城市。现在这些城市都是意大利的一部分，但那时它们是独立的城邦，有着令人羡慕的特权。虽然每个城市控制着大量的领地，威尼斯甚至创立了海上共和国，但领地并不是它们经济的基础。相反，城市经济建立在商人和技术工人活动的基础上。来自这些城市的商人穿越地中海参与国际贸易，许多商人依靠中间商从远东获得商品，交易各种各样的奢侈品和大宗商品。例如，威尼斯商人交易来自欧洲西部和内陆的木材、奴隶和铁以换取来自远东地区的香料、丝绸和瓷器。

这些意大利城市的成功被不断增长的人口所证明。到 1363 年，威尼斯的人口达到约 8 万人，佛罗伦萨、米兰和热那亚也相差不大（在 1348—1350 年黑死病过后统计的人口数据，黑死病导致了人口的大幅下降）。这些城市也变得非常富有，并且它们的政治独立性日益增长。最初它们是在更大权力的控制之下，但到 1300 年已完全独立。这些城市能够实施侵略性的外交政策和建立复杂的防御，甚至雇佣士兵为它们打仗。这些城市在欧洲舞台上成为重要的政治巨头。威尼斯总督——一个从古老的商人家族选出的公爵——成为欧洲最有权力的人之一。尽管城市的规模和政治影响力在不断增长，但经济任务始终被放在优先的位置。

（2）欧洲北部。

在欧洲北部，沿着波罗的海和北海，以小城镇为基地的商人群体也开始开展贸易活动（图 2.13）。与往南去的意大利商人不同，来自这些小城镇的商人主要从事大宗商品交易：北海的盐、英格兰的羊毛、比利时的亚麻、挪威的鲱鱼、俄罗斯内陆的毛皮、法国的葡萄酒和谷物，以及德国的燕麦和黑麦。这些商人在某种程度上独立于封建体系，但他们又依赖来自这个体系的产品。这些城镇组建了汉莎同盟（Hanseatic League）。他们大部分都讲德语，互相之间建立了特殊的贸易关系。同盟一度包括了大约 200 个城镇。重要的是，这个同盟并不是一个政治联盟，这些城镇在地理上彼此分开，没有统一的首都，但他们都同意在同盟范围内实施同一套准则和标准。

大多数"汉莎小镇"非常小，很少超过 5000 人。后来，西边的贸易和布料生产城市夺去了它们的光芒。这些城市，如布鲁日、根特、伊伯尔都大力发展毛纺织业。它们后来还像阿姆斯特丹这类城市一样，利用自己在河流入海处的位置而成为伟大的贸易中心，并已准备好利用经济中心从地中海—波罗的海到大西洋转变的契机。

3）贸易城市的结构和形态

经济重点的变化改变了这些新贸易城市的社会结构和形态。

（1）政治和经济结构。

公民的概念被高度认可，反映这些城市从围绕着它们的封建统治中分离。能成为一个独立城市或特许城市（chartered city）的公民被认为是最佳选择。这些城市也包含许多非公民——从其他城市和王国来的流动人口、农民，甚至少数民族。

城市的社会秩序由商人阶级领头。这个群体没有太多不动产，他们更多的是可移动资产——商品、货船、现金等。在 1400 年左右的佛罗伦萨，大约 60% 的财富是动产的形式，这表明基于土地所有权的传统封建经济已发生巨大转变。商人阶级的权力在政治上得到承认，甚至超越了封建贵族。一些城市通过法律，限制贵族对地方事务的干预。当然，这还不是现代意义上的民主制度。有一些城市随后产生了新的寡头商人，他们可以限制后来者进入商业领域，即使后来者是最成功的商人也不例外。例如，威尼斯"大议会"的议员就被认为是寡头商人。

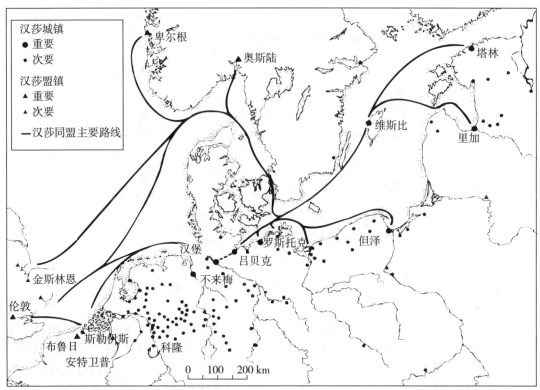

图 2.13 汉莎城镇与贸易。与南向的意大利商人不同，汉莎的商人对大宗商品交易更有兴趣，例如盐、羊毛、亚麻、毛皮、鱼以及燕麦

对生产制造日益重视。很多富有的商人建立了自己的车间工坊。他们经常会雇佣熟练的工匠或技术工人来生产各种制成品，从布匹到金属制品。

商人和技术工人都参加了这个时代典型的机构——行业协会。行业协会按职业归类，很像现在企业和工会的结合体。在一个城市里，行业协会将对特定工艺有共同兴趣的相似工坊聚拢在一块。最初，商人行业协会和工匠行业协会之间存在差别，但它们之间的界限并不明显。行业协会逐渐成为一股强大的政治力量，并且随着时间的推移，成为经济上的保守势力。最大的行业协会经常在城市里充当它们自己的"政府"。例如，佛罗伦萨的毛织品同业公会就有自己的警察力量、法官以及监狱。

（2）空间形态。

社会结构的变化反映在新城市的形态变化上（图 2.14）。开始的时候，城墙仍然是很重要的。大部分城市珍惜自己的特权，担心被入侵的军队或试图进入城市的饥民洗劫。在很多城市，超过 60% 的预算被花在城墙的建造及养护上。城墙也限制了城市的增长，有时还会导致新城墙的建设。有些繁荣发展的城市，如布鲁日，在城墙外还有护城河。对于增长中的城市，郊区在城墙外发展，但是直到 18 世纪后期为止，城墙仍然继续被用作城市范围的界线。

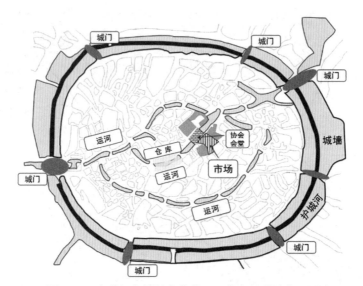

图 2.14 中世纪贸易城市典范——布鲁日的城市地图

新城市以市场为中心。这个贸易市场成为新城市的活动中心。重要的城市有几个市场：一个通常形状不规则的中心广场；一个在城门附近，甚至是街道旁的小市场；此外，还有一些在中心市场附近供其他生意交易的小市场。到 17 世纪中叶，阿姆斯特丹发展起来的时候，中心市场成为一个奇观，汇集了来自世界各地的商品和商人。在市场附近，还有一个擎天神阿特拉斯（Atlas）举起地球的雕像。

这个中心与港口和水路的联系非常密切。中世纪的城市已拥有巨大的起重机，它依靠人力驱动，用于装卸船舶上的货物。就近建设的大仓库用来存储货物。港口被整治疏浚以容纳更多、更大的船只。建在岛上的威尼斯，构建了一个由运河和桥梁组成的交通网络，其中包括了一条长 2mile、宽 80 码的大运河，它大到足以让 200t 的商船通行。其他城市，如布鲁日和阿姆斯特丹也建立在运河系统附近。

变化更进一步反映在行业协会会堂的建设上。会堂通常位于中心市场附近。有时行业协会会堂由各自的行业协会分别建设，威尼斯就是这种情况。有时行业协会合作建设一个共同会堂。这些会堂在权力景观中是一个重要元素，反映了行业协会在城市管治中的影响力。

一个更复杂的社会地理在这一时期也逐步形成，导致不同群体之间出现更大的分化。有时这种分化是基于职业或行业协会的，如威尼斯让亚麻制品、纺织品和羊毛制品的厂商分处不同区域。分化也发生在以国家为基础的不同种族群体之间(专题2.5)。再如威尼斯被分成很多区，分别居住着希腊人、斯拉夫人、阿尔巴尼亚人和曾在其他意大利城邦生活过的本地人等。以家族圈子为基础的分化也变得越来越常见，因为豪门家族在城市中建造规模巨大的大院，像是独立王国。这有时会引起彼此之间的长期争执，甚至公开的战争(图2.15)。

图2.15 意大利博洛尼亚的 Asinelli 塔。豪门家族控制许多早期的贸易城市，他们经常建造纪念碑来显示他们的重要性

◎ **专题 2.5**

第一个犹太社区

在如今的美国，"ghetto"一般是指一个主要居住少数民族的贫穷社区。这个词可能来源于意大利语"borghetto"(意为小城镇)或"gietto"(意为铸造厂)，第一次使用是在威尼斯的一个犹太人社区。在14—15世纪，因为基督教徒被禁止从事高利贷活动，犹太人被允许以放高利贷者的身份进入威尼斯。1516年，威尼斯政府颁布了法令，建立一个永久的犹太人社区。这个社区被建筑物和围墙封闭，建筑物和围墙又反过来

被环形运河包围。两个大门的进出被严格控制，天黑后禁止居民离开社区。此外，居民还不得不为限制他们活动的守卫支付工资。逃离社区会受到政府严厉的惩罚，也会引发大多数社区居民的不满。受洗成为基督徒是唯一合法的逃离方法(图 B2.5)。

图 B2.5　威尼斯犹太社区的入口(由 David H. Kaplan 博士提供)

随后，犹太社区被推广到很多城市，如法兰克福、布拉格、的里雅斯特和罗马等，针对犹太人的禁令在整个欧洲被广泛实施。在传统的欧洲犹太社区消失很长时间后，纳粹重新提出并且可怕地扭曲了这个概念，把犹太社区变成驱逐进死亡集中营之前的等待区。

中世纪贸易城市的街道系统分隔成了若干个管区。大多数街道环绕社区核心，而不是用于出入社区。街道为商业和生产而设置，临街的土地价格更高。建筑通常就建在街道两旁，越高的楼层会在街道上越突出，这样三楼的人趴下可能就可以亲吻到过街的行人。

中世纪中后期发展的城市已完全不同于之前的城市。与此同时，它们也改变了欧洲经济的性质。当土地所有者选择能给他们带来最大收益的作物时，专业化生产就比农田重要得多。产生于自给自足庄园经济的农奴制度(serfdom)在这种新型专业化经济中作用很小。随着城市转向一种更独立于教会的世俗法律(secular law)和地域原则法律(即居住在哪个地方就遵守哪个地方的法律)，法律的性质也改变了。

在欧洲，国家的发展终结了自治城市或独立的贸易城市。16 世纪开始出现的新国家，拥有规模化和统一市场的优势，一些城市继续扮演更传统的角色，成为政治或宗教权力中心。但引领早期贸易城市的资本主义基本原理，继续存在于许多欧洲国家的经济中，并成为单一世界经济发展的一个驱动力。

2.4.2 工业城市

商业城市支持一种新的经济类型，它显然是整个欧洲转向资本主义体系的先锋。不过，这些城市仍然不大，即使最大的城市的规模也有限，无法与世界上其他地区的帝国城市相比较。

在近代早期，一些国家的政治运动促成了统一的王国(如英国、法国)以及更庞大的贸易网络，扩大了一些城市的规模。据估计，在 1600 年伦敦约有 20 万人口，不过这包括了几个农村占主导地位的郊区，其真正的城市人口应该不到 10 万人。巴黎、阿姆斯特丹和其他几个主要城市也大概如此。统一王国的出现对已规划的防御性城镇的建设产生了更大的影响(专题 2.6)。

◎ 专题 2.6

设计的空间：防御性城镇和雄伟风格

中世纪早期的贸易城市大多是自然发展，它们的经济发展在某种程度上也是随意和缺乏组织的。许多城市从封建农村的结构和限制中脱离出来，寻求更大自由。后来，在文艺复兴和近代早期，城市设计和规划的理念开始产生。它们与城市和农村之间、自治和封建集权之间关系的变化同时发生。王室成员或其他大贵族权力的整合，意味着一个强大国家的崛起和独立城市的衰落。在这种客观环境下，城市在不同条件下得以发展。尽管城市继续作为资本主义活动的中心，但现在的城市已经成为一个更大国家的一部分。国家统治者既可以选择为更好地保护国土、增加税收来源而在领地内开发新城市，也可以选择扩大已有城市的规模。

城市设计并没有一个统一的模式，但是会有一些原则。许多城市是作为防御堡垒而建设的。这些堡垒在形态上常常采取规则的几何形状，附带间隔设置的塔楼和用于出入的城门。防御性城镇的街道也有规律地分布，彼此互相连接，同时还连接着中央市场广场和城门。街道的布置和格局也旨在方便武器装备和士兵基于防御目的移动。街道布局完成后再来安排建筑，从而创造了一个更有序的景观。其中的一些城市，对几何结构的注重甚至高于实用性，例如 1593 年由威尼斯人建造的帕尔马诺瓦城(图 B2.6)。

后来，城市变得更大，更强大的王国结合巴洛克设计观念形成了城市设计的大愿景。在这里，城市是一个整体的构思，它被一个城市梦想家提前规划成由宏伟纪念碑、重要建筑、地形特征和通过林荫道连接成的公园构成的一个组合。街道景观、建筑和凝聚力一起产生了一个雄伟的综合体。有几个重要城市就是用这种方式建设的，尤其是现在已经成为许多国家中心的首都。华盛顿特区的雄伟风格特立卓行，它是皮埃尔·查尔斯(Pierre-Charles L'Enfant)在 1791 年设计的，然而，直到它存在的第一个 100 年，城市的设计仍然超过了实际需要。查尔斯·狄更斯在 1842 年写道："华盛顿特区充满了不知从何开始又去到何处的宽阔大道，每段道路都缺少房屋、商业大街和

居民，公共建筑也需要公众来填满"。（引自 Mumford，1961，p. 407）

图 B2.6　帕尔马诺瓦城俯视图（Yann Arthus-Bertrand/Corbis 图片）

社会广泛地城市化，一些巨大的城市也不再需要一个庞大的帝国，这意味着城市的经济基础已经发生转变。传统的城市最依赖的就是攫取剩余，中世纪的资本主义城市，尽管有繁荣的手工业，但绝大部分的农产品仍主要依赖交易。城市最初容纳的是宗教、政治精英阶层和为这些阶层服务的人口，随后是商人和技术工人阶级。然而，这些都还不是需要大量人口的职业。尽管在中世纪，制造业具有引人瞩目的收益，但技术工人阶级——无论他们组织得多好，还是没有办法创造足够的供给与需求来支撑一个大城市。大多数企业都是将工作分包给各种专业人士。后来，很多纺织工厂从城市迁入农村地区。

1）工业革命

城市真正的腾飞需要创立一种全新的经济，一种基于城市产品的生产和交换并能够维持城市庞大劳动力队伍的经济。与这种新经济的创立紧密联系、难以分开的是"工业革命"，这是一个针对一系列互补进程的较为笼统的术语，包括：

（1）动力供应的变化，主要是引入燃煤蒸汽机；

（2）机械技术的改进，主要是机械动力织布机和炼铁；

（3）从基于小作坊的生产体系转变到协调数十种活动和数百名工人的工厂体系，劳动者在同一屋檐下工作，使用由一系列复杂的皮带连接到一台蒸汽机上的机器。

随着各种进程的发展，真正的大规模生产变得可能。但是，必须有一些辅助进程的发展作为前提。首先，要有必要的资本使得利用这些技术优势成为可能，这需要一些非常富有的商人愿意在蒸汽机、机器和工厂上投资。扩大到亚洲、非洲和美洲大部的海上贸易，以及奴隶贸易的利润，极大地充实了许多欧洲商人，特别是英格兰商人的荷包，他们的出口在 1700 年到 1800 年间增长了 5 倍以上。其次，农业必须进步到可以养活所有工厂工作人员的阶段。早期的农业生产效率当然很低，而且只有很少的剩余。在 17—18 世纪，农业生产效率提高：①增加了农产品的剩余，使得更少的农民可以养活更多的人；②更富裕的农民家庭增加了对工业产品的需求；③创造了剩余劳动力，农业不再需要这些劳动力，但他们可以在工业革命后的城市工厂里工作。英国显然位于这些变革的中心。伦敦通过投身于新的全球经济而成为第一个真正的全球城市。英国在北美、加勒比地区、南亚以及后来在非洲、中国香港地区的殖民帮助英国商人进一步获取财富。这些殖民地/半殖民地后来提供了许多工业生产的原材料。英格兰的腹地不再局限于世界的一部分，而是全球范围。

英国同样也处在农业变革的最前沿。通过更好的选种、动物育种、饲料作物、田地轮作以及向少数规模更大的农场转变等方式，18 世纪英国农业产量增加的速度远远快于人口的增速，这解放了更多的农业劳动力去工厂工作。而且，英国拥有丰富的煤炭资源（图 2.16）。这一点是非常重要的，因为煤作为动力可以用来驱动很多新型蒸汽机，以及火车和蒸汽轮船这类新型运输工具。

工业革命进程加速了城市化。工业化意味着大量的人口能在工厂工作，他们生产的商品也供城市和农村居民消费。利用煤为动力的运输方式（如铁路、蒸汽轮船等）越进步，工业城市辐射的范围就越大。城市可以从更远的国家或地区得到食物。伦敦能够从世界上任何地方获得它需要的粮食：印度的大米、美国和加拿大的小麦和牛肉等。工业生产所需的各种原材料也可以从世界上大部分地区获得。来自北美洲、南美洲以及亚洲的原材料都找到了进入新工厂的方式，例如，南美洲在 19 世纪中期已经成为（英国）主要的羊毛供应商。19 世纪，欧洲的城市化发展迅猛。19 世纪，欧洲人口倍增的时候，城市人口增长了 6 倍还多。英国的城市化率在 1800 年是 20%，在 1850 年是 40%，在 1890 年超过了 60%，这使得英国成为第一个实现城市化的国家。相反，意大利北部的城市化率即使在贸易城市全盛时期也从没有超过 20%。

工业化带来的结果是众多城市的快速增长。英国城市人口增长的统计数值显示了这一影响：曼彻斯特和利物浦的人口规模增加了 4 倍，最大的城市可以比肩甚至超过最大的帝国城市。到 1800 年，伦敦拥有大约 100 万人，巴黎有大约 55 万人。1850 年，伦敦拥有大约 250 万人，巴黎有 100 万人。到 1900 年，有 8 个城市的人口超过了 100 万，人口最多的是拥有 650 万人的伦敦。

2）城市地理位置的变化逻辑

以下这些情况共同影响了城市地理位置的变化。

（1）工厂体系要求劳动力聚集在一个地方，但因为大规模生产替代了分散在不同位置的作坊式小规模生产，故产业体系更偏爱少数地方的集中（邻近）定居点。

（2）蒸汽机需要大量的煤，这是生产过程中体积最大的原料，因此运输费用高昂。所以很多新兴工业城市建在煤矿周围，并得以迅速扩大人口规模。

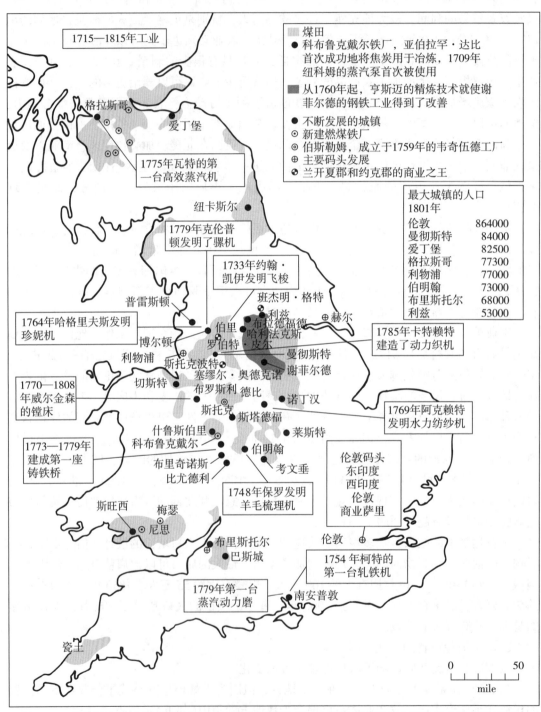

图 2.16 英国制造业城市和煤矿分布地图。英国拥有极好的煤炭供应并且大部分工厂建在煤矿旁边

(3)有些城市，尤其是伦敦，得益于工业贸易中心的位置。很多被工业革命剥离的小型产业也集中在这里。

工业化除了影响经济层面，也改变了城市的特征和空间布局。19世纪工业城市的形象并不太好。大部分城市形象来自狄更斯小说和这时期的各类社会评论员。我们可以想象一下，黑色的煤灰像一块幕布一样覆盖在城市上空，富人和穷人之间存在着巨大的鸿沟，山岗上的大厦俯瞰着城市，工厂附近遍布贫民窟。恩格斯(Friedrich Engels)对曼彻斯特有过这样的评价："世界上没有任何一个城市有如此之大的贫富差距，穷人和富人之间的障碍是如此难以跨越。"并且说道："工厂的工人居住在城市中那些环境令人作呕的地方。"针对这些言论，一个叫布里格斯的中产阶级"绅士"地回应："但是这里有大量的钞票可赚。"(引自 Briggs，1970，pp. 106、114)

他们两个都是对的。恩格斯目睹了差异巨大的城市环境，在这种环境里富人赚了更多的钱，穷人却在遭罪。不过，对富人和穷人同等的是，生活在曼彻斯特有损身体健康。如其他工业城市一样，这里是疾病的"天堂"。像天花一类的传染性疾病很容易传播；糟糕的卫生状况引起(由虱子传播的)斑疹伤寒；不达标的供水导致霍乱严重蔓延；此外，工伤事故比比皆是；饥饿的工人出现了营养不良；还有其他一些疾病，如因为缺乏阳光照射而导致的佝偻病。到1880年，英国城市人口的死亡率比农村高出50%。一份1842年出版的《关于大不列颠帝国劳动人口卫生状况的报告》显示，曼彻斯特的劳工阶层平均死亡年龄仅为17岁，这不到拉特兰郡农村居民平均死亡年龄的一半。即使是生活在曼彻斯特的职业阶层，平均死亡年龄也只有38岁，而农村地区是52岁。

3) 工业城市的要素

工业城市主要的新要素是工厂、铁路和贫民区(图2.17)。

(1)工厂，通常占据了最好的位置。在很多情况下，工厂的建立会带来城市的增长，因此它们是城市的中心。当然，当时还没有污染控制。空气是污浊的，河流也被用作排污。

(2)铁路，将工厂和主要港口连接起来。在英国，主要的港口是伦敦和利物浦。铁路就像轮子上的工厂，把污染扩散到城市的各个角落以及农村地区。

(3)贫民区，是最后一个要素。与工厂体系相关的规模化生产需要大量的房屋供在此工作的工人居住。虽然工人不再像曾经在老工坊那样，长时间居住在自己工作的车间，但他们仍然需要住在工厂附近。房屋不得不在匆忙中，由工厂主以极低的成本建造起来。这些房屋大多是背靠背长排公寓，为的是使空间占用和通风成本最小化。

工业城市因工业生产而繁荣发展，大量的雇佣工人进入工厂。在这里，社会阶级之间的空间分化加快。财富增长的背后是许多的城市问题，曼彻斯特人的寿命就证明早年他们遭受身处城市的痛苦。工人们找到了工作，但他们和家人都付出了巨大的代价，他们生活在城市最糟糕的地方。在像伦敦这类更大规模的城市里，一种由文员和官僚组成的新阶层也在扩大，他们通常居住在城市内一个单独的区域。通过这种方式，现代城市的社会隔离开始形成。交通技术的进步和城市实际规模的扩大将使社会阶层进一步分化。

图 2.17　工业城市坎伯威尔的城市元素说明图

2.5　小结

随着世界上的城市越来越多，我们很容易忘记城市只是一种相对较新的现象。城市的出现，必须满足几个前提条件。这些前提条件包括足够的农业剩余、建立和维持城市的必需技术、管理人口及收集分配剩余的社会权利。"城市究竟是如何产生的"这一问题的答案并不唯一，但我们可以确定的是城市独立地出现在世界各地的许多重镇。这些早期的城市类型多样，他们都依赖掠夺经济。像古罗马城这类帝国城市，在早期基础上建立，不断扩张，最后控制大片区域。1000 年到 1200 年，由于资本主义经济的出现，城市发展的基础得以改变，城市成为经济增长的引擎。工业化使城市变得更大，比以往任何时候都要大几倍，并且城市人口的比例也更高了。

第 3 章　全球化和城市体系

本章主要介绍全球化和城市之间的关系。目前，对这个问题的研究主要遵循两种思路。第一种思路认为：全球化促使一批实力强、影响力大的城市出现，这些城市在整合和管理全球经济中具有重要作用，被称为"世界城市"或"全球城市"。这些城市未必是人口最多的城市，然而却管控着联系越来越紧密而复杂的全球经济。通信连接是这些城市实现功能的基础。这些城市往往是那些掌控全球经济的大公司总部所在地。该思路通过一系列方法构建了一个具有等级结构的全球城市体系，并试图解释该体系的等级结构和功能。这种方法的关键是把不同的城市划入全球等级体系的不同级别。第二种思路认为：全球化是普遍的，而且广泛影响着世界各地的城市。与仅仅关注等级体系顶部城市的第一种思路不同，第二种思路试图解释全球化在不同领域对各种城市的影响，不仅是经济影响，也包括政治、社会、文化和环境等领域的影响。在更详细地探讨这些主题之前，我们先研究问题的根源——全球化，特别是它的经济维度。

什么是全球化（Globalization）？大多数地理学者认为，全球化是指始于 20 世纪 70 年代中期的一系列与资本、信息、商品和服务的流动有关的经济变化。全球化是一个有争议的、复杂的概念，已经延伸到政治、社会和文化领域。暂且简化我们的讨论，将其集中于经济领域——尤其关注相互联系方面。全球化主要指地方之间愈加密切联系的方式，具体包括联系的范围、强度、速度以及它们的影响。

大部分关于全球化的研究已经探究了全球经济的本质。尽管资本主义一直有全球影响力，并且人类社会的历史上包含大量作为国家中心的世界城市。最近 40 年的发展反映了一些新的趋势，部分原因是多国公司和跨国公司的产生使国家角色发生了改变。全球化反映了：①工业生产和服务供给的地理重组。比如资本可用性和金融服务，其常规业务和功能空间分散布局，而高等级专业化业务则集中布局。②公司业务跨越国家界限（公司在很多国家生产、分销商品和提供服务）。从某种程度说，一些企业已不再"属于"单一某个国家。③发展中国家居民在国内倾向于流动到大城市，国际移民则倾向于移居到美国、加拿大等发达国家。

3.1　资本主义、权力和世界城市

经济全球化的驱动力是资本主义，并依赖网络和世界城市等级体系将其连接起来。人类在高度本地化的环境、聚落和社区中发展演化。即使在人类居住地变得足够大而被称为城市或城市地区时，它们的重心仍是本地。资本主义是一个独特的经济和社会组织。在资本主义社会中，劳动(工厂或产业工人)从生产资料或产品的所有者中分离出来，被转移到市场销售的商品中，并被给予工资报酬。资本主义始于 16 世纪的西方，不同民族国家的企业开始进行自由贸易。

随着资本主义的发展和资本主义国家的建立，这些主权国家或独立的政治体开始建立经济联系。这种国际贸易的基础通常是通过攫取发展中国家原材料(矿产和农产品)，并将其运输到经济更发达的国家或地区。随后那些发达经济体和制成品的主要生产商，将这些工业产品再出口到欠发达国家。这些其实是国际关系而不是全球关系，正如国际贸易、国际外交，甚至国家战争一样。

全球化只是在人类历史上最近 40 年左右的时间里发生的，起初发展较慢，现在速度正逐步加快。从 20 世纪末以来，世界经济才变得足够全球互联并被冠以"全球"的称号。随着新的信息经济在电子通信时代的产生，分散的城市体系开始组成一个独立经济体运营。世界作为一个独立经济体的这个概念为全球化提供了核心定义并对全球化过程作出了合理解释。

在世界城市出现的地理背景下，我们已经看到现有城市的转变。大多数城市在 19—20 世纪都是相对自主的，主要为当地、区域服务，或者少数像纽约、巴黎、伦敦这样的城市为其全国市场提供服务。伦敦的"国家"市场包括一个广布的殖民国家，但是国家的基础却是国内。现在更多的、成熟的世界城市正为形成这个独立的世界经济体在城市等级网络中发挥作用。

规模宏大、结构复杂的资本主义多国公司(MNC)和跨国公司(TNC)(图 3.1)将全世界联系起来，推动着全球化的进程。多国公司的经济活动和利益分布于不同的国家/区域，但其发展仍然最主要依附于一个母国；而跨国公司的发展则往往不单纯依附于某个国家，可更为自由地实施全球战略，但这些策略有可能与某些国家的利益相悖。在地理学范畴中将全球经济(亦即世界城市)分工划分为核心区(城市)、半边缘区(城市)和边缘区域(城市)。正如我们下面要讨论的，世界级核心城市是高阶支配信息中占主导地位的生产商，在以权力为主导的资本主义全球经济中占支配和控制地位。半边缘城市是指那些随着经济的不断成熟和繁荣，该城市向世界城市地

图 3.1　一个大跨国公司的总部

位发展(以新兴工业化经济体为代表)。边缘城市处于全球经济的"边缘",是在经济上被"控制"或管理的城市区域。典型的核心城市有纽约、东京和伦敦。半边缘城市(城市)包括中国香港、圣保罗、汉城和新加坡等。边缘城市主要有新西兰的奥克兰、尼日利亚的拉各斯、秘鲁的利马、英国的利物浦、印度的金奈、俄罗斯的新西伯利亚和美国的圣路易斯等。

随着多国公司和跨国公司不断发展壮大,作为当代经济、文化和政治环境的一个典型特色,"全球化"概念已经代替"国际化"走进了人们的视野。在世界的许多领域,国家的边界显得没有那么重要。在经济全球化的今天,跨国公司"呼风唤雨",资本将超越国界在不同的国家之间翻滚涌动。

3.2 等级、城市和网络

跨国公司和多国公司已经通过各种方法摆脱了传统的单一国家生产模式,取而代之的是建立了工业生产、服务提供和分销的全球化网络。这些多国公司的总部往往坐落于世界城市。这些企业通过总部指挥控制其全球的运营,通过世界城市内部专业的通信基础设施来协调其远方的企业运作。由于具有发达的金融服务和其他的生产性服务业,如广告、市场营销、法律援助和网络维护援助系统等,一部分世界城市成为当代全球经济运行和管理的重要节点。然而在非洲、亚洲和拉丁美洲十分缺乏真正的或者成熟的世界城市,其全球化的程度甚至与100年前差不多,但多国公司利用这些落后地方廉价的劳动力来生产发展中国家消费者喜欢购买的廉价物品。

3.2.1 世界城市等级结构

这些世界城市坐落于何地呢?约翰·弗里德曼(John Friedmann)(1986,p. 69)发表的"世界城市假说"是研究此问题的开始,"世界城市假说"是关于新国际劳动分工的空间组织理论。在新国际劳动分工理论(NIDL)中,弗里德曼阐述了企业的管理、金融和生产(劳动)等功能分离的思想,即将资本主义世界经济划分为多个专门的角色,而这些角色分别分布在世界不同区域里。从根本上说,生产过程中不需要技能或创意力而需要足够大批量劳动者的部分,可以安排在边缘或半边缘劳动力价格低廉的地区进行生产。过去几十年的墨西哥和中国就是典型的例子。由于一种产品在生产过程中劳动力成本和管理成本(regulatory requirement)在整个生产成本中占据了很大份额。因此,整个生产过程被分散在全球各地——空间分散过程,以寻找成本最低和交易成本最低的区位为目标。由于生产过程被分散在全球不同区位,企业就需要更综合的能力去管理和协调生产的整个过程。

弗里德曼的理论中最主要的一个部分便是"世界城市等级体系"(表3.1)。弗里德曼将世界城市分为:①位于资本主义世界的核心腹地区域的城市,即核心世界城市(经济发达地区,如美国、加拿大、西欧、日本、澳大利亚和新西兰等地的城市);②位于半边缘区域的城市(半边缘世界城市),即发展中经济体,如墨西哥和巴西的城市。他进而将这两类区域的城市又分成一级城市和次级城市。弗里德曼在核心世界城市中确定了 9 个一级城市：3 个美国城市(纽约、洛杉矶、芝加哥)，5 个西欧城市(伦敦、巴黎、法兰克福、鹿特丹、苏黎世)和日本的东京。列出了 9 个次级核心世界城市：3 个美国城市(旧金山、迈阿密和休斯敦)，4 个西欧城市，澳大利亚(悉尼)和加拿大(多伦多)各 1 个。半边缘世界城市中，只有圣保罗和新加坡被列入一级城市；次级半边缘世界城市包括 5 个亚洲城市，3 个拉丁美洲城市和 1 个非洲城市(南非的约翰内斯堡)。

表 3.1　　　　　　　弗里德曼的世界城市等级结构(Friedmann，1986)

核心城市(或地区)		半边缘城市(或地区)	
一级城市	次级城市	一级城市	次级城市
芝加哥	布鲁塞尔	圣保罗	曼谷
法兰克福	休斯敦	新加坡	布宜诺斯艾利斯
伦敦	马德里		加拉加斯
洛杉矶	迈阿密		香港
纽约	旧金山		约翰内斯堡
巴黎	悉尼		马尼拉
鹿特丹	多伦多		墨西哥城
东京	维也纳		里约热内卢
苏黎世			汉城
			台北

图 3.2 是约翰·弗里德曼在 1986 年绘制的世界城市等级结构图，与在表 3.1 中所列出的世界城市等级并不完全对应，但具有启发性的地方在于它反映了一种更为详细的等级次序，而且显示出相关世界城市之间的联系。图 3.2 自西至东(从左到右)描述了东京、洛杉矶、芝加哥、纽约、伦敦和巴黎这 6 个处在分级顶端的世界城市；在下一级中，从左往右看，分别是悉尼、旧金山、休斯敦、迈阿密、多伦多、马德里、米兰、维也纳和约翰内斯堡，这些是次级核心世界城市。这个图也显示了另外两种层次结构的等级：①一级半边缘城市；②次级半边缘城市。核心世界城市之间用粗线连接。

将弗里德曼的世界城市分级和表 3.2 所列举的更现代的城市分级进行比较是十分有趣的。从 20 世纪 80 年代以来，一些东亚城市和拉美城市在排序中有所增加，当然也有一些新增加的欧洲城市。特别有趣的是一些中国城市(如北京、上海和广州)以及日本的大阪的等级提高了。值得注意的是香港、新加坡、墨西哥城、首尔、圣保罗、大阪和北京，还有伊斯坦布尔、上海、波哥大、雅加达、柏林、达拉斯、墨尔本、圣地亚哥、都柏林、里斯本、广州、雅典和罗马这些城市的等级在上升。

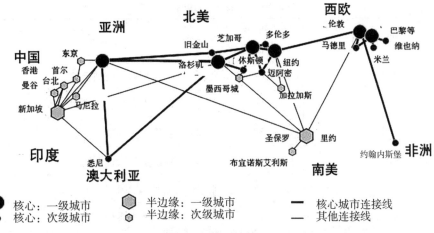

图 3.2　1986 年的世界城市等级结构(Friedmann，1986)

图 3.3 描绘了 100 家大的多国公司总部和一级分公司分布最多的前 50 位世界城市的等级结构(Godfrey，Zhou，1999)。

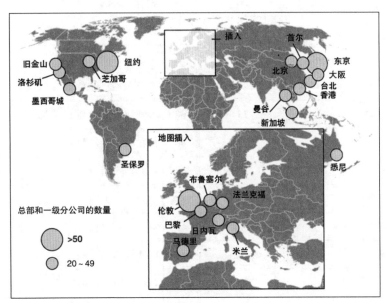

图 3.3　包含 100 家大的多国公司中的 20 家及以上公司总部和一级分公司的世界城市的位置示意图
(Godfrey，Zhou，1999)

　　纽约、东京和伦敦分别位列世界城市的前三位，分别包含 50 家以上的跨国公司总部和一级分公司。次级世界城市分布在欧洲(19 家)、亚洲东部和东南部(13 家)、拉丁美洲(8 家)、美国和加拿大(7 家)、澳大利亚(2 家)(表 3.2)。因此，从 20 世纪 80 年代开始，

表 3.2 **100 家大跨国公司总部和一级分公司分布最多的前 50 位世界城市**
（Godfrey，Zhou，1999，p. 276）

排名	世界城市	总部和一级分公司的数量	排名	世界城市	总部和一级分公司的数量
1	纽约，美国	69	24	加拉加斯，委内瑞拉	18
2	东京，日本	66	24	伊斯坦布尔，土耳其	18
3	伦敦，英国	50	24	多伦多，加拿大	18
4	香港，中国	40	28	杜塞尔多夫，德国	17
5	新加坡	35	29	上海，中国	17
6	米兰，意大利	30	30	维也纳，奥地利	16
7	巴黎，法国	29	31	波哥大，哥伦比亚	15
8	墨西哥城，墨西哥	28	31	雅加达，印度尼西亚	15
9	马德里，西班牙	28	31	马尼拉，菲律宾	15
10	首尔，韩国	26	34	柏林，德国	14
11	圣保罗，巴西	25	34	休斯敦，美国	14
12	苏黎世，瑞士	25	34	墨尔本，澳大利亚	14
13	大阪，日本	24	38	巴拿马城，巴拿马	13
14	北京，中国	23	38	圣地亚哥，智利	13
15	曼谷，泰国	22	40	都柏林，爱尔兰	12
15	布鲁塞尔，比利时	22	42	雅典，希腊	11
15	芝加哥，美国	22	42	达拉斯，美国	11
15	杜塞尔多夫，德国	22	42	罗马，意大利	11
15	悉尼，澳大利亚	22	45	巴塞罗那，西班牙	10
20	旧金山，美国	21	45	布达佩斯，西班牙	10
21	洛杉矶，美国	20	45	广州，中国	10
22	台北，中国	20	45	汉堡，德国	10
23	布宜诺斯艾利斯，阿根廷	19	45	吉隆坡，马来西亚	10
24	阿姆斯特丹，荷兰	18	45	里约热内卢，巴西	10

次级世界城市在欧洲、美国和加拿大以及越来越多的东亚和东南亚国家具有十分重要的地位。如果按照跨国公司总部和一级分公司的位置来划分，非洲没有世界城市，即便是约翰内斯堡也算不上。

从 20 世纪 70 年代弗里德曼首次提出世界城市的概念以后，如我们整章所强调的，世界城市的重要经济功能发生了一定的改变。即便如此，世界城市仍然在继续扮演着如下多重角色：

- 国内和国际的旅游、商品贸易和外商投资中心；
- 商业银行、投资银行、保险和其他金融服务中心；
- 国家和国际层面的政治权力中心，与政府相关的许多非营利组织、协会、机构的所在地；
- 面向社会不同阶层消费者的专门奢侈品和生活必需品消费中心；
- 先进专业服务中心，如医药卫生、法律、高等教育、科学知识与技术的应用等领域；
- 高等级信息产品生产中心，面向个人、专门机构、政府和大型企业传播扩散专业知识（往往是专有的信息、数据和报告等）；
- 大型企业及相关的先进生产性和商业服务业，为了寻求互利共赢而形成这些行业的集聚中心；
- 文化中心、艺术中心、娱乐中心和设计（如服装设计等）中心。

上述这些特征是 20 世纪 70 年代世界城市的主要特点，同时作为一种历史惯性（historical inertia）的延续，也代表着当下世界城市的重要特征。历史惯性也表明：随着时间的推移，世界城市的许多重要经济职能并未发生较大改变。与其他城市相比，由于世界城市已拥有了一个相对良好的开端，因而它们可以以较高的竞争水平继续其基本经济活动。

尽管如此，世界城市的一些主要功能发生了变化，在 20 世纪 70 年代所拥有的某些重要特点也日渐消弭。这些增加和消失的功能和活动都与全球化水平有着密切的关联：①在世界城市网络和等级体系中，随着世界经济尤其是先进服务业及信息化程度的提高，一些城市地位不断提高；②世界城市在制造业领域的就业率下降。信息化所涉及的以电信传输为基础的互联性，我们将在稍后章节进行详细讨论。世界城市主导着资本主义世界的经济，因此它们需要高速、批量且安全的信息数据传输渠道。由于多国公司国际投资的不断增长和金融服务需求的不断增加，这些巨型企业也同样对信息化有着迫切的需求。

与此同时，世界城市由于承担了信息生产和传播的附加功能，导致它们在产品制造业中的地位下降。美国、加拿大、西欧的工业化国家、日本、澳大利亚和新西兰等国家和地区，从 20 世纪 70 年代开始就出现制造业规模大幅度萎缩的现象，此进程被称作产业空洞化（deindustrialization）。该过程造成世界城市中本土制造业岗位数量大幅度缩水。发展中地区由于较低的工资水平和土地成本等因素可以大大减少生产成本，当越来越多的制造企业为寻求更低的生产成本而将生产基地转移至发展中地区后，发达国家内部便发生所谓的产业空洞化。另外，制造业产品的市场可能会逐步趋于饱和。

这些改变使得以工业起家的世界城市的发展不再单纯依靠工业，进而转向依靠蓬勃发展的高级信息密集型产业。相应地，高回报的信息密集型产业岗位逐步取代中等收入水平的制造业岗位。这些与信息空间密切相关的专业岗位，通常要求从业者具有更高层次的教育水平和专业知识，因此世界城市不断吸纳周边甚至是来自世界各地的高素质人才。这些人才大多在世界城市或者美国、加拿大和英国的大学接受过高等教育。而一般常规的信息制造业的工作则可能通过远程通信技术更多地在如印度等发展中国家完成。随着传统制造业工作岗位的数量大幅度缩水，一些低技术工人则有可能被迫从事一些薪资水平很低的消费性服务业和零售业工作。

3.2.2　全球城市

Saskia Sassen 曾在 1991 年指出：纽约、伦敦和东京是位于城市等级金字塔塔尖的三座全球城市。尽管该学说源于弗里德曼的世界城市等级结构，但不同之处在于其专注于资本主义逻辑：新的全球化系统通过发挥具有巨大影响力的大城市的中心作用而得以维持。她认为：在空间上分散的经济活动需要通过全球范围内的整合才能维持运转，这点与弗里德曼的观点一致。城市既是地方、国家和整个区域经济发展的重要节点，也是全球经济的控制点。为企业提供先进服务——生产性服务——是管理全球流动空间所必需的。她同时还提出：经济活动在全球范围内高效运转需要更加复杂的金融活动来保障，全球经济的金融化程度必将日趋强烈。多国公司和跨国公司为发挥其指挥和控制功能，需要对相关的现代生产性服务业和金融服务业做出相应的调整，Sassen 一直关注这些变迁且指出：这些服务(生产性和金融服务)将越来越多地由独立的公司来提供，而不再单纯依靠隶属于该大公司的下属部门。她强调：这些功能和企业的聚集，使得这些服务只有在少数特定的场所才能进行，形成了所谓的聚集经济(由于相同或相似功能的企业在地理空间上的聚集和靠拢带来的经济效益)。纽约和伦敦就是这类型经济的典型示例。在 Sassen 研究期间，东京的聚集经济影响力迅速上升，但此后有所减弱。

3.2.3　世界城市网络

Peter Taylor 主导一个影响巨大且专门致力于城市化和全球化的研究中心[即英国拉夫堡大学的全球化和世界城市(GaWC)研究中心]。通过深入学习弗里德曼的世界城市等级结构和 Sassen 的独到见解之后，Taylor 认识到生产性服务和金融服务在管理全球经济中的重要作用，但同时也认为他们对城市间实际联系的关注不够。从本质上来说，Taylor 认为我们应当更多地关注世界城市网络本身，而不仅关注一个刚性的等级结构(Friedmann，1986)或一些本身已经十分重要和强大的全球城市(Sassen，1991)。因此 GaWC 研究中心致力于研究全球系统中城市互联性的测度。

通过世界城市在全球城市网络中的支配能力可以确定该城市在全球城市中所处的地位。这种能力的一个重要指标是城市的连通性，即以这个城市为中心到网络的其他主要世界城市的连通程度。这种连通程度不仅是城市内部特征的表现，而且也是该城市在世界城市网络中地位的表征。Taylor 等在 2001 年提出了主要世界城市的四种不同地位：高度通达城市（highly connected cities），主导中心（dominant centers）、控制中心（command centers）和门户城市（gateway centers）（表 3.3）。

表 3.3   **主要世界城市地位测（Taylor et al. , 2001）**

城市	高度通达城市	主导中心	控制中心	门户城市
阿姆斯特丹			X	
布鲁塞尔			X	
波士顿			X	
布宜诺斯艾利斯				X
芝加哥	X	X	X	
法兰克福		X	X	
香港	X	X		X
加尔各答				X
吉隆坡				X
伦敦	X	X	X	
洛杉矶	X			
马德里				X
墨尔本				X
墨西哥城				X
迈阿密				X
米兰	X			X
孟买				X
纽约	X	X	X	
巴黎	X	X	X	
圣保罗				X
新加坡	X		X	X
悉尼				X
台北				X
东京	X	X	X	
华盛顿	X			X
苏黎世			X	

　　Taylor 等(2001)划分出 10 个高度通达城市,除了纽约、伦敦和东京这三大世界城市(Sassen,1991)之外,还有芝加哥、洛杉矶和多伦多等北美城市;欧洲的中心有米兰和巴黎;亚洲在全球城市网络中通达度高的城市有中国香港和新加坡。仅有 7 个城市被认为既是主导中心,也是高度通达城市,另外还有德国的法兰克福。

　　控制中心有 11 个,主要是指设有大型跨国公司(主要指全球排名前 100 位的跨国公司)的全球或区域的总部的城市。由于区域总部比全球总部对该区域及区域条件更为熟悉,因此在制定重要决策方面发挥着越来越重要的作用。

　　最后,门户城市往往不是主导中心和控制中心。这些城市在其国家经济中占有不可或缺的地位,如巴西的圣保罗、墨西哥的墨西哥城和澳大利亚的墨尔本和悉尼。

　　GaWC 研究人员通过收集不同城市的现代生产服务业(APS)数据,测度 2000 年和 2008 年主要的全球城市的网络连通性变化情况(DeRudder et al.,2010)。当一个城市拥有的全球化企业的办事处较多时,其得分就较高。表 3.4 列出了 2000 年和 2008 年通达性最高的前 20 个城市(为比较需要,包含了所有曾位列前 20 位的城市名单)。最显著的特点就是我们之前讨论过的主要全球城市每年的排名均较靠前。由表 3.4 可以看出,中国香港两年均排名第三,其他的亚洲城市(包括新加坡、上海、北京、首尔等)排名有所上升。北美城市除了纽约,在世界城市网络中的排名下降趋势明显。这些趋势体现了亚洲地区的城市凭借其现代生产性服务业的增长而在全球经济中的地位日趋重要。值得注意的是,该调查所用数据采集于 2008 年全球金融危机和经济衰退之前。

　　GaWC 研究中心不仅根据不同城市在城市网络中的地位和重要性创建了一个详细的城市等级列表,同时也力求表征城市之间联系的本质。图 3.4 描绘了 α 城市(即 GaWC 研究中的等级较高的城市)之间的网络结构。

表 3.4　**2000 年和 2008 年全球通达性最高的前 20 位城市列表(DeRudder et al.,2010)**

2000 年			2008 年		
排名	城市	全球通达性得分	排名	城市	全球通达性得分
1	伦敦	100	1	纽约	100
2	纽约	97.104	2	伦敦	99.32
3	香港	73.08	3	香港	83.41
4	东京	70.64	4	巴黎	79.68
5	巴黎	69.72	5	新加坡	76.15
6	新加坡	66.61	6	东京	73.62
7	芝加哥	61.18	7	悉尼	70.93
8	米兰	60.44	8	上海	69.06
9	马德里	59.23	9	米兰	69.05
10	洛杉矶	58.75	10	北京	67.65

2000 年			2008 年		
排名	城市	全球通达性得分	排名	城市	全球通达性得分
11	悉尼	58.06	11	马德里	65.95
12	法兰克福	57.53	12	莫斯科	64.85
13	阿姆斯特丹	57.10	13	布鲁塞尔	63.63
14	多伦多	56.92	14	首尔	62.74
15	布鲁塞尔	56.51	15	多伦多	62.38
16	圣保罗	54.26	16	布宜诺斯艾利斯	60.62
17	旧金山	50.43	17	孟买	59.48
18	苏黎世	48.42	18	吉隆坡	58.44
19	台北	48.22	19	芝加哥	57.57
20	雅加达	47.92	20	台北	56.07
22	布宜诺斯艾利斯	46.81	21	圣保罗	55.96
23	孟买	46.81	22	苏黎世	55.51
27	上海	43.95	25	阿姆斯特丹	54.60
28	吉隆坡	43.53	28	雅加达	53.29
29	北京	43.43	31	法兰克福	51.58
30	首尔	42.32	40	洛杉矶	45.18
37	莫斯科	40.76	46	旧金山	41.35

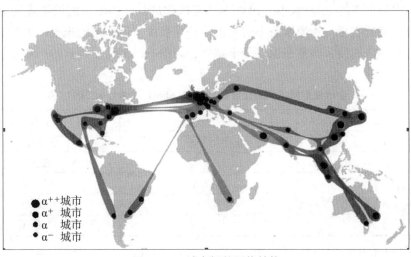

图 3.4　α 城市间的网络结构

1）黑洞和松散联系

John Short（2004）阐述了全球城市网络中的"黑洞"和松散联系现象。他将"黑洞"定义为人口数量大于 300 万却没有被划为世界城市的城市。松散联系是指城市的通达性低于依据其人口规模的预期通达性。那些人口规模巨大但非世界城市的"黑洞"城市（表 3.5）反映出的是极端贫穷。在这些地区，市场有限且没有足够的富有消费者来支撑起城市的现代生产性服务业。"黑洞"城市所在的国家往往也是最贫困的国家。此外，社会和政府的动荡、不安以及国家意识形态等问题都会对经济的发展造成严重阻碍。

表 3.5　　　　全球城市网络中的"黑洞"城市（Short，2004，p. 297）

城市	国家	人口数量（百万）
德黑兰	伊朗	10.7
达卡	孟加拉国	9.9
喀土穆	苏丹	7.3
金沙萨	刚果	6.5
拉合尔	巴基斯坦	6.5
巴格达	伊拉克	4.9
仰光	缅甸	4.7
阿尔及尔	阿尔及利亚	3.9
阿比让	科特迪瓦	3.8
平壤	朝鲜	3.6
吉大港	孟加拉国	3.1

表 3.6 中列出来的 10 座城市，相对于其人口数量，这些城市的网络连通度处于世界所有大城市的最低水平。连通度最小的城市往往是极度贫困国家的规模巨大的城市；乌克兰的经济已经濒临崩溃；匹兹堡也许是个意外，但的确已经历了严重的产业空洞化危机。

表 3.6　　　　全球城市网络中的松散联系城市（Short，2004，p. 300）

排名	城市	国家
1	加尔各答	印度
2	拉各斯	尼日利亚
3	卡拉奇	巴基斯坦
4	金奈	印度
5	广州①	中国

---

①　编者注：此处文献研究的时间段在 2004 年之前，因此，不能代表我国广州城市现今的发展状况；且这也仅是 Short 本人的观点。

排名	城市	国家
6	基辅	乌克兰
7	里约热内卢	巴西
8	匹兹堡	美国
9	卡萨布兰卡	摩洛哥
10	利马	秘鲁

2)世界城市的美国律师事务所

美国现已经进入所谓的诉讼社会，指通过诉讼来解决人或群体之间的纠纷。媒体上到处都是鸡毛蒜皮的诉讼，也无怪乎美国的律师数量要比任何国家都多。此外，美国的许多律师事务所已经壮大到全球运营以便为多国公司提供法律支持。例如，世界最大的律师事务所——贝克和麦肯齐事务所(Baker and McKenzie)，其总部在芝加哥，自称为"全球律师事务所"；同样的怀特和蔡斯(White and Chase)律师事务所源自纽约，公开称自己为"全球律师事务所"。

美国律师事务所的办公区域集中在美国本土外的 8 个主要世界城市内，无怪乎在中国香港的美国律师事务所数量位居全球第二，甚至超过了东京。所有亚洲的世界城市都是主要金融中心，因此需要高水平的法律服务。由于日本的法律制度存在较多限制且相对封闭，因此中国香港所接触到的美国律师事务所的法律服务要多于日本。设有美国律师事务所办事处的世界城市有 4 个都在西欧。苏联政权的结束使得该地区的美国律师事务所主要集中在莫斯科，且经过漫长时间，逐步过渡到市场经济。表 3.7 中列出的 8 个世界城市集中了一半的美国律师事务所总部，这确实是一种非常明显的现象。另外，这些公司拥有非常优秀的律师团队，他们在处理复杂的涉及多国的法律事务方面有着非常丰富的经验。

表 3.7　　　　美国以外的主要世界城市设有美国律师事务所总部的数量
(Beaverstock et al., 2000)

世界城市	律师事务所总部数量
伦敦	63
香港	36
巴黎	28
东京	24
布鲁塞尔	22
莫斯科	17
新加坡	14
法兰克福	12

这些全球律师事务所的美国总部又在哪里呢？它们主要集中在全美三大都市经济圈和华盛顿特区。华盛顿特区由于其首都身份排名靠前是很自然的。纽约有 33 家在国外设有办事处的律师事务所，远超过排名第二的华盛顿特区（11 家）和排名第三的芝加哥（10家）。因而纽约是这一方面当之无愧的领头羊。但美国第二大城市洛杉矶，仅有 7 个拥有国外办事处的律师事务所，略少于芝加哥。以上情况反映了如下事实：在美国的城市等级结构中，很长时间以来芝加哥在城市体系中的序位一直比洛杉矶靠前。

3）世界城市和财富

世界城市在吸引万千亿万富翁的同时，富翁的商业和金融活动也如火如荼地开展起来。人们不禁要问，在这个过程中，世界城市是否存在就业机会的两极化？如果存在，那么穷人、失业者和无家可归者的数量是否也将不断增加？社会的两极分化也将愈加严重呢？一个城市在世界城市等级体系中的地位和居民的社会福利之间有什么关系呢？

一个被普遍认可的观点是：世界城市吸引高薪的专业性和高端服务行业的同时，也经历了低收入、失业、无家可归等人数增加的过程。因此，贫穷和富裕在某个世界城市内共存。同一个城市中既有好房、名车傍身的公司高管，也有食不果腹、露宿街头的失业者。富人和穷人均存在于同一个城市空间中，虽然生存的空间相距不远，但是其社会和经济条件及政治地位则相距千里。

这种极化的就业形势，是由于世界城市和新兴世界城市不断改变的经济职能以及生产型就业中心与高级通信/管理中心在空间分布上的位置不同造成的。当非充分就业和失业人数在世界城市中不断增长和聚集时，高技术人才也在世界城市内不断增加和聚集。这些高技术人才来自世界不同国家和地区。这些人才的不断迁出导致本地人才外流。而世界城市在生产性服务业领域吸引大量的高学历和熟练的技术人员，并使世界城市受益良多。正如 Saskia Sassen（2006）提出的：全球城市在生产性服务业领域吸引了大量的高学历人才。而发展中地区失去了"最好和最聪明的人"——人才。极化占主导地位（专题 3.1）。

◎ 专题 3.1

世界城市中技术劳动力的迁移

通常我们认为人才外流（brain drain）是人才从发展中经济体向发达经济体的迁移。很多时候，这些移民迁移到发达国家的初衷只是为了接受更好的教育。由于发达国家能够提供更多的金融和其他便利的服务，因此这些人最后通常会选择留在他们受教育的地方，使得他们无论在企业还是在学术领域都能够占领一席之地。这样导致大多数高技术人才被吸引到发达、国际化的大都市区域。渐渐地，这些有吸引力的城市成长成为世界城市或者新兴世界城市。

而鲜见的却是另外一种方式的迁移：技术工人在世界城市间的迁移，或者从世界城市迁移到其他主要的城市中心（图 B3.1）。下面我们举一个伦敦外资银行业的例子。技术人员全球化迁移始终跟随着金融资本全球化的脚步。

在境外有投资的伦敦银行，其员工必须对投资情况非常了解。相较于一个本地的银行家，伦敦投资银行更愿意信任一个从伦敦总部调到投资地(如香港或悉尼等地)工作的普通职员。许多伦敦的银行家都有兴趣在海外的世界城市工作一两年时间以获取多元化利益和额外经济利益。

从另外一个方面来看伦敦许多银行做海外业务的例子：为了进行高级金融投资业务，日本银行将银行家从总部派遣到世界各大城市和新兴大都市工作一到两年的时间。在此典型例子中，巴黎是银行家派遣的首要目的地，其次是纽约、东京和米兰。总部位于伦敦的英国银行(BritBank)则更多地把银行家派遣到亚洲和北美地区，如香港、新加坡、多伦多和华盛顿特区。

3.3 世界城市之间的互联

虽然世界城市是通过它们之间各种各样的互联来定义的，但是如何获取它们相互联系的流数据一直都是一个难以解决的问题。除了 GaWC 研究中心收集的数据外，其他的大部分数据都是专用的、高度专业化的，并且不同的公司或个人所持有的数据格式都是有所不同的。只有在汇总的时候才可以得到世界城市间真正的互联特征。

3.3.1 世界城市间的空中旅行

通过航空客流指标来间接反映城市间的联系是现在普遍采用的测度世界城市间相互联系的方法。哪些世界城市的人群更经常乘坐飞机出行呢？专题 3.2 给出了引力模型，为测量美国城市与世界城市网络的连通性的创新方法。表3.8 列出的是基于乘客的航空出行信息计算出来的全球排名前十的世界城市和十大新兴世界城市。这些排名强调世界航空旅行网络中更"中心"的城市，如西欧的伦敦、巴黎、阿姆斯特丹和法兰克福。与那些较边缘的城市如墨西哥城、迈阿密、首尔和蒙特利尔等相比，这些更中心化的城市会将更大客流量输送到更多的世界城市。

表 3.8 **基于航空乘客数量的世界城市和新兴世界城市排名(Smith，Timberlake，2001)**

排名	世界城市	新兴世界城市
1	伦敦	
2	巴黎	
3	纽约	
4	东京	
5	香港	
6	阿姆斯特丹	
7	新加坡	
8	法兰克福	

续表

排名	世界城市	新兴世界城市
9	洛杉矶	
10	芝加哥	
11		墨西哥城
12		苏黎世
13		米兰
14		马德里
15		迈阿密
16		旧金山
17		首尔
18		休斯敦
19		波士顿
20		蒙特利尔

　　业务遍布全球的跨国公司对自己驻外办事处位置的选择需要非常谨慎。因此可以通过分析高级生产性服务业在全球各大城市的布局策略来研究世界城市间的互联性。2000 年一项基于跨国公司内部全球联系的研究发现，三个主导型世界城市（纽约、伦敦和东京）与其他五大世界城市之间的联系几乎完全一致（表 3.9）。显然，这些世界城市处于全球世界城市网络的顶端且发挥着指挥和控制中心的作用。

表 3.9　基于高级生产性服务业的纽约、伦敦和东京与全球其他主要世界城市的网络联系
（Smith，Taylor，2000）

纽约		伦敦		东京	
排名	城市	排名	城市	排名	城市
1	伦敦	1	纽约	1	纽约
2	香港	2	香港	2	伦敦
3	东京	3	东京	3	香港
4	新加坡	4	新加坡	4	新加坡
5	巴黎	5	巴黎	5	巴黎
6	法兰克福	6	洛杉矶	6	法兰克福
7	洛杉矶	7	米兰	7	洛杉矶
8	米兰	8	法兰克福	8	米兰
9	芝加哥	9	芝加哥	9	芝加哥

◎ 专题 **3.2**

国家、地区和全球背景下的引力模型

经典引力模型一直都是城市经济和交通地理研究的一种重要方法。它是一种通过两地或多地的质量(人口)和相互之间的距离,测度两地或多地之间相互作用的流量或空间相互作用强度的方法。其函数表达如下:

$$I_{ij} = k\frac{(P_i P_j)}{D_{ij}^b}$$

式中, I_{ij} 是起始位置 i 和终点 j 之间的相互作用强度; b 是距离的经验参数; k 是常量; P_i 和 P_j 分别是起始点 i 终点 j 的人口数量; D_{ij} 是两地之间的距离。

引力模型已经证明是可以灵活运用的,质量可以改为人口规模以外的其他城市特征(如零售业销售量和就业人口等指标),距离也可以修正为出行时间或资金成本等特征指标。在实际操作的过程中,引力模型通常以回归方程的形式呈现:

$$\log I_{ij} = \log k(\log P_i \cdot P_j - D_{ij})$$

式中参数的含义与上面的含义一致。

已经证明引力模型可以有效地解释通勤流、商业购物、商品货运贸易和迁移模式等社会现象,因而被广泛地运用。这里用它作为地区或者区域引力模型来测度世界城市的连通性。

但经典引力模型还不能用在全球尺度上研究空间相互作用。一种在经典引力模型的基础上改进的全球引力场模型应运而生。全球引力场模型中,除了人口和距离,必须引入一个新的指标,即网络连通性。正如本章前面所讲,几个大城市(如德黑兰、达卡、喀土穆、巴格达和拉赫尔等)被称作"黑洞",或者有的城市(加尔各答、拉各斯、卡拉奇等)相互之间连接松散。尽管它们的人口数量庞大,却并没有世界城市的作用,因此在全球尺度上人口的作用就大大削弱了。另外,距离在全球城市空间联系上的作用很小。因为纽约、伦敦和东京虽然远隔千山万水,但它们的经济却紧密相连,原因可能在于空中航线的极大便利。

世界城市最基本和首要的特征就是其企业和资本的紧密联系。全球引力场模型的主要特点就是表现出网络连接的重要地位,其函数表达如下:

$$I_{ij} = \log k(\log P_i \cdot P_j \cdot \log N_i \cdot N_j - \log D_{ij})$$

式中所有指标的含义如前所示, N_i 和 N_j 分别代表起点和终点的网络连通性。

Derudder(2007)利用航空数据测度了全球城市网络效应。特别地,他们利用航空乘客数量测度美国的世界城市间的相互作用(结果如表 B3.1 所示)。尽管他们没有运用引力模型,但结果显示出纽约、洛杉矶、芝加哥和旧金山是美国全球航空联系最强烈的四个城市;纽约、伦敦、洛杉矶和东京是世界最主要的旅游胜地。商业和企业联系使得美国前 20 位的城市与全球紧密联系起来。

表 B3.1 　　　基于航空数据的美国城市全球连通性(Derudder et al., 2007)

排名	城市	联系数量(百万)
1	纽约	10.6
2	洛杉矶	8.3
3	芝加哥	5.2
4	旧金山	5.2
5	亚特兰大	3.8
6	迈阿密	3.7
7	华盛顿	3.7
8	达拉斯	3.7
9	波士顿	3.6
10	休斯敦	2.9
11	丹佛	2.5
12	西雅图	2.4
13	明尼阿波利斯	2.3
14	底特律	2.2
15	费城	1.8
16	圣地亚哥	1.7
17	圣路易斯	1.6
18	波特兰	1.4
19	堪萨斯城	1.3
20	克利夫兰	1.1

3.3.2 世界旅游城市

　　旅游不仅仅是人的移动,与之相伴的还有各种有形商品的消费,如食品和饮料、酒店住宿、机票、邮轮、车辆和纪念品等。随着越来越多的人(包括退休人员)有足够的财力支付旅行的费用,人们都愿意在闲暇之时背起行囊进行一场旅行,旅游业已经成为人类最主要的娱乐方式。即使是商务旅行者,在时间允许的时候都可能成为临时的游客。广告、电视和网络为大家推荐了各式各样的旅游目的地。大城市和世界城市是全球娱乐休闲行业的战略要地。因为娱乐休闲行业丰富多彩的活动需要由世界城市提供相配套的基础设施。纽约和洛杉矶支配着全球的娱乐休闲产业。在这两个世界城市,我们可以找到大量具有创意的专业人士如演员、电视名人、作家和导演等,其创造的各种娱乐产品可以出口全球;也只有在这些地方才既具有高的技术水平,又有操作这些技术的专业人员。他们创造的娱乐产品和服务能够保证出口到世界任何地方都可以吸引广大消费者跃跃欲试。

　　在国际媒体市场不断扩大的过程中,两个因素起到了至关重要的作用:①科技创新;②政府的放松管制。大小企业之间的兼并过程间接加速了娱乐行业的全球化。现在全球娱乐行业由少数的大娱乐媒体集团控制；利基市场(Niche markets)则由许多小的专业化的公司来填补。这些大型集团能够创作出标准化的产品来出售给不断扩大的国际市场。

这些世界城市不仅仅是重要的旅游城市和各种娱乐产品的产地，同时也成为其服务与产品的重要消费者。主题公园鼓励顾客忠诚，其中有着久远传统的迪士尼公司就是一个非常典型的例子。主题公园配套大量纪念品商场，比如迪士尼公司自己就会生产许多迪士尼品牌产品。迪士尼商店已经成为郊区购物中心的一个重要组成部分。旅游和娱乐行业所能触及的范围是非常广泛的，例如从1980年开始，纽约就对时代广场和位于曼哈顿娱乐核心区域的百老汇大街进行了长达30年的重建工程。迪士尼公司充分考虑了市政府的政治压力之后，在项目初期提供了大量的资金以建设百老汇大剧院，并在吸引其他公司对时代广场项目进行投资中发挥了巨大作用。完成了11座时代广场的写字楼建设后，这次延续30年的规模巨大的重建工程于2010年才得以全面完工。

1)作为旅游城市的纽约和洛杉矶

作为美国主要世界城市——纽约和洛杉矶，旅游业是支撑其经济发展的重要产业。洛杉矶的旅游业就业人数在各行业中排名第三。尽管旅游业在洛杉矶经济中所占的比重更大，但纽约由于地理范围较大，游客总人数反而多于洛杉矶。游客因多样原因远道而来，如纽约是国家和全球的金融和企业中心吸引了大量的国际商务旅行者和热衷于艺术和娱乐的人们。《纽约时报》每天有"艺术"专栏，其艺术气息也相对浓郁。洛杉矶也同样吸引着许多商务旅行者和大量会议代表，尤以亚洲商人居多。事实上，商务旅行者和会议代表分别占纽约和洛杉矶游客人数的33%和25%。

尽管纽约和洛杉矶的游客有许多相同之处，旅游业的地理分布却各有特色。纽约如一般的世界城市那样，主要的旅游地点位于市中心区域，仅纽约市旅游就占纽约大都市区整个旅游市场的80%，而曼哈顿岛的旅游市场占纽约市旅游市场的80%。曼哈顿拥有纽约市93%的宾馆和80%的休闲娱乐工作。大部分旅游活动位于第96街和曼哈顿下城区之间。洛杉矶的旅游业地理分布较广。例如，在洛杉矶大都市区的过夜游客仅有5%逗留在洛杉矶的市中心；作为洛杉矶大都市区最重要的旅游目的地——好莱坞的过夜游客占总数量的25%；比弗利山庄(Beverly Hills)是洛杉矶排名第二的旅游地，过夜游客占总数量的15%左右；其他较热门的十大受欢迎的旅游景点则留住了约55%的过夜游客。

2)9·11事件的影响

2001年9月11日，恐怖分子对坐落于华盛顿特区的110层世界贸易中心双子塔和五角大楼进行的恐怖袭击事件对美国及其民众都造成了破坏性的影响。除了所有这些情感、心理和社会的后果，这次恐怖袭击事件对于美国的经济也带来巨大影响。对美国的纽约、洛杉矶和芝加哥这三个重要的世界城市的影响最大(图3.5)。首先冲击最为敏感的旅游业及相关产业，后来很快便波及整个美国经济，包括金融服务业和零售业。许多大小公司均受到波及而被迫裁员，整个美国经济遭遇了严重打击。自然地，纽约的失业问题是全国各城市中最严重的，主要行业总失业人口达到7万人。据不完全统计，旅游业、航空公司和其他旅行相关行业(包括娱乐行业、金融和零售业等行业)的失业人数占总失业人数的15%之多。洛杉矶和芝加哥的经济也遭受了重创，两个城市总计损失6万个就业岗位。拉斯维加斯和奥兰多约有两万人陷入了失业的厄运，两个城市旅游和娱乐行业严重受挫，因此被挤出全球城市体系。

正如图 3.5 所示，经济的平稳性是一个具有全国性意义的概念。例如，华盛顿损失 2 万个就业岗位的同时，也多多少少地波及了美国的区域资本经济，如旧金山、西雅图、亚特兰大、达拉斯-沃斯堡、休斯敦、圣路易斯、明尼阿波利斯、底特律、波士顿和费城等地。虽然有人认为对小规模大都市区如盐湖城、纳什维尔、路易斯维尔和夏洛特等区域的影响相对较小，但没有区域能够从这场经济衰退中全身而退。但是为什么美国三个最重要的全球中心遭受的打击最严重呢？这是因为这三个城市，尤其纽约和洛杉矶，是旅游业、娱乐行业和航空产业高度聚集的区域。

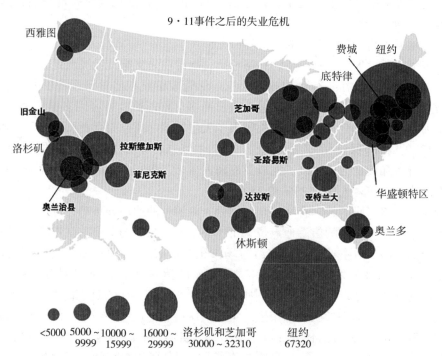

图 3.5　2002 年受 9·11 恐怖袭击事件影响最严重的 50 个美国大都市区中失业最严重的行业包括航天、航空、国防、娱乐、金融、旅游(Johnson，2003)

3.4　通信业，互联性和世界城市

本节研究通信业在全球经济中所起的作用，特别是它在促进全球城市体系形成时对经济和社会活动的集聚和分散所起的作用。我们讨论了通信基础设施在全国和全球范围内通过不同的通信技术所发挥的重要作用。通信行业对全球城市经济到社会都有极其重要的意义，并以某些意想不到的方式创造了新的城市和区域地理格局。

互联网的广泛使用始于 20 世纪 90 年代初，目前仍处于信息时代的早期阶段。美国人口普查报告显示：2011 年，就有接近 70% 的美国人使用互联网（国际电信联盟估计 2012 年因特网在美国的使用率已高达 81%），而且超过 48% 的用户使用智能手机来连接网络。互联网极大地改变了我们工作、消费和休闲的方式，而且将带来更多的变化。移动设备和智能手机变得越来越普遍，便捷的网络覆盖和云计算促使了各类电子商务变革，也使得（对某些人来说）在家里工作（远程办公）成为可能。在美国，超过 70% 的互联网用户认为上网是他们最重要的信息来源，比包括电视和报纸在内的其他媒介要高很多。

分散还是集中？

很多人认为互联网的到来意味着"地理的死去"。换句话说，一个人在哪里，在华尔街还是在泰国偏僻贫穷的乡村，他们访问互联网是没有差别的。因此，基于信息技术的活动在全球范围内正变得越来越分散。"距离不再重要"的概念是正确的吗？这在一些小范围内是适用的，但对本章前面讨论的全球资本主义却并不适用。

远程通信使得一些活动能够在各地区分散完成。比如，一个身在外地的记者可以给远方城市的编辑部传输新闻报道。另一个分散的例子是后台生产活动（back-office activities），即一种通常按照标准程序处理常规数据和文档的活动。在这些典型的重复性的后端办公室操作中，员工通常拿着较低的薪水干着千篇一律的工作。通过远程通信，后台办公室的功能几乎可以在小镇或乡村，在街道，在小型购物中心，甚至在一些便利店的二楼等任何地方实现。全球范围后台办公室操作的一个广为流传的标志性现象是美国离岸外包的印度呼叫中心，这已经形成了某种就业模式。收入低但通常学历较高的印度员工，不但愿意拿明显低于美国同事的工资，且其从业稳定性减轻了公司中美国员工较高人员流动性的问题。

在部分经济活动趋向分散的同时，其他一些职业和功能却因为远程通信而变得更加集中。关于"距离消亡"或是互联网通信使得经济活动分散还是集中的争论，Saskia Sassen（2004，p. 196）这样写道：

> 尽管远程通信新技术确实促进了经济活动的地理分散，却并没有影响系统整合，它们也加强了中央协调的重要性和对地方公司甚至市场等的管控……对于任何行业的公司，经营一个在多个市场开展业务且广泛分散的分支和附属公司组成的网络，使得中央调控变得更加复杂、困难……主要的商业中心集中了最先进的资源，而允许他们在新的条件下最大程度利用通信条件运营全球业务。

咨询决策（front-office）行业有较高的技术和专业要求，如同法律和金融服务、市场营销、销售、广告、工程建筑以及管理和公关等行业，吸引了大量高学历、高薪的专业人才。决策管理活动包括面对面交流，以及通过汇聚专业技术人才对各地收集到的数据信息做管理分析以进行决策。这些活动集中在全球城市等级中居于顶部的大都市区，大部分位于市中心和新兴的城郊商业中心。国际航线的连接对汇聚来自全球各地的人们是至关重要的，因为面对面交流是多国公司内部进行高级决策的一部分。决策管理公司想要寻找引人注目的、有名气的地点办公且愿意支付高的租金或地价。因此，一个咨询决策公司的地址可能选在纽约的百老汇、第五大道或曼哈顿的华尔街，亚特兰大的街道，或芝加哥的北密歇根大道(或是密歇根湖东)，或在旧金山的市场大街。因为著名地点也可以起到广告宣传的作用(图 3.6)。

图 3.6　世界金融中心——曼哈顿华尔街

3.5　网络连接和网络骨架

很明显，通信技术的发展和应用使丰富的知识信息集中在世界上少数地方。同样地，在美国，除了某些例外情况之外，最大的都市区创造和获得最多的专利，以及最大的价值高、技术先进的信息量。纽约、伦敦和东京这三个主要世界城市，通过光纤和卫星紧密地联系在一起，特别是将它们的金融公司、股票市场和跨国公司连在一起。"国际投资和贸易的增长以及为这些活动提供资金和服务的需求，促进了主要城市这些职能的增长"(Sassen，2006，p.32)。此外，重要的国际地点，如纽约的联合国大厦，与世界上每个主要城市和国家及区域中心都有联系(图 3.7)。

大公司大规模集聚并通过共享基础设施网络建立必要的生产性服务业之间的联系。大公司在城市集聚使得它们可以共享昂贵的光缆，也促进了面对面交流。创建和维持一个主要的通信中心需要十分昂贵的基础设施投资，这意味着在北美或世界范围内仅小部分城市能够满足这些通信功能。例如，在曼哈顿集聚的公司在能够获取精确的全球信息的同时，也能与其从属的本地生产性服务公司保持联系。

哪些世界城市之间的网络连接量最大？图 3.8 显示了互联网连接的区域模型。最强的区域联系流发生在北美洲和欧洲之间，紧接着是北美洲与拉丁美洲、亚洲的连接。有趣的是，欧洲的网络流量是美国的两倍多，但用于欧洲以外的流量要少得多(77%的欧洲网络流量用于欧洲内部，而美国和加拿大用于区内的网络流量仅占 15%)。观察城市间网络连接时，应重点关注互联网呈中心辐射状的系统结构特点(TeleGeograply，2012)。图 3.9 显示了 2011 年互联网流量最大的 10 个城市。伦敦排名第一，有超过 11Tbit/s 的总网络流量。其他显著的网络中心城市有法兰克福、巴黎、阿姆斯特丹和纽约。这些排名前五的中心城市也在 2003 年排名前十的名单中。剩余的网络中心城市，迈阿密、斯德哥尔摩、洛杉矶、米兰和马德里是名单中新出现的，取代了布鲁塞尔、日内瓦、多伦多、蒙特利尔和华盛顿特区。

图 3.7 图片是在纽约市东河边拍摄的，中间高大闪亮的建筑是联合国大厦。联合国大厦通过强大的通信，与世界上每个主要城市和国家以及许多区域中心都建有联系

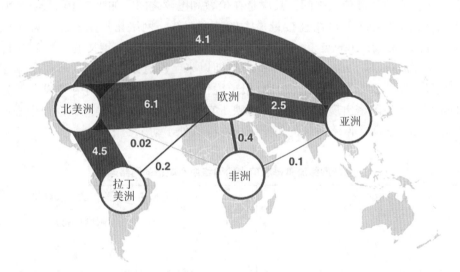

2011 年互联网流量（Tbit/s）

	北美洲	拉丁美洲	欧洲	非洲	亚洲
区际	14.7	4.7	9.2	0.52	6.7
区内	2.1	0.7	31.5	0.01	2.9
总计	16.8	5.4	40.7	0.53	9.6

图 3.8 2011 年区际网络连接

（作者根据"全球互联网地图 2012"数据估计整理，美国电信产业市场调研公司，http：//www.telegeography. com/telecom-resources/map-gallery/global-internet-map-2012/index. html）

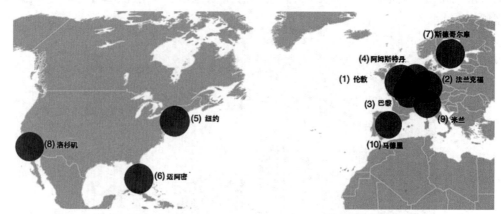

图 3.9　2011 年基于总网络流量的全球互联网中心城市。圆圈大小代表网络流量的大小（作者根据"全球
　　　　互联网地图 2012"数据估计整理，美国电信产业市场调研公司，http：//www. telegeography. com/
　　　　telecom-resources/map-gallery/global-internet-map-2012/index. html）

　　显然，尽管东京在银行、金融业，还有其他度量中都具有很高的世界城市地位，但东
京没有出现在 2003 年和 2011 年网络中心城市名单中。在最近的 15 年，互联网联系最强
的线路大部分在纽约和伦敦之间，其次是在伦敦和巴黎之间。如表 3.10 显示的 2011 年排
名前十的网络中心城市间网络连接量最大的三个路线，网络拓扑结构已经发生改变。伦
敦-阿姆斯特丹路线在 2009 年超过了纽约-伦敦路线，但在 2011 年又被法兰克福-巴黎路线
所超越(TeleGeography，2012)。从 21 世纪早期以来，没有改变的是欧洲在全球互联网连
通中的主导地位。TeleGeography（2012）报道说世界排名前五十的网络路线大部分是欧洲
城市的连接对。迈阿密出现在名单上，反映了它作为一个到拉丁美洲的门户中心所具有的
重要地位，而且表明了网络系统的拓扑结构将继续处于动态变化中。

表 3.10　　　　　　　　全球网络流量排名前十的网络中心城市的网络连线

全球中心城市		中心城市排名前三的互联网络	
1	伦敦	1	阿姆斯特丹
		2	巴黎
		3	纽约
2	法兰克福	1	巴黎
		2	阿姆斯特丹
		3	伦敦
3	巴黎	1	法兰克福
		2	伦敦
		3	马德里

续表

全球中心城市		中心城市排名前三的互联网络	
4	阿姆斯特丹	1 2 3	伦敦 法兰克福 巴黎
5	纽约	1 2 3	华盛顿特区 伦敦 芝加哥
6	迈阿密	1 2 3	亚特兰大 圣保罗 华盛顿特区
7	斯德哥尔摩	1 2 3	哥本哈根 赫尔辛基 汉堡
8	洛杉矶	1 2 3	旧金山 达拉斯 华盛顿特区
9	米兰	1 2 3	法兰克福 巴黎 纽约
10	马德里	1 2 3	巴黎 伦敦 米兰

资料来源："Global Internet Map 2012", TeleGeography. http://www.telegeography.com/assets/website/images/maps/globalinternet-map-2012.

光纤和卫星

如 Warf (2006, p. 1)指出的，"国际通信量完全依赖两种传输方式——卫星和光纤"来连接跨越大西洋和太平洋的全球经济。全球企业的远距离、复杂的专门化活动主要依赖先进的通信系统。24 个卫星公司几乎主导了大众媒体通信。主要的公司尤其是金融机构，通常使用 1000 家左右的光纤公司。因为这些公司具有快速传输大量数据的能力而且安全性更高。也有许多企事业单位将卫星和光纤一起使用。

在地理学上，卫星更适用于提供远距离和乡村地区服务，因为卫星传输成本与距离无关，而光纤成本则取决于纤维长度。相比之下，光纤公司更适用于大都市区，因为在大都市区里为了实现规模经济往往集中了大量客户。纽约和伦敦聚集了包括众多金融机构在内的大企业，组成了世界上最密集的光纤网络联系。

在过去的 10 年中，光纤运营商在跨大西洋和跨太平洋市场上的卫星传输费用显著增加。现在几乎所有的声音交流都是通过光纤传输。光纤用户大量集中在大城市，使得光纤和卫星的竞争往往倾向于使用光纤。最近跨越大西洋和太平洋的全球光纤网络的增加使其可以为巨型世界城市的客户提供服务（Warf，2006）。尽管存在某些相似性，但通过电话通信形成的地理模式与通过互联网通信生成的地理模式还是存在显著差异（专题 3.3）。

除了光纤和卫星，远程通信革命的另一个关键组成部分是移动设备使用量的增加，特别是智能手机和平板电脑的使用。最近几年，智能手机和平板电脑使用量的急剧增加降低了生产成本，也加大了运营商间的竞争。2000 年，全球范围内移动设备用户仅 6 亿，到 2013 年就增长到 65 亿。考虑到全球人口在同一年仅为 70 多亿，65 亿仍是一个巨大的数值。在美国和其他经济发达的国家，有比人口更多的移动设备订阅量，这说明很多人可以使用多重订阅。超过 76% 的移动设备用户来自发展中国家而不是发达国家。因为在非洲很少有传统的电话线，所以非洲是移动设备使用增长最快的地区，2000 年仅有 1200 万用户，2006 年有 1.52 亿用户，2013 年则发展为 5.45 亿用户。

3.6　通信和城市经济

现代资本主义的核心需求是克服时空的束缚。过去通过使用更好的运输技术，实现了对时空的超越，包括更快、更大的喷气式飞机、高性能的汽车，更大的卡车以及更普遍的州际和其他地区高速公路。现在电子通信技术对当代全球资本主义的地理格局和经济功能具有十分重要的意义。移动性和接近即时性的通信技术组成了公司控制、协调、科学和工程探究的基础。全球资本主义想创造一个"无空间差别的世界"（spaceless world），即试图让所有城市在功能上处于同一位置。换句话说，国家或全球市区间联系已经超越了本地联系和大城市内部联系。金融市场的资金流也许是最显而易见的城际联系的表现形式。

3.6.1　金融市场

纽约、伦敦和东京这三个城市几乎主宰了全球金融市场（Sassen，1991）。纽约是主要的资本接收方，伦敦是主要的国际资本处理者，东京则是主要的资本出口方。这三个城市构成了全球 24 小时（24-hour）金融市场的中心。这三个中心之间的金融贸易及与世界许多其他城市之间的股票市场交易，如从芝加哥、中国香港、新加坡到曼谷、马尼拉和伊斯坦布尔，都是通过先进的通信系统实现的。这些网络连接依赖卫星和光纤电缆的铺设。

通过通信网络，世界金融投资者能够充分利用股票市值和汇率的微小但重要的波动来获利。电子交易系统几乎可以实现客户端的即时交易。投资者可在全球内寻找高回报率和提供即时金融交易的地方。在金融交易中，分散的城市之间的联系往往比城市与其腹地的联系更紧密。

美国大多数金融机构和其他数据密集型企业、政府和事业单位都会在几个不同地方保存数据备份系统，以防止在重大的自然灾害或像 9·11 事件那样的人为恐怖袭击中丢失数据。比如，教师保险和年金保险协会——大学退休股票基金（Teachers Insurance Annuity Association-College Retirement EquitiesFund，TIAA-CREF），其总部设在纽约第三大街730，但在9·11恐怖袭击事件中业务几乎没有受到损伤，因其在丹佛和北卡罗来纳州的夏洛特都有备份服务和数据中心。同样社会保障和军用数据也在多个地方进行备份保护。有趣的是互联网受9·11事件的影响较小，因为它本来就具有对世界各地电脑的多重访问权限。

◎ 专题 3.3

技术和城市地理

全球互联网传输量和国际电话呼叫量

通过全球网络传输量并将其与其他通信方式进行比较，可以初步理解全球经济的地理分工。回头看图3.8，尽管图中显示北美洲之间的网络联系要比欧洲和亚洲或拉丁美洲之间的网络联系更强，但这个数值缺乏地区内的细节。图3.9和表3.10提供了关于全球网络中心城市的其他一些细节。美国电信产业市场调研公司TeleGeography(www.telegeography.com)提供了一些更为具体有效的数据，这些数据在一些简单的地图中不容易被反映出来。美国和欧洲发达国家(英国、法国、德国、意大利)的主要城市间建有较强的区际网络连接。尽管加拿大人口相对较少，但在与美国的网络连接方面，它是唯一领先的北美洲国家。美国与跨太平洋国家/地区的网络连接主要是与日本、韩国和中国。拉丁美洲的发展中国家与美国的网络连接较弱，且与非洲国家的联系也较少。

有趣的是，全球电话呼叫图(图B3.1)揭示了与网络传输量某些类似的模式。跟我们预料的一样，美国与加拿大及大部分经济发达的欧洲国家的主要城市中心之间的电话呼叫量最大。美国与亚洲的印度、中国的电话流连线是最粗的。其中与印度的电话流的连线比与中国的连线更粗些。其他的连接存在于美国和亚洲国家/地区之间，主要包括印度尼西亚、日本和韩国，也包括大洋洲的澳大利亚。欧洲的英国与美国的电话连接量最显著，其次还有德国和法国。美国和墨西哥之间并没有显示出电话联系。哥伦比亚和巴西与南美洲国家的联系也比较显著。其他显著的国际电话流是土耳其和德国之间。英国和俄罗斯前殖民地区也存在大的电话流。

虽然基于互联网的通信方式在很多方面替代了旧的如电话等的通信手段，但国家和城市间的互联网络连接模式在一些方面并不能很好地反映出全球城市体系的结构。如 TeleGeography (2012)指出的，互联网拓扑结构被那些具体的运营商控制，他们可能因为技术或地缘政治原因而选择改变一个城市与另一个城市的连接。因此，需要我们通过同时关注新的和传统的通信模式才可以更好地理解全球城市体系。

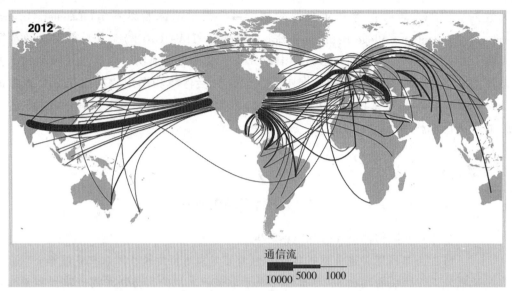

图 B3.1　全球通信线路图，显示的是全球城市之间海外的电话通信量（来源：TeleGeography/
www.telegeography.com）说明：在每对城市之间的连接线宽度与其年度总的公共网络通信
量都是成比例的。地图显示了所有每年超过 4 亿分钟的国际电话线路。数据包括传统
TDM 电话量和网络电话量（TDM and VolP traffic）

3.6.2　办公室经济体

　　在过去的几年间，互联网服务提供商（ISP）已经忙于在主要的大都市区内铺设光缆。
铺设光缆线路最便捷的方式是沿着已有的电线来铺设，然而这些光缆容易遭受损害，比如
车辆撞到电线杆，或是冰雹和大雪压倒电线。而把光缆埋在地下的费用因不同地区而有所
差异，在拥挤的市区每米要超过 100000 美元，而在郊区每米光缆则仅需要 25000 美元。

　　地下光缆显然更不容易受到自然或人为破坏的影响，因此也更加安全有保障。光缆通
常在市区或郊区的内部或周边铺设成环形。为了节省成本，光缆线路通常沿已有的铁路、
电路和天然气管道进行铺设。光缆圈的构建基于两个主要原因：一个是将互联网服务延伸
到最大程度，已有的公司或事业单位通常定位于市中心（如可口可乐公司位于亚特兰大，
美联银行位于北卡罗来纳州的夏洛特区，还有位于纽约的花旗银行），因为这里有网络可
以供他们使用；第二个原因是在大都市区郊区铺设光缆，通过提供光纤网络服务来吸引新
的或迁移公司到这些郊区。在这些情况下，信息需求强的公司将被吸引到有光纤服务的地
方。尽管获取可用光纤服务的成本有些高，但那些知识型的企业和机构发现这些服务对其
业务运营是十分必要的。

　　许多城市中心的一个优势是有很多老建筑，虽然这些老建筑已经不能用于最初建造的
目的，却特别适合用来重新布置网络线路。因为它们占地面积较大且位于铁路沿线，这样
地下可铺设空间较大且便于布置线路。这些建筑位于市中心光缆环路附近；因此它们可以
为企业和机构提供一个宽带超级高速"公路"（也叫作粗管道"fat pipe"），可以同时处理多

重信息并确保高速、高容量的数据传输。一些专家将互联网比作高级"公路"，能同时并肩快速行驶许多"车辆"（信息）的高速"公路"。相比之下，铜制电话线路即便在流通量不大的"乡村道路"上也可能变得十分拥挤。因为市中心建造的基础设施靠近光缆圈，而且也有埋设光缆的铁路、电路、电话线路和天然气管道等，所以市中心往往成为大的通信密集型公司聚集的地点。

3.7 通信和城市社会

通信不仅影响人类的居住、工作、交际和购物的地点，也改变在家庭、办公室和其他工作场所、教室和金融机构内的各种活动形式。互联网不仅是现阶段全球化的核心，而且也是社交网络、休闲活动、新闻报道、数据服务甚至是谋划犯罪等活动的中心。重要的是，这些转变在任何规模的城市和各个地区都普遍存在。

著名信息城市理论家 Manuel Castells（2004）认为：

> 信息化时代的城市化过程以一种新的方式在大城市区非均衡地聚集。在广袤的土地上城市星罗棋布，通过功能整合、社会分化而形成一个多中心结构。我把这些新的空间形式叫作大都市区……先进的电子通信技术、互联网和自动化交通系统带来了空间集聚和分散。在全世界、国家间以及大都市间和城市内部等不同空间尺度，构造了一种新的地理网络和城市模式。

不方便电话交流时可以通过发送邮件进行交流以提高工作效率和生产力。尽管许多人认为邮件保留了一个永久的记录，然而许多需要及时反馈的交流形式最好通过声音交流。然而 2013 年关于美国国家安全局间谍活动的争论说明移动电话通信可能被追踪和监控。比起那些盲目乐观的全球化思想，也许要求位置接近的面对面交流是真正更有必要的。

正如我们所看到的，电子通信既可以促使城市活动集聚，也可使其趋于分散。所以一些学者认为由于信息在地理空间分布无差异，预言"城市的消亡"。过去城市规划和政策把城市看成一系列分区规则下由不同的居住区、商业区和工业区所组成的地方。这种工业时代的观点在电信时代已经过时。当代大城市，不只是无空间差异的通信和距离的消亡，它们已经成为通过电脑与其他主要城市的连接点，它们本身是改变国家和全球经济及随之而来的社会和文化的主要控制点。

互联网承载了全球信息流、人流、资金流、物流、娱乐和文化流。电子通信明显提高了世界各地城市的文化内涵和形象特征，也促进了旅游业的发展。这些产业部门往往位于大城市，如美国的纽约、洛杉矶、芝加哥、波士顿和亚特兰大。影像制作产业如电视新闻中心（亚特兰大、纽约和华盛顿特区），电影制作和音乐录制（洛杉矶）和女士时装（纽约、巴黎和洛杉矶）等产业的发展，也见证网络对维持一个有活力的全球文化经济中心所发挥的作用越来越重要。

3.8　小结

从 20 世纪 70 年代以来，在通信技术的支持下将部分区域特定城市连接起来，全球化已经取代原有的国家之间的国际关系。国际贸易是指国家间的商品流动，而全球化则是指资本、信息、商品、服务在大的多国公司之间的流动，全球化几乎忽略了传统国家边界的意义。多国公司主要大量集中在少数世界城市中。随着东亚、东南亚地区城市，欧洲城市和一些拉丁美洲发展中国家城市的经济不断增长，世界城市的等级结构也在发生改变。美国多国公司主导着全球经济，特别是石油行业。日本的公司则领跑汽车行业。居住在发达国家/地区不满 30 岁的年轻人，他们出生和成长于全球经济时代，这使得他们能够越来越多地接触发展中国家的人。只有年纪稍微大一点的人经历过并记得以前生活的基于地方、区域和国家的世界以及如何在信息时代突然转变为基于多国公司的全球生产单元的过程。

我们处于电子通信时代初期阶段，并已经看到对世界城市的影响。同时随着世界城市和其他大城市成为新兴经济和社会秩序的节点，我们也看到了地理的破碎化。这些大的、相互联系的城市中心通过大的多国公司连接着世界资本主义体系，形成全球化的骨架。这个骨架通过细如头发的光纤连接在一起，一些光纤在深海的电缆里，一些埋在地下，一些捆绑在电话线杆上。本章也说明了电子通信尤其是互联网正在如何重塑城市地区，并通过影响企业咨询决策管理和后台生产活动而改变着国家和世界城市间的关系。

第4章 城市土地利用、中央商务区和郊区增长

在这一章里，我们来考虑城市的内部因素。为什么城市看起来是这样的？什么是这些变化的引擎？我们的目的是阐释城市功能的范围，然后提供一种理解这些功能分布的方法。即为什么城市里的某些位置出现某种特定功能？

我们主要通过土地价值和竞价地租的概念来考察这些城市功能分布。这由 William Alonso 在他的著作《区位和土地利用》(*Location and Land Use*) 中首先提出，是一个去理解市场力量如何提高土地费用和决定地块利用方式的方法。城市内部交通方式的变化又改变了土地价值的逻辑和不同功能区的区位选择，也改变了城市的密度梯度。然后，我们还要了解那些衰落的市中心如何采用不同策略努力推动自身恢复活力。最后，以多中心性如何改变郊区并导致更加广泛的郊区蔓延来结束讨论。

尽管土地价值（理论）适用于所有城市，本书的重点还是放在美国城市。这有两方面的原因：首先，许多美国城市是可用来研究的白板。欧洲和亚洲的城市都受制于历史城市要素，然而美国城市没有太长可追溯的历史，因此更多地是基于市场推动力来扩展。第二，在美国，土地利用规划的影响是相当小的（详见第9章）。尽管这可能有很多不幸的副作用，但它还是构建了一个市场力量不受束缚的环境。

4.1 土地利用模型

在开始探究、解释模型或者城市土地价值之前，我们必须给出一个现代城市的一般性描述来作为理想城市。我们关心的基本因素是：①功能，出现在城市的各种特征；②分布，这些功能位于哪里；③强度，这些功能的利用强度如何。

和任何经济模型一样，早期的城市模型似乎有点不切实际。尝试去描述和解释在城市里发生了什么是一个复杂的过程，最好的办法还是从最简单的可行模型开始着手，然后完善模型，直到模型和我们今天所熟悉的城市相似。

4.1.1 城市功能

现代城市由不同功能构成。城市的一部分用于商品和服务交换（零售功能），一部分用于办公室和公司总部，一部分用于工厂（工业功能），还有一部分用于住房（居住功能）。此外，还必须加入城市公共用地的部分：街道、垃圾填埋场、公园以及学校和政府用地等。这些构成了现代城市的主要土地利用。另外，我们还必须考虑水下的土地、不能开发的土地（如坡度太大）或者暂时空置的土地。

遗憾的是，美国城市的土地利用功能缺乏长期的详细记录。我们能找到的最早资料是 1968 年的调查记录，这个调查计算了当时排名前 100 的美国城市土地利用结构的平均数据(表 4.1)。

表 4.1　　　　　　　　　　　**1968 年的城市功能(Manvel，1968)**

利用类型		10 万人口以上城市用地比例	25 万人口以上城市用地比例
私人		67.4%	64.7%
	住宅	31.6%	32.3%
	商业	4.1%	4.4%
	工业	4.7%	5.4%
	铁路	1.7%	2.4%
	未开发	22.3%	12.5%
道路		17.5%	18.3%
公共		13.7%	16.2%
	公园	4.9%	5.3%
	学校和学院	2.3%	1.8%
	机场	2.0%	2.5%
	墓地	1.0%	1.1%
	公共住房	0.5%	0.4%
	其他	3.0%	5.1%

表 4.1 中，偏小的商业比例有一定的误导性。在大城市，商业区的占地面积可能并不大，但会占用大量的垂直空间。这些功能区的地价估值越高，高层建筑就越合算。因此，如果我们考虑的是总楼面面积的百分比，商业比例会高得多。此外，每种功能都可能有不同的密度水平。比如，住宅既有高层公寓，也有低容积率的别墅。

从 1968 年开始的一般趋势是，住宅用地的比例上升，而道路用地的比例下降。这主要是缘于城市整体密度变低。一个紧凑的、高密度的城市会有许多街道(街区)，而低密度郊区化的城市总体上是更少的道路服务更广阔的区域。当房屋日益向外扩散，住宅用地的比例增加。被道路和停车区的占据土地绝对面积也继续快速扩展。

4.1.2　土地价值模型

一旦我们确立城市功能的分布，就可以初步构建一个显示这些土地用途会如何被分配的函数。首先，土地利用在很大程度上由每个地块的相对价值决定，高价土地与便宜土地的用途会不同，而这也影响了土地利用的强度。

$$功能分布 + 土地利用强度 = f(土地价值分布)$$

定义土地价值的一个方法是竞价地租（bid rent），竞价地租是某一特定地块预期能够得到的最高租金。从这个意义上说，竞价地租是土地价值的同义词。竞价地租或者地块的价值与两个基本因素有关：

$$土地价值(竞价地租) = f(位置、内部条件)$$

位置与区位的自然属性有关。位置在决定不同功能土地价值的分布时极其重要。例如，工厂需要平坦的土地，而大多数人更喜欢居住在略有起伏的丘陵区。除基本要求外，一个像有海景或者邻近公园这种更有吸引力的位置，通常价格会更高。这里的内部条件是指与城市其他部分比较的区位条件。内部条件可归结为可达性：到办公区、商店、工厂等的可达性程度如何？显然，对于商店、工厂或者居住区，可达性有不同的含义。

为建立一个土地利用的模型，我们要先剔除许多复杂因素并运用尽可能最简的例子。因此，在这里我们先假设以下 4 个条件。

(1)在城市中有一个具有最大程度可达性的点，我们称之为最大价值点（Primary Value Intersection，PVI），这是城市的中心点，中心点周围所有其他土地价值由它决定。

(2)到 PVI 的可达性只与距离相关。不同方向上离中心点距离相同的地方具有相同的可达性，交通干线的重要性稍后再予以考虑。

(3)所有位置的自然条件是相同的。这意味着所有土地在自然属性上具有相同的吸引力，只有内部条件或可达性才是影响因素。

(4)没有区划或者其他任何类型的规划指定特定地块用于特定用途。

这些假设确定了竞价地租只基于土地的固有价值减去交通费用。更正的表达式是：

$$竞价地租 = PVI 的土地价值 - 交通费用$$

其中

$$交通费用 = 距离 \times 特定功能相关的单位距离交通成本$$

不同功能接近 PVI 布局将会获得更大的利益，并且选择布局在其他可达性高的地方也是如此。例如，公司办公楼和金融总部需要靠近 PVI，因为它们依赖面对面的交流、商务临时会议及寻求快速贷款；专业零售机构对可达性有巨大需求，因为它们需要人们通过步行或汽车能非常方便地进入所有卖场；工厂也需要接近 PVI，但不如专业零售机构的需求那么强烈，它们更感兴趣的是与其他城市的交通通达度以及与原料产地的良好交通。可达性是有价值的，如临近工厂、商店、交通设施（铁路）。尽管要视情况而定，但对住宅来讲，靠近 PVI 或许是最不重要的。对于一些居民来说，接近办公区、商店和其他一些功能有着吸引力，另一些居民则可能更希望远离高强度城市活动的噪声。

下面我们分析如何运用上面的公式来确定地块功能。假设，有一个地块恰好就在 PVI 旁，不同城市功能的单位距离交通成本不同，如表 4.2 所示。

表 4.2　　　　　　　　**土地价值和不同功能的单位距离交通成本（美元）**

	在 PVI 的土地价值	每英里交通成本
商务办公用地	2000	1000
零售用地	1500	500
工业用地	1000	250
居住用地	500	75

因此交通费用会依每一个功能距离 PVI 的远近而不同（表 4.3）。

表 4.3　　　　　　　　**距 PVI 不同距离的土地价值（美元）**

	PVI	1 mile	2 mile	3 mile	4 mile	7 mile
商务办公用地	2000	1000	0			
零售用地	1500	1000	500	0		
工作用地	1000	750	500	250	0	
居住用地	500	425	350	275	200	0

图 4.1 是由表 4.3 转化而来的。它显示了每个功能的竞价地租是如何变化的。除非有干扰因素，否则地块将落入最高出价者手中。这一源自房地产的法则叫作"最有效利用原则"（highest and best use），即土地利用以该地的效用最大化为前提，也就是土地的利用方式是最佳的。

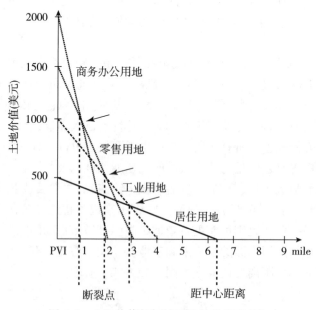

图 4.1　土地价值如何随功能的变化而变化

　　既然每块地的价值变化取决于离 PVI 的距离和土地用途，这意味着土地的用途将取决于其距离中心点的远近。在图 4.1 中，距离 PVI 1mile 内的土地，会被用于商务办公用地。1~2mile 内的土地，会被用于零售用地；2~3mile 之间的土地，会被用于工业用地；3~8mile 之间的土地，会被用于居住用地；超过 8mile，城市所起的作用就结束了。因此我们可以把这个图转化为围绕 PVI 的分区图，并描述每个区域的主要土地利用类型（图4.2）。

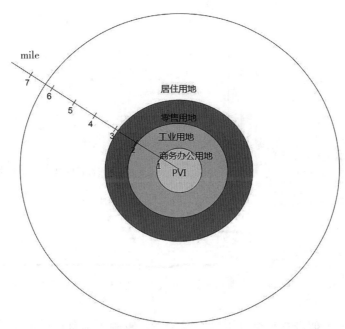

图 4.2　基于图 4.1 的土地价值曲线，描绘假设的土地利用分区

　　在离 PVI 不同距离处，土地的最有效利用构建了每个地块价值的基本规律。当土地被不同功能占用，土地价值曲线的实际形状就出来了。紧邻 PVI 的土地，其价值下降得非常快。距离 PVI 两个街区之外的一个停车位，其花费可能只有 PVI 处的一半。图 4.3 显示了在明尼阿波利斯市和圣保罗的土地价值空间变化，这幅图是上述观点的典型例证。

　　土地价值的变化也与利用强度有关。越靠近 PVI 的地块价格越高，也就意味着只有对其更集约和更高强度的利用才更合算。当 1acre 的土地价格高达数百万美元时，50 层的高层建筑就变得必要了。纽约联邦储备银行评估，2006 年帝国大厦旁每英亩土地的价格是 9000 万美元。当地价如此昂贵时，没有人会考虑在这块地上只建一个低层建筑。但远离城市中心的地方，却不值得花费高昂的建造成本修建高层建筑，反而建造独栋别墅这类低层建筑更为实际。高地价导致了高强度利用，因此那些高地价区的商务办公功能会放置在摩天大楼里。类似地，这些区域的住宅也是高层建筑。即使大城市中最富有的居民也无法轻松随意地购买一套位于城市核心的住宅。

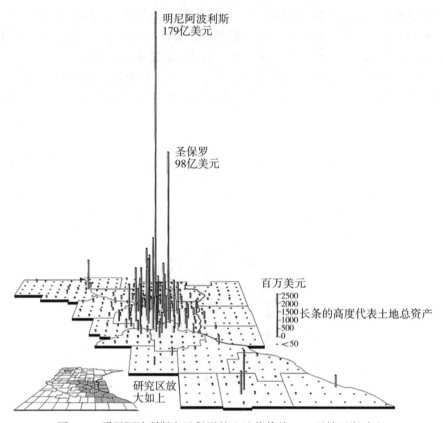

图 4.3　明尼阿波利斯和圣保罗的土地价值从 PVI 开始逐渐减少

　　很显然，最初的假设有很多是不符合实际的。影响土地价值的因素，除了简单的距 PVI 远近的因素之外，还有一些其他的因素。可达性并不仅仅与离 PVI 的距离相关，一些交通服务好的地块，其可达性也会更高。另外，不同位置的自然属性也并非均质。不论工厂身处何处，都需要在平坦和远离水患的土地上；高层建筑需要底层的结构基础稳固；住宅用户对位置的考虑极其敏感，许多人偏爱起伏的地形或者滨水地区。还有如房地产经纪人告诉你的那样，一些街区就是比其他街区更受欢迎，这也会使得价格上涨。外部性的问题在这也很重要，它是指地块，尤其是居住用地的土地价值和受欢迎程度受周边环境的影响。关于区划，我们会在第 9 章详细讨论，简单来说，区划是将相似用途的土地聚集在一起并在此地排除某些用途的土地，其作为一种减少负面外部性的手段已在发挥作用。

4.1.3　中央商务区

　　在某种程度上，最能显示一个城市特点的是中央商务区（Central Business District，CBD）。在很多方面，这是一个对于"市中心区"更加准确的术语。在大城市，中央商务区可以包含几个市中心区（downtown）和住宅区（uptown），整个 CBD 的面积可达数平方英里。尽管现在许多美国城市的 CBD 已没有过去那么重要，但直到第二次世界大战时，CBD 仍是所有美国城市最重要的功能节点。现在，它仍然继续扮演着重要的角色，一些人认为CBD的重要地位正在回归。

中心性对于CBD是至关重要的。CBD主要的有利条件就是其中心性。许多CBD是在对外交通网络的断裂点上发展起来的。例如，许多CBD出现在所谓的"转运点"(break of bulk points)上，在这里货物的运输方式从一种转为另一种。这里也是建工厂的一个好地方。其他的交通中心往往也能吸引各类经济活动，因为人们常会在此停留换乘。以运河为例，船闸所在的地方非常适宜建旅馆和娱乐场所，这可以为乘客和货运人在等待过闸时提供服务。道路交叉的地方适宜布局商业，因为人们可以经由多条道路到达这里。除此之外，许多后来成为CBD的区域邻近主要的矿区、旅游景点或者市场。

由于CBD的高地价、高利用强度和高可达性，它在城市中往往承担了很多不同的角色。

(1)作为中心市场区。各种专卖店、大型百货公司的旗舰店、大型银行和证券行，以及包括影院、交响乐大厅、博物馆和体育馆在内的重要娱乐和文化服务场所，大多位于CBD。

(2)作为主要交通节点。CBD通常是所有运输路线的节点(需要大量土地的机场除外)。大城市的CBD包含了重要的火车站和城际巴士站，以及城市内部交通(如街道、地铁和轻轨)中心。港口城市的CBD有可能会围绕港湾形成。

(3)作为行政中心。CBD常常是政府机关，尤其是那些与公众之间有更多互动的政府机关的所在地。

(4)作为高级生产性服务业所在地。诸如广告或法律服务，以及像公司总部之类的指挥控制中心等。即使是在休斯敦这类高度蔓延的城市，其市中心仍然存在一些高楼大厦，驻有大型公司的总部。

(5)CBD内部通常有更高的地价和土地利用强度。这意味着，除非有强制的高度限制，否则CBD会倾向于出现更高的建筑。

(6)CBD内会有大量的行人流量，高密度导致人们更多地选择步行。

(7)最重要的是，CBD传统上很少甚至没有住宅功能。人们去CBD是为工作或购物，而不是居住。

如图4.2简化模型所示，通常城市的中心很少有居住功能，尽管近年来这一情况正在改变。包括居住功能在内的许多其他功能，出现在紧邻传统CBD的外围。地理学家有时把这个区域称为中央商务区核缘区(CBD frame)，这是一个土地利用强度相对较小的区域(图4.4)。大城市的这一区域可能包含高层住宅楼，特别是如果这里接近水边或公园这类宜人环境。例如，纽约有大量超级富豪居住的公寓围绕在中央公园的三面，芝加哥有沿密歇根湖的豪华高层住宅。其他需要一定中心性、但又负担不起城市核心区费用的一些功能，也会坐落在核缘区。这包括工厂、仓库、部分零售机构，比如大型家具店，以及许多如医院、大学一类的机构。有时候在CBD外围的一些区域，还包含了一些让人不舒适的地方，如贫民窟、红灯区和铁路轨道。这里通常也是政府为低收入者建设保障性住房的位置(见第7章)。

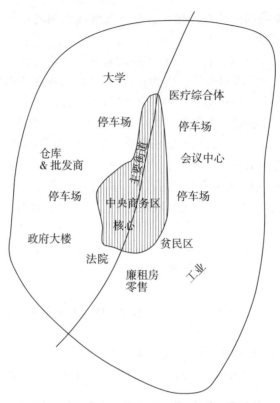

图 4.4　中央商务区核心以及周围核缘区的功能

4.1.4　住宅用户

　　在核缘区之外，我们经常看到呈环状分布的住宅用地利用强度逐渐下降。通常以公寓住宅开始，然后转变为行列式房屋和联排别墅，最后是独栋别墅。如上所述，某些高密度的住宅楼居住着富人(如中央公园周围的高密度公寓)，但在美国的城市，一般是较贫困的家庭更有可能居住在内城，而较富裕的家庭则住在郊区甚至远郊。这形成了悖论，即为什么穷人居住在接近市中心、地价较高的地方？而大部分富人反而居住在地价较低的郊区？

　　第 7 章从经济、政治和制度三个方面对此问题进行了全面分析，这些因素共同造成了都市区的这一状况。不过，在这里先简单说明对这一悖论的几个解释。首先，住宅用户有一套完全不同于办公、开商店和建工厂的土地价值评判标准。因为远离市中心的宽敞空间和靠近市中心的狭小空间在价值上是相同的，许多可以负担得起的人会选择更高质量的郊区大空间而不是市中心的小空间。

　　其次，我们发现对于住宅用户来说，靠近城市核心的位置会带来负外部性。靠近市中心的土地往往也接近街道噪声、冒黑烟的工厂和其他令人讨厌的东西。这会使这些土地的价值下降，尤其对于那些能负担去其他位置的人来说更是如此。当然，接近商店、餐厅和博物馆等这些正外部性的场所也会让居民在城市中心居住而心生满意，但是，这仍然只适用于少数消费者。

最后，是穷人通勤费用占总收入比例比富人高这一事实。中产阶级和上流人士有私家车，并且通常有稳定的工作。他们较容易为远离熙攘嘈杂的区域而选择通勤。许多穷人没有小汽车作为通勤工具，他们选择住在郊区会存在车费过高以及通勤时间过长的困难。而且在许多情况下，郊区的公共汽车和其他公共交通系统并不完善。

当然，也有例外，一些富有的人选择住在城内，尤其是住在那些具有正外部性便利设施的地方。许多人也可能最终居住在远离城市的地方，因为他们买不起离城市近的住房。"drive till you qualify"表达的意思是，用远离城市带来的通勤不便，来换取足够大的住房以满足家庭需要是有可能的，即用时间换空间。在许多郊区设有穷人拖车式活动住房的停放场。

4.1.5 密度梯度

土地价值曲线的一个重要推论是它对(土地利用)强度的影响。强度可以用多种方式测度，但最好的方式是基于密度。在这里，我们要区分白天密度与夜间密度。CBD可能存在低夜间密度，但其白天(当人们工作时)将会是高密度，因为CBD的大部分空间是工作场所。

图4.5显示了一条典型的夜间密度梯度曲线。CBD夜间的密度是非常低的，但白天这片区域将急速变为高密度区域。中央商务区近旁住宅开始发展的地方，通常是密度最高的地区，高密度峰值环绕CBD周围一圈。显然，高楼带来了高密度，因为密度是以被占用的土地的数量，而不是楼面面积来计算的，那些居住在50层高楼的人们会导致极高的人口密度。

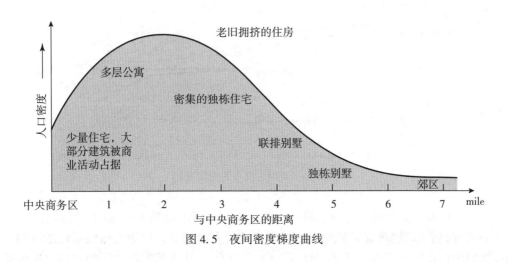

图 4.5　夜间密度梯度曲线

在这个峰值之后，密度梯度就开始下降，先是因为公寓的高度降低而快速下降，然后随着行列式房屋和联排别墅取代了公寓式住房，继续缓慢下降。最终，在独栋别墅住宅的区域，密度更为缓慢地下降。单块土地的面积也从1/8acre变化为1acre、2acre，甚至是

3acre。在密度梯度曲线的右侧末端，城市用地转向农村用地。

　　许多学者研究密度梯度曲线形状随着时间推移所发生的变化，有两个发现。第一，CBD 的密度随着城市发展达到顶峰，然后在城市进一步扩张阶段开始下降。在美国，1930—1940 年城市密度达到峰值：1930 年，密尔沃基的中心城市区密度是 75000 人/平方英里，但是到 1963 年密度下降到只有 31000 人/平方英里，城市的总体密度也降低了很多。第二，密度梯度曲线随着时间的推移而变得更为平缓。这是因为当城市扩张时，人口增长更多发生在城市外围而不是城市中心。

　　总的来说，美国城市是世界上人口密度最小的。相比之下，国际上其他城市的人口密度要高得多，如高居前三的马尼拉（每平方英里 111000 人）、开罗（每平方英里 46000 人）和巴黎（每平方英里 53000 人）。在美国，纽约市以 26000 人/平方英里成为人口最密集的大城市。但其他美国城市的人口密度要小得多：波士顿、芝加哥、迈阿密和费城的人口密度都在每平方英里 11000~12000 人。其余美国大城市的人口密度大多低于 7000 人/平方英里，其中美国南部阳光地带的城市人口密度比东北部和中西部更小。当然，这不是城市化地区（城市化地区包括了低密度的、围绕在城市周围的郊区）的密度，而是容纳了真正城市人口的中心城区的密度，显然这样更能揭示人口密度的情况。随着城市人口的增长，大部分城市化地区的实际规模稳步扩大，但并非所有城市都能做到这一点。

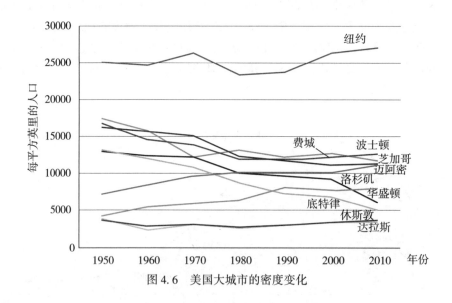

图 4.6　美国大城市的密度变化

　　图 4.6 显示了美国城市化地区和中心城市的人口密度是如何变化的。城市化地区（包含中心城市）的人口密度显著低于中心城市本身的人口密度，因为这些城市化地区包括了低密度的围绕在城市周围的郊区。直到大约 1980 年，美国城市化地区的人口密度水平还在急剧下降，但从那以后就逐渐开始稳定下来。对于中心城市，人口密度水平一直到 1990 年才止跌。许多城市，大多是美国南部和西南部的城市，在面积增加的同时，市域范围内人口却在减少——这些城市能通过合并其他城市扩张市域面积（见 8 章）。例如，

休斯敦和达拉斯的面积在 1950—1990 年之间扩大到原来的 3 倍。从 1990 年开始，核心城市的人口密度才有了些许增加。这可能是因为人口增长了，但市域面积并没有增大。不过，从市中心区向外的人口密度梯度曲线下降变得较为平缓。有一些迹象显示人口正向市中心区回流，但我们必须要用 10 年左右的时间才能判断这是否一个趋势的开端。

4.2 城市交通与土地价值变化

土地价值和竞价地租对城市扩张、城市形态变化以及城市功能分布的影响很大。如第 2 章所述，城市对于交通问题是极其敏感的，最早的城市还受制于货物多快可以运达。之后，贸易城市倾向于选址在具有最有利交通条件的地方，意味着这些地方拥有贸易和航运路线的最高可达性。但是，城市除了有靠近对外交通路线选址的需求之外，也要考虑城市内部的交通路线以满足个体交通需要。

城市内部交通改进的历史并不长。直到 1850 年，城市交通还很少有变化，变化仅仅表现在偶尔拓宽街道或者制定更好的交通规则上。但从 19 世纪中期开始，美国引领了帮助人们出行的新交通方式。因为交通即可达性，可达性又等同于土地价值，并且土地价值又等同于城市的形状、面积和功能的分布，所以交通在决定现代城市的外观上起到了重要作用。我们可以把城市内部交通的发展分成四个阶段。

(1) 步行城市时代：1850 年以前。

(2) 马车和有轨电车时代：1850—1920 年。

(3) 休闲汽车时代：1920—1945 年。

(4) 高速公路时代：1945 年至今。

4.2.1 步行城市时代

我们可以将 1850 年以前的城市描述为步行城市。除了拥有私人马车的富豪，大多数的城市居民在市内必须步行去上班、购物和拜访朋友。这一时期最大的及增长最快的城市，如纽约、波士顿、费城和查尔斯顿，半径大约只有 2mile，这是人们花一个小时左右能舒服地从城市边缘步行至中心的距离。

由于建筑不能超过一定高度，这使得城市在水平方向的紧凑度进一步加剧。这时期让摩天大楼变成现实的钢筋架构和电梯还没有发明出来。因此城市只能通过夷平山丘、排干沼泽和填平水域的方法来获得更多易达的土地。虽然也有城市通过桥梁和轮渡来连接中心城市和附近社区，如波士顿到剑桥、曼哈顿到布鲁克林，但空间上的制约在本质上没有发生变化。

步行城市有着特定的城市形态。首先，城市还没有太多专业化的功能。我们可以基于可达性，描绘出一些明显的环状分区(图 4.7)。城市的中心是港口，在这儿有码头、仓库和贸易办事处。这些功能对"距离成本"最为敏感，因此它们必须占据滨水区。当铁路变得更为重要的时候，这些功能会倾向于临近铁路卸货区分布。其他的一些功能虽然对可达性有需求，但不像直接的贸易功能那般强烈。专卖店、酒店和一些公共建筑可能会分布在第二个环带上。此外，富有的交易商往往也会在此安家，他们希望临近滨水区居住，但不是直接住在滨水区。

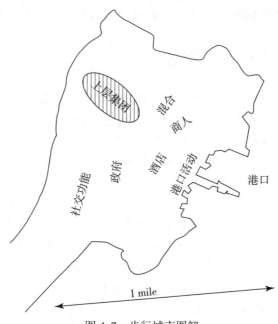

图 4.7　步行城市图解

需要指出的是，在一些像伦敦这样的城市，富有的企业家和商人既想在城内有漂亮的住宅，又想远离工厂区的肮脏和拥挤，故而他们选择在毗邻现有城市的大片郊区土地上建造豪宅。此外，还有为那些需要在城里处理金融、商业事宜或只是想保持社交联系的富有贵族而建的联排别墅。这些建设在许多方面成为其后随之而来的郊区化的先驱。

步行城市有几个值得注意的特征。

(1)功能混合：因为大型工厂在美国发展较晚，此时尚未出现居住地和工作地之间的完全分离，所以那些住所往往包含车间或临街商店。

(2)零售活动：除了城市中心附近的高级商店，零售活动一般散布在居住区内。有限的空间及尚不存在的分区使得这一切非常混乱。

(3)社会融合：不同阶层之间的相对融合。尽管富人开始像他们在英格兰一样搬到独立的区域，但受限于城市的空间范围，这一时还难以完成。事实上，从这个时期的许多图画上(如在波士顿)可以看到中上阶层的住房临街分布，工薪阶层的房子则在后面的背街小巷。

(4)没有真正的 CBD：空间的限制使它几乎不可能挤走现存的"低租"功能。因此 CBD 的范围还不能清晰地界定。

4.2.2　马车和有轨电车时代

大约 1840 年之后，在多因素的共同作用下，旧式城市最终被重塑和扩大。因为城市提供了更多的就业机会，所以越来越多的人进入城市。在城市人口增长和空间无法扩大的双重因素作用下，城市人口密度水平上升到有史以来的最高水平。在1850年纽约的人口密度约为87000人/平方英里，费城和波士顿也达到每平方英里48000人左右。这一密度已是当时容纳的极限，而因为工业革命，更多的人从农村移民到城市，城市规模的扩大成为必然。

这些新增人口中的一部分可以通过更好的建筑技术来消化。高层建筑终于开始出现在城市的中心，这里的租金高到足以鼓励这一新发明。不过，最重要的是各式各样的公共交通的发展。早期公交系统的运行始于1827年，纽约人在马队后带上了一个长长的旅客车厢。与出租车不同，这种公共马车沿着固定的路线运行（往来于百老汇大街），并收取固定费用（12美分）。座位纵向放置，可容纳大约20名乘客。想要下车的乘客只需要拉动一根与司机腿部相连的绳子即可。到19世纪50年代早期，公共马车已在大部分北方城市以及新奥尔良运营。纽约公共马车每年大约运载120000名乘客。同一时期，公交系统在伦敦也变得日益重要。到1854年，每天已有20000名上班族搭乘公共汽车，有15000人搭乘蒸汽船，还有6000人搭乘铁路运输工具。不过，仍有20000人步行上下班。沿轨道运行的有轨马车在公共马车之后出现（图4.8）。因为更容易拉动，所以以车厢变得更大。轨道马车的路线更加固定，一旦确定即保持不变。

图4.8　1900年前后，在佐治亚州卡温顿市，骡子在轨道上拉车（来源：国会图书馆）

19世纪末20世纪初，电车尤其是有轨电车得到发展。有轨电车和有轨马车一样，在轨道上运行，但行程可以更远。有轨电车有时还采用高架或者地下通道的形式。在美国，波士顿于1897年成为第一个发展有轨电车的城市，随后纽约在1904年也拥有了这种交通工具。有轨电车和轨道马车很相似，不过有轨电车可以用更快的速度运行更长的距离。

有轨电车的发展对土地价值和城市形态、特点有着巨大的影响(图 4.9)。每一个变化都在帮助创建今天我们所看到的许多美国城市。这些城市具有下列特点。

(1)城市扩张:轨道马车使人们居住在离城市中心 5mile 的地方成为可能,有轨电车更是把城市的半径扩大到 10mile,甚至是 20mile。对比步行城市约 2mile 的半径,这一阶段的城市具有了将可利用的空间扩大 $25 \sim 100$ 倍的潜力。现在,城市面积增长到 50mile^2、75mile^2,甚至超过 100mile^2。

(2)社会阶层分化:那些可以负担起离开市中心交通费用的人,可以利用有轨电车提供的移动性。这种移动性要付出代价,一天只赚 1 美元的普通劳动者基本上不乘坐有轨电车。因为车费与距离相关,所以最富有的那些人能够负担在最远地方居住的费用,而中产阶级居住得要近一些。房地产开发商推广"郊区"的居住理念,宣传这样既能远离喧闹的城市又能便利出行。轨道铺设在预期利润最高的路线上,而富人选择居住在那些最有吸引力的地点。

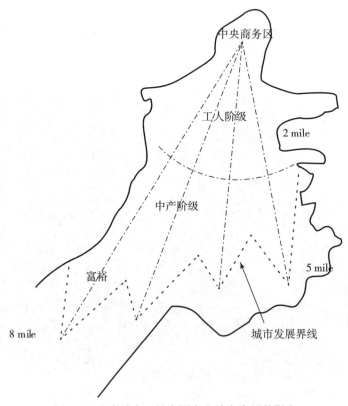

图 4.9　电车城市:社会隔离和城市发展的限度

(3)CBD 形成:CBD 扩大到之前步行城市的大部分范围,并且开始仅由那些可以支付最高租金的功能体形成专门化集聚。典型的竞价地租曲线开始成形,因为金融、办公和专业零售商店选址在各条交通线路汇聚,城市各个部分都可以方便抵达城市中心。因为土地价值如此之高，所以高层建筑也在此出现。工厂则布局在稍远、但离邻近交通节点又足够近的地方。围绕着带状工厂区的是最不具有移动性和最贫穷的人居住的地方。

（4）流动性增加：在1900年，每4人中就有1人会每年改变住处（现在是每5人中有1人）。

（5）星形模式：与交通线路的邻近性影响通达性，进而影响土地价值。交通线路沿线的土地价格飙升。两条交通要道的交叉点通常成为新的去中心化功能的节点。在这里分布着数量不少的银行分行、杂货铺、肉铺等，形成了小型中心（mini centers）。小型中心对竞价地租曲线有着重要影响。

电车交通的发展也创造了新形式的社区和住房。电车郊区（streetcar suburban）被这种新形式的住房所占据（图4.10）。电车郊区为居民提供了便捷的公共交通路线。在市中心工作的居民走出他们的住所，步行一小段路就能搭乘沿主干道行驶的电车。电车郊区的其他特征包括相对狭窄的地块，以最大限度地增加方便抵达电车路线的居住家庭数量，通常房子与房子之间间隔很小，房屋正面有一条宽阔的走廊，且没有附属车库。

图4.10　伊利诺伊州芝加哥的电车郊区鸟瞰图

4.2.3　休闲汽车时代

当许多人买得起汽车时，交通运输的第三个时代来临了。到1930年，美国拥有2600万辆汽车，或者说每5人就有1辆小汽车。显然，汽车改变了城市之间的交通，但汽车对城市形态的影响是什么呢？

最初，因为中心性仍然有很大的好处，所以影响是很小的。汽车的普及促进了大片土地的开发，这些土地在有轨电车时代因为没有铺设电车轨道而难以到达。汽车的一个影响是进一步扩大了城市半径。在某些特定的情况下，那些拥有汽车作为交通工具的人能居住在离中央商务区 30~40mile 的地方。在纽约这类规模居前的大城市，人们开始居住在公共交通系统不能到达的地方。更多遥远的城郊住宅区开始出现，而汽车是导致这种现象的关键。另一个相关的影响是公共交通路线之间的土地得到开发。这些公共交通线路极大地提高了周边地块的可达性。汽车使得居住在离电车线路有一段距离的人们仍然能乘电车上下班。因为在中央商务区停车通常比较困难，许多人会开车到通勤车站，然后乘电车抵达市中心。

汽车带来的更高可达性导致更多的农业土地转化为城市用地，这或许也引发了 20 世纪 20 年代的住房供给扩张。如图 4.11 所示，我们先来回顾汽车广泛使用前的地租曲线。城市土地利用，如住宅用地，用 R 线表示，农业用地用 A 线表示，两条线的交点就是城市转变为乡村的地方。随着汽车的出现，这种情况发生了变化。R 线向外延长（R'），A 线同样向外延长了一点（A'），新的交点离城市中心更远了。那么，新老两个交点之间的土地是什么呢？这里的转化压力将巨大，并且你会发现大量的投机活动，因为现在这里的农田作为住宅用地的价值更大。

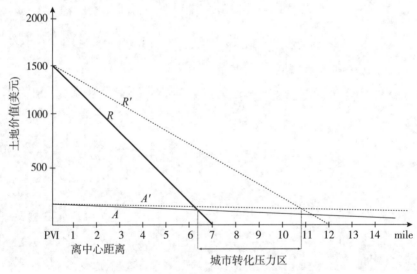

图 4.11 汽车的使用改变了土地价值曲线

汽车交通最初没有损害到中央商务区的完整性。很多人仍然在市中心工作，并且大量没有汽车的人仍然靠近市中心居住。事实上，许多城市的人口密度在 1930—1950 年达到峰值。到 1950 年，超过 60% 的都市区人口居住在城区内，而到 2010 年这一比例约为 30%。公共交通仍然决定着绝大多数城市的格局，汽车仍然多用于去外地旅游而不是城市通勤的必需品。

4.2.4 高速公路时代

20世纪50年代起，汽车开始从根本上改变城市空间。这个时代发生了3个重要的变化。

第一，大量的士兵在第二次世界大战和朝鲜战争后回到家乡，并且生育了许多孩子。联邦政府给他们提供住房按揭贷款，特别是在退伍军人管理项目之下。在这一背景下，之前的房屋建造速度已经太慢，住房需求呼唤新型开发者。William Levitt和他的儿子开始大规模地建造房屋。他们买下了靠近城市的农场，并且把农场分成许多独栋别墅住宅地块，坐落在长岛土豆种植地上的纽约莱维镇就这样横空出世。小镇有4000acre大，每栋房子用混凝土砌块建设，房屋之间间隔60ft，像工厂流水线一样建造完成(详见第7章)。

第二，州际高速公路系统(Interstate Highway System)建设完成。虽然州际高速公路建设主要是为了推进城市之间的交通，但它对城市内部的影响也是深远的。

第三，航空出行开始普及，火车出行衰落，而机场需要大片远离城市中心的土地。

这三点变化对城市空间产生了重要影响。

(1)CBD衰落：市中心因为高可达性而具有高价值，但这在步行或者乘坐公共交通的前提下才成立。因为汽车占用太多空间，所以驾车去市中心上班并不便利。新的超级高速公路加快了城市周边的通行，并且这种通行通过环线或环城高速公路的发展而变得更加便利。对于许多商业活动而言，坐落在这些环线附近比选址在市中心更加方便。重要的区域性购物中心开始在这些地方出现，这里商店如云，但没有停车的烦恼，而且不需要在恶劣天气时步行。机场在郊区，城市中心失去了作为交通节点的重要性。某些城际功能，例如快递服务和酒店这类接待服务，选址在机场附近也更为便利。

(2)郊区崛起：郊区化一直是美国城市的一个特征，新的交通技术和基础设施建设使得人们可以居住得越来越远——远至距离市中心50~60mile。郊区变成大多数美国人居住的地方。在1960年，与农村或者城区相比，多数人居住在郊区。在1990年，大约有半数的人居住在郊区。郊区也是许多人购物和工作的地点。到1973年，郊区比城市拥有更多的工作岗位。在1947—1967年期间，城市中心平均失去了17000个制造业工作岗位，而郊区则增加了85000个。在20世纪80年代，同等价格在郊区可以得到比在传统CBD大2~3倍的办公空间，甚至企业总部也开始搬出市中心的高楼，入驻郊区的"产业园区"(corporate campuses)(见图6.11)。

我们来讨论下有关土地价值曲线和可达性的趋势，分析PVI的逻辑是如何改变的。只限机动车进入的高速公路和只有汽车可到达的郊区在增长，意味着更多的人只有依靠汽车才能自由行动。到20世纪中叶，电车越来越少，许多电车线路甚至被拆卸，从而为高速公路腾出空间。在这种情况下，传统的PVI不再是可达性的中心，只要汽车容易到达的地方就具有高可达性。而且，当CBD失去通达性的有利条件，市中心土地的价值就下降了。在CBD之外，在称之为核缘区(frame)的地方，土地价值的下降更为剧烈。例如，制造业更喜欢靠近高速公路的绿地(green field)和低层设施，而不是老旧内城棕色土地(brownfields)上的工厂。

通达性特点的改变，也意味着现在只要是交通路线交汇的地方就是中心，而不再只有一个中心。城市从一个基于单核心（即 CBD）的单中心城市，转化为一个多中心城市或者基于多中心的大都市（但只有一个 CBD）。如今，在这些多中心城市里，CBD 只是其中的一个中心，且不一定是最重要的那个。

4.3　复兴 CBD 的尝试

从 20 世纪 50 年代开始，由于零售业就业岗位从城市核心向外围转移，而且 CBD 核缘区和内城附近的制造业就业岗位减少，市中心商业区开始衰落。由于郊区有更安全、更新和更宽敞的住房和绿色庭院，中上收入家庭搬离了拥挤的市中心，同时带走的是他们的购买力。许多商业服务和专业人士（如医生、牙医和律师）仍然留在市中心，但是他们很快发现其市场主要在郊区，于是也搬走了。到 20 世纪 60 年代，CBD 开始急速衰落。除非因为某些目的被夷为平地，保留有建筑的商业中心区土地不再服务于有用的功能，而是被空置起来。最终，这些房地产变成了城市土地上的"伤疤"，制造着负外部性效应并导致自身价值进一步降低。

造成的后果对中心城市是灾难性的。因为居民、工厂和商业活动的大规模迁移，中心城市的计税基数急剧下降。留下来的大多是居住在老旧居民区的穷人。许多老房屋的基础设施不在了或年久失修；狭窄和破旧的街道，脏水四溢的老旧下水道；加上缺少绿色空间，使得许多中心城市和中央商务区看起来异常荒凉。许多街区让人联想到的往往是高犯罪率、空置的商店、无家可归者、灰色生意、劣质商品和低档服务。税收的减少又限制了当地政府采取行动，而无法进行那些富裕的县市通常会做的基础设施养护和改善。

到 20 世纪 60 年代中后期，市中心的商业人士开始了一系列复兴计划。地方政府为了复兴市中心，联合了 CBD 的商人、银行家、金融家、房地产开发商、规划者甚至工会。这种联盟的利益集团被称为增长机器（growth machines）。联邦机构也成为增长机器的一部分。他们的目标是恢复 CBD 昔日的繁荣。

在美国这些增长机器努力的结果是复杂而独特的。一个又一个市中心商业区尝试用它们过去真实的历史或者虚构的主题去"兜售"自己。例如，底特律的复兴中心是一个被衰落城市中的众多街区所包围的超级建筑。这个项目没有为周边带来投资，并且没有引起一点积极的溢出效应。相比之下，以巴尔的摩港口功能为主题而建设的巴尔的摩港口广场更加成功（图 4.12）。但即使在这里，周边社区的衰落以及与其他社区的社会隔离也只是略有改变。

如今，绝大多数大城市在开发和包装独特的吸引力，比如音乐会、艺术展览或民族节日，又或是高档购物场所和餐厅，以此来吸引游客和郊区居民。一些市中心开发了封闭式购物中心，如多伦多伊顿中心、圣地亚哥的霍顿广场、费城的画廊。费城还在市中心开发了一个称为"宾州中心"的企业中心（corporate center）。20 世纪 80 年代，当法律允许摩天大楼可以高于在市政厅顶上威廉·佩恩雕像的帽子时，宾州中心的高层建筑陡增。此外，赌场也很受欢迎，常常能得到州政府和法律的许可。克利夫兰刚开设了一家新赌场，当地政府希望这家赌场能把商业活动带到市中心(专题 4.1)。

图 4.12　巴尔的摩港口广场(Edward Gunts 摄)

◎ **专题 4.1**

市中心赌场

　　一个苦苦挣扎的城市能做些什么来提高收入？工厂早就迁走了，市中心购物早在 20 世纪 60 年代就成为了记忆，许多商务办公楼也迁入郊区的产业园区。对此，一些城市提出的解决方案是市中心赌场。从前，(合法)赌博仅局限于内华达。但这种状况已开始改变，因为新的法律允许赌博出现在印第安保留地、内河赌船和赛马场。一些城市已经欣然接受了遭受长期煎熬的市中心从赌场提供的快速税收中获益的可能性。

　　赌场具有很大的提升税收的潜力。赌场从具有赌博意向的游客那里获得很高的利润。与其他生意不同的是，赌场不需要大量的优惠与退税。如果干得好，赌场还有可能带动其他商业的发展，如酒店、餐厅、娱乐，所有这些都能够引发城市中心的复兴。这些运营所产生的税收，给了城市重新平衡财政赤字的希望。就是这个原因使得苦苦挣扎的城市，像底特律、克利夫兰、辛辛那提、圣路易斯和新奥尔良在获得了州许可后，都在鼓励市中心发展赌场(图 B4.1)。

　　市中心赌场真的像宣传的那样有效吗？大西洋城是第一个去尝试这种策略的城

市，这种尝试将一个衰退的海滨度假胜地转变为 20 世纪 70 年代东海岸的博彩圣地。但是，大西洋城寄望赌场可以彻底改变持续数十年贫困的目标并没有达到。贫困依然存在，同时还有许多赌场破产。此外，赌场造成的一些令人讨厌的副产品——犯罪、毒品和卖淫随处可见。但大家希望，最终正面影响能超越负面影响。新的市中心赌场会做得更好吗？

　　这个讨论在很大程度上取决于谁受益最多。赌场综合体的建设产生了许多临时建筑工作岗位。一旦建成，赌场运营商将获得巨额利润。赌场会雇佣很多人，尽管工资较低；赌场也产生大量的税收，税收可以支付公共物品的供给 (虽然投资家沃伦·巴菲特称这是对无知的征税)。Lambert 等 (2010) 的研究表明，假如赌场位于大都市区，的确可以取得成功。实际上，选址在靠近市中心的位置比城市边缘更好。其他研究也得出了不尽相同的结果。

图 B4.1　克利夫兰市中心赌场

　　大都市和小城镇采用了许多不同的策略，以使市中心更具吸引力以及经济、社交活力。市中心的商业利益集团逐渐认识到，当今的 CBD 已经不能与富裕的郊区进行一对一的竞争，毕竟郊区拥有大型高档购物中心、宽敞的产业园区、快速增长的区域性及全国性公司办公楼和总部集群。因此，他们需要寻找其他替代策略来重振市中心，诸如：历史古迹的保护和建筑修缮，市中心住房供给，会议中心，停车设施改进，交通改善，滨水区开发，夜生活和娱乐，赌场，文化景点，旅游，新商务办公楼的建设、老房屋的翻修和网络布线，露天大型体育运动场和室内运动场，步行空间，警力保护。

　　当然，这些策略的成功与否在不同市中心之间会差异巨大。

美国的新市中心

Larry Ford 在《美国新的市中心》（*America's New Downtowns*，2003）一书中对于美国城市中心的振兴和重塑提出了重要的见解。他指出，市中心的活动已经远远超出了传统的紧凑中央商务区（核心和核缘区），走向了更广阔的空间。Ford 确定了美国大城市新市中心扩张和变化的几个主要功能。

第一，广义的娱乐中心。它们是娱乐和文化景点，包括体育场馆、博物馆、文化中心、剧院和表演艺术设施，甚至动物园和海港旅游。这些所谓的娱乐中心首先满足游客和郊区居民，而不是市中心居民的需求。

第二，历史街区。在 20 世纪 70 年代，文物保护运动取得进展，这项运动在一定程度上是对大规模的城市更新、高速公路建设和玻璃幕墙办公大厦兴建的反应。保护区和历史建筑被当成旅游景点和新的商业网点来进行推广。不过同样地，这些文物保护运动仍然几乎没有在经济上对内城居民产生积极影响。

第三，市中心/靠近市中心的居住社区。传统 CBD 内几乎完全没有住宅用地，但在过去 25 年"重返市中心"的运动日益高涨。这个运动涉及在市中心工作并享受市中心社交生活便利的郊区家庭、单身人士和没有孩子的夫妇，以及城市新移民。尽管存在重返市中心居住的趋势，但居住在市中心的总人数相对于大量郊区人口来说仍然是极低的。

市中心的居住街区有三个特点：①城市"绅士化"（gentrification）；②老工业区、仓储区转化为 Loft 公寓；③建设新的供出售和出租的公寓。城市绅士化，将现在被低收入家庭占据的老旧、建筑风格独特的房子，转变为现代化的高雅建筑物。当整个街区都遵循这一策略，就可被认为要高档化和振兴。高收入的新住户和被取代的老住户大不相同。只有让人感兴趣的历史街区才可能经历绅士化过程，所以并不是所有美国城市中心都会经历这个过程。

那些老旧、被遗弃的工业区的转变主要始于 20 世纪 80 年代。它们不在传统的 CBD，而是在其周边。与类似的郊区住宅相比，居住在 Loft 公寓通常有着宽敞又相对便宜的空间。

CBD 核心的新住房供给由高层豪华公寓组成，低层公寓和联排别墅更可能出现在市中心的外围。一些高层建筑属"混合利用"，除了居住功能外，还包括零售、办公和酒店。

4.4 郊区的变化

从 1960 年到 1980 年，因为可达性的提升，郊区大量可开发的土地变得能够利用。1960 年之前已经入驻工厂和商业活动的区域，现在其附近在开发住宅。而 1960 年之前已经开发的住宅区，则引入商业活动入驻。在这些过程中，交通可达性，特别是邻近高速公路起着至关重要的作用。

这一时期，郊区的多中心性变得非常明显。不同的核心相继涌现，先在近郊，然后在远郊。许多繁华核心靠近大型区域性购物中心。随着消费者越来越集中在这些商场购物，提供相关服务的银行分行、餐馆和医院等也开始搬迁到这里。多目标购物之旅进而扩展到对众多商品和服务的快捷获取。与此同时，许多商务办公活动被吸引到这些新兴的融合了零售和其他服务的地方。这里是空旷的土地，便宜且不拥堵，还有充裕的停车空间。此外，这里还靠近就业人口的住宅。公司的区域性总部甚至全国性总部，常常会进驻位于这些郊区核心的高层办公楼。

在 20 世纪 70 年代，之前低矮的办公楼让位于 5～12 层的中等高度办公楼。一度只局限在中央商务区的酒店和会议设施，在郊区的商务中心开始兴盛。同样，区域性或全国性的公司总部放弃传统中央商务区，转而在郊区商务中心涌现。环形高速公路方便了汽车和运货卡车在都市区周边通行，提供了到达郊区中心的更高可达性。许多配套设施，如餐馆、夜总会和医疗中心迁入高收入阶层的住宅区。有些配套设施位于门禁社区里，这些社区出入口有门禁或警卫看守以排除非入住人员、车辆和不良分子进入。这些富人社区，一般位于郊区商务中心通勤范围内。

在 20 世纪 80 年代，高楼大厦日益普及。因为要容纳更多的公司和工作人员，办公楼变得更高。多层酒店涌入商务中心。许多低楼(通常只有一层)、提供计算机相关服务的高科技公司迁至郊区商务中心的外围。在 80 年代，郊区商务中心的工作岗位密度大大增加，环绕中心的居住区也随之膨胀。

到 20 世纪 90 年代，真正的多中心城市开始成形。这些成熟的中心具有完全独立的商业中心功能，也是文化、社会和娱乐活动的集聚地。此外，这些中心也越来越多地承担完善的行政职能。它们提供周边居民需要的一切东西。只有在极少数情况下，郊区居民才需要前往中央商务区或者市内。

尽管郊区向成熟中心的演变，带来了很多好处和便利，但同时也制造了一些麻烦。这些中心在高速公路立体交叉的地方快速涌现，结果带来了一系列基础设施和规划方面的问题。在那些一度非常偏僻，现在却必须接纳新居民、工人和购物者的地区尤其如此。这些郊区中心的道路，通常是狭窄且没有红绿灯的乡村公路，现在的交通流量远远超过了当时道路的设计值。试图去解决其中的问题会很困难，因为这些中心一般跨越几个行政辖区。任何一个决定都可能涉及多个辖区，而不同辖区之间的协调存在诸多困难。

另一个问题是居住和就业的空间错位。一般来说，对于高收入就业者不存在这种情况，因为他们通常选择居住在靠近郊区商务中心相对昂贵的独栋住宅或豪华公寓内。然而，对那些从事低技能工作的办事员或蓝领工人，这种错位可能是一个严重的问题。他们没有能力居住在靠近郊区商务中心的高档社区，只能住得很远，通常被迫长途通勤。这些低技能就业者要么居住在内城，并可能不得不搭乘公共汽车反向通勤；要么居住在乡村，并因为没有公共交通而必须开车通勤。

在最近一次的经济衰退之前，我们看到了高层公寓如雨后春笋般在靠近州际公路及主要就业中心(如商务园、购物中心)的近郊大量涌现。这些公寓高 12～30 层不等，以迎合高收入家庭的需要。这样，郊区的景观不再是早期散落式的独栋住宅，郊区的人口密度也相应增大。大多数美国大都市区正在经历这样的大城市郊区化过程。当取得土地的成本上升时，房地产开发商会倾向于增加建筑高度。因此，竖向居住导致了土地混合利用活动，这包括高档餐厅、专卖店和一些小众服务。因为可以提供更大的计税基础，地方政府往往青睐发展这样的郊区。

当然，所有这些发展的一大负面影响是郊区蔓延所带来的开放空间的减少。郊区蔓延通常被媒体和公众看作都市区发展的负面特征。尽管蔓延的问题产生了许多正反两方面的争论，事实上，蔓延已经是郊区增长和扩展的一个正常且自然的结果(专题4.2)。

◎ 专题 4.2　技术和城市地理

利用 GIS 模拟郊区蔓延

以下案例利用计算机模型模拟环南密歇根湖城市化地区的郊区蔓延，涉及伊利诺伊州、印第安纳州、密歇根州和威斯康星州(Torrens，2006)。模型包含了外生(外部)人口增长，即来自城市系统之外的移民，和内生(内部)人口增加或减少。蔓延是一种传统城市化进程的新形式，发生在密度低的城市边缘区，单一性质的独栋住宅群以及带状的商业卖场反映了缺乏规划发展的碎片模式，这完全是小汽车导向的交通模式所致。

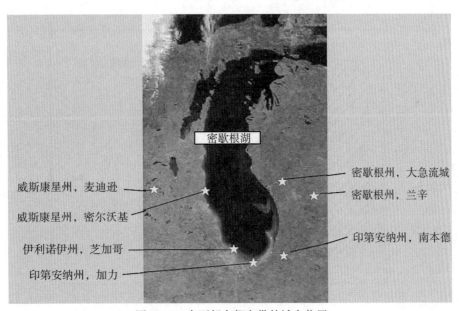

图 B4.2　中西部大都市带的城市位置

托伦斯的郊区蔓延模拟模型被应用于位于南密歇根湖地区的中西部大都市区(图 B4.2)。设计的模型是为了显示在给定半径内人口从一个特定的土地单元扩散到紧凑街区的条件下，扩展是如何进行的。托伦斯的蔓延模型包含了不连续增长、蛙跳式增长和沿道路的条带式增长。"模拟的城市体系逐渐发展成一个由紧邻的一些城市组成的松散城市集群。芝加哥和城市化程度较低的威斯康星州就是明显的例证"(Torrens，

2006，p. 264)（图 B4.3）。

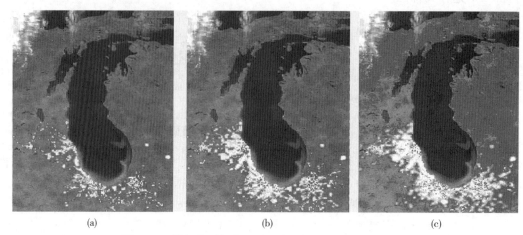

图 B4.3　模拟中西部蔓延的三个阶段：(a)、(b)和(c)

现有三种郊区扩展模式：连续式、填充式和蛙跳式(图 4.13)。

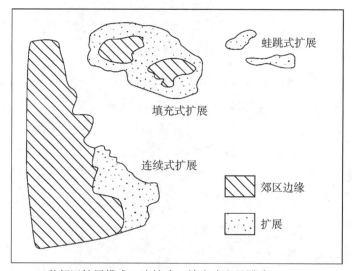

图 4.13　三种郊区扩展模式：连续式、填充式和蛙跳式(Zeng et al., 2005)

　　增长刚好发生在郊区的建设用地之外时，连续式增长就发生了。填充式增长则是以之前跳跃式集群为中心向外的扩展。蛙跳式增长是指将郊区建设用地之外未开发的土地转变为建设用地的过程。这三个过程描述了绝大多数美国大都市区的郊区扩展，同时这三个过程也是汽车社会城市外围发展的本质特征。

　　蔓延的后果有很多。其一，我们现在完全依赖汽车，除了少数几个城市外，没有汽车就无法生活。在 2009 年，86%的美国人开车去工作，其中76%的人车上没有其他乘员。

只有5%的人搭乘公共交通,3%的人走路,还有4%在家工作。现在发生在郊区与郊区之间的出行量是从郊区到中央商务区的两倍。

其二,导致了开放空间减少,以及更多的城市合并案例。这种合并的城市被称为组合城市(conurbation)。我们可以在许多地方看到这种情况,例如芝加哥-密尔沃基、洛杉矶-圣地亚哥、旧金山-圣何塞。有些地理学家已经开始讨论大都市带(megalopolis):一个包含几个大都市区的巨型城市走廊(专题4.3)。

◎ **专题4.3**

大 都 市 带

在1961年,法国城市地理学家Jean Gottmann出版了《大都市带》(*Megalopolis*)一书。这本影响深远的著作聚焦于美国东北沿海地区北起波士顿、南至华盛顿特区的连续城市化地区(图B4.4)。如今的大都市带,是指任何由几个连续的城市化地区组成的区域。如加利福尼亚州地区旧金山到圣地亚哥之间的区域、底特律-芝加哥-密尔沃基地区或夏洛特-亚特兰大-伯明翰地区。

图 B4.4　美国东海岸大都市带的范围

东海岸大都市带(也被称为波士华地区)出现在20世纪50年代后期,是世界上政治、经济、金融和文化影响最大的城市聚集带(参见 Morrill,2006)。正是最初源于美国东海岸城市网络的一系列密集的大城市创造了大都市带。这些城市在步行时代和电车时代还截然不同，没有太多联系。但随着汽车时代的到来和随之而来的强烈郊区化，这些城市之间的土地价格飞涨，而且土地也变得不那么适合农业用途。近郊和远郊用于生产蔬菜和乳品的农业小地块填补了缺口。这一发展的结果是，从戈特曼时代到现在这个走廊代表了整个美国最富裕的土地集中区，大都市带居民收入中位数一直为全国最高。

4.5　小结

城市是由以特定方式组合的多种功能组成。某些土地利用，如工业用地，倾向于出现在城市的特定地区。另一些土地利用，如住宅公寓，则倾向于出现在城市的其他地方。尽管政府的确能够影响一些功能出现的位置，但是大部分土地利用的配置与土地经济学相关。就像任何一个购买土地的人所知道的，不同位置、相同面积的土地，其价格是不同的。这主要与土地的可达性以及周围的配套设施有关。

土地价值和土地功能的分布已经随着可达性的提升而发生了历史性的改变，并且这种变化还被城市内部交通的进步所推动。从步行时代到电车时代，再到汽车时代的进步产生了以下几个变化：第一，最重要的是，城市的可用区域面积扩展了 50 倍以上。第二，这一扩展使得土地利用分区成为可能，导致越来越多的土地利用功能上的分离，CBD 的发展就是一个重要的结果。第三，可达性的变化完全改变了现代城市，CBD 让位于分布在城市外围的分散商务区。市中心和郊区之间的转变具有深远的意义，但这又并非永恒不变的。城市景观将继续发生变化，土地价值和可达性两者变化的逻辑是城市景观演变的关键因素。

第5章　城市产业景观

自 18 世纪末英国工业革命开始，工业化——制造业——就已经成为驱动城市建设的主要动力。工业革命从英国传播到美国、加拿大、西欧、日本和澳大利亚，以及其他发达工业国家。今天，它开始在中国、韩国和新加坡蓬勃发展。在美国，制造业城市始于东海岸，随后遍及中西部，逐渐成为主要的城市景观，并在更晚时进一步蔓延到洛杉矶以及西部、南部的一些城市中心。然而，在过去 50 年左右的时间里，随着高端服务业的重要性急剧提升，美国的制造业就业岗位发生了根本的变化。制造业向服务业的转变不仅以特殊的方式影响了美国、加拿大的不同城市中心和区域，也进一步影响了美国都市区产业景观的区位。

本章的目的是阐述工业区位和区位变化的若干观点，包括后工业经济的一些区位逻辑（locational logics）。我们致力于分析城市之间和城市内部两个层面上制造业和经济转变的经验性证据。首先，从与城市人口增长相关的基本经济活动和非基本经济活动开始。接下来，我们聚焦于传统制造业城市、20 世纪的制造业大都市以及后工业化都市区，对城市制造业的演变给出一个总体的历史回顾。之后，在回顾城市之间和城市内部两个层面工业区位的概念性框架后，提供关于城市产业景观近期变化的经验性信息。最后，我们以对政治经济学方法的剖析结束本章。本章的基本主题与以下两点相关：①发达国家中制造业就业岗位的减少和新型高级服务业就业岗位的增加；②在美国的不同都市区和区域内，制造业和服务业的不同区位要求。

5.1　认识城市经济

我们先提出一个基本观点。居住在城市中的人们必须具有谋生的方法，最基本的劳动分工是直接生产生活必需品（如食物）和不直接生产这些产品的经济活动。对城市来说，经济活动不可避免地会影响城市空间形态，因为城市必须容纳经济活动。随着经济特征因时间推移而发生变化，城市经济景观特征也必然改变。本章首先探究城市经济活动的一些基本方面。在这里，我们的目的不是介绍经济学课程内容，而是为后面讨论经济活动影响城市景观提供依据。

5.1.1　基本/非基本经济活动

每个城市都会因经济活动而产生收益。在最基本的层面上，我们可以将经济活动分为两种：基本型和非基本型。这种二分法让我们开始认识城市经济。

1）基本经济活动与非基本经济活动的对比

基本的经济活动为城市居民带来收入。这些经济活动出售城市生产的商品和服务给城市以外的地区，它们是经济增长的引擎。直到几十年之前，基本经济活动仍常常与制造业联系在一起，通过劳动分工体系来生产产品。如今，高端服务业也成为城市基本经济活动的重要部分。

相比而言，非基本经济活动不是从城市外部带来收入，而是在城市内部使收益流通起来。非基本经济活动传统上与零售业及消费性服务业联系在一起，尽管很快我们就会发现，非基本经济活动也开始包括高端服务业。图 5.1 说明了基本经济活动与非基本经济活动之间的不同。

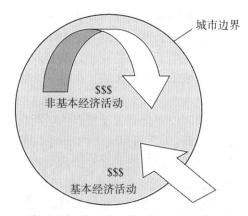

图 5.1　关于基本/非基本经济活动之间区别的概念性图示

所有经济活动被分为基本经济活动和非基本经济活动，可用公式表示如下：

$$TA = BA + NBA$$

式中，TA 表示全部的经济活动；BA 表示基本经济活动；NBA 代表非基本经济活动。

2）乘数

我们要区分基本经济活动与非基本经济活动的一个原因，是基本经济活动才是城市经济增长的动力。没有基本经济活动，城市就没有收益。事实上，每个城市居民都依赖人们通过在基本经济活动部门工作所带给城市的收益。比如一个发型师，他的收入建立在人们进入理发店并且为所得服务付费的基础上。没有这些人为其带来收入，发型师就无法生存。如果理发店的主顾住在城里，比方说在紧挨着理发店的地方，这个交易就被认为是一个非基本经济活动，因为钱只是简单地在城市内部流转。但是，如果顾客是住在城外——也可能是来自另一个城市的生意人——那么，这个交易就被定义为基本经济活动，因为钱从外边被带进城市里。

主要乘数和次要乘数（primary and secondary multipliers）是基本经济活动支撑城市其他居民的一个途径。这些乘数是指在城市基本部门增加一个就业岗位后，基本经济活动对城市所有就业产生的影响。举个例子，一个位于城市内部的工厂多雇佣一个工人来增加产出

以应对需求的增长。这个乘数用第一个公式中的术语可以表示为

$$TA = m \cdot BA$$

式中，m 是乘数，表明这个增加的就业岗位将给城市经济带来多大的总体影响。如果没有乘数效应，那为城市经济系统增加 10 个工作岗位也仅仅是 10 个工作岗位而已。在这种情况下，$m=1$。然而实际上，乘数总是大于 1。这就意味着一些非基本经济活动将因为基本经济部门的劳动者带入城市的收益而增加。例如，这些新人需要住（租赁或购买）、吃（购买食品）、行（使用公共交通或购买汽车）。所有这些都需要在当地花费他们自己赚的钱。这些非基本活动在本地经济系统中流转收益，并增加就业岗位。如果工厂雇佣 100 名新工人，食品店可能就需要扩大规模，加油站也会增加。因此，一个基本经济活动部门新增就业岗位的所有影响是大于这个就业岗位本身的。

3）循环累积因果论

我们需要了解乘数的一个原因，是它在循环累积因果论（Circular and Cumulative Causation）中扮演着重要角色。在这个理论中，主要乘数描述了一项基本经济活动与当地其他工商企业之间的直接经济联系。后向联系是一个公司与为其提供生产原料和服务（例如原材料或机器维修）的其他公司之间的联系。前向联系则是一个公司把自身生产的商品和服务销售给其他公司。当前向和/或后向联系是在城市经济系统内部的公司之间发生时，它们使增长效应倍增——所有的上游和下游公司都将获利。这样，主要乘数使城市内的就业增加就取决于同一城市两个不同公司之间的直接关系。

次要乘数更像我们之前的那个例子，通过花费工人在基本活动部门工作所赚的钱，使钱在当地城市经济中流转，支撑非基本经济活动部门就业岗位。比如，一个基本经济活动部门工人在本地购买日常用品花费的 100 美元中，一部分将被用于支付生产经理的工资，生产经理反过来又花费自己的一部分工资在快餐上，而这又将为支付汉堡店员工的薪水作出贡献，等等。最后，如果足够多的基本经济活动部门的工人（以及被基本经济活动部门支撑的非基本经济活动部门工人）能够在城市生存，那么新的商品和服务就将被提供或生产。以汽车代理商为例。很多美国的小城市有福特或雪佛兰汽车的经销商，他们以相对低的价格销售普通的国产汽车。然而，并不是每一个城市都有雷克萨斯和奥迪汽车的经销商。对于以这些功能更多、价格更高的汽车为销售对象的经销商来说，更多的人口是一个必要条件。另一个类似的例子是医疗服务。所有城市都有医生，但只有较大的城市才有神经外科医生。总之，需要一个具有足够消费能力的人口阈值来支撑某些更高级别的经济活动。

当我们把主要乘数和次要乘数放在一起，我们就能够对循环累积因果论有一个基本的认识：经济活动给当地城市带来收入和工作，促进城市发展。城市的发展带来更多的收入和工作，从而推动城市进一步发展。经济增长的过程是循环和累积，它一直运转，自我供给。当然，在现在看来你会认为这种描述有点过于乐观。你是对的！较小地方的经济尤其脆弱。如果当地的一个工厂倒闭或者由于产品不好而不得不减产，这个过程将会逆向运行。食品杂货店可能会辞退员工，加油站也会被迫关闭，最终人们可能也会离开这个城市。曾有观点认为，当城市增长到足够大的规模（25 万人）时，城市将对这个反向循环过

程免疫，至少就人口而言是这样的。因为人口足够多，当地城市经济会是稳健的，并能够抵挡衰退。然而，大城市还是会出现人口流失，而且这种现象已经存在，特别是在中西部的那些老工业区，如布法罗、芝加哥、克利夫兰、底特律以及许多其他城市。

综上我们认为，从根本上讲，生产应该被定义为基本经济活动，即通过出口产品或服务为当地经济带来收益的活动。随着工业资本主义的产生和发展，制造业被认为是一种基本经济活动。工厂带来了新的在基本经济活动部门的就业者，这些人又支撑当地消费导向型服务部门的员工。服务业则一直被认为是非基本经济活动。

然而，就像我们在第 3 章的讨论，经济已经从 20 世纪 70 年代起发生了彻底的变化。尽管制造业仍能产生大部分的国民生产总值，但它雇佣的人数仅占全部劳动力的很小一部分。在生产过程中用机器来代替人，制造业雇佣的工人比过去要少得多。从某种意义上来说，这个代表了生产率的提高，也就是说用更少的工人来生产更多的产品。然而，从另一种意义上讲，这种变化为我们提出了一个难题：如果制造业不再提供支撑当地整个城市经济的就业岗位，那谁来提供呢？

一个答案是服务业。这并不是指我们目前为止所讨论的服务业，而是高级服务业。例如，食品杂货店并不是一项基本的经济活动，因为它不能把收益从城市外部带入城市（除非它规模非常大，或能为外地旅游者提供特色商品），它更主要的是对当地城市经济内部已存在收益的流通。而正如我们所见，全球经济正日渐依赖高端服务业来协调广泛的活动。因此，不是工厂的工人，而是律师、会计师、投资机构在扮演着从城市外吸引消费者的角色。在某种意义上，与高端服务业就业者相关的乘数大于与工厂工人相关的乘数，因为这些服务业从业人员在当地赚的钱和花的钱都更多。于是，从以制造业为主的城市转变为以高端服务业为主的城市会产生更大的乘数效应。例如，遭受过失去制造业就业岗位巨大打击的克利夫兰，在新型高端服务业部门日渐腾飞时恢复了经济实力。目前，次要乘数效应正为许多方面带来繁荣，虽然并非所有方面。

5.1.2　集聚

集聚经济是城市地理学和经济地理学中的经典概念。这一概念形成于阿尔弗雷德·韦伯（Alfred Weber）的工业区位论。集聚分布对城市内部和不同城市之间的制造业布局都有好处，对近期的服务业也是如此。

集聚是指活动成群或集中布局，经济则是节约的同义词。换句话说，集聚经济反映了通过活动的集中——我们的例子中是制造业，能够获得成本节约。集聚的结果可能是工业区或产业园。

集聚经济可以分成两类：地方化经济（localization economies）和城市化经济（urbanization economies）。前者是指相同种类的制造业集中时产生节约，典型的例子如匹兹堡的钢铁产业、底特律的汽车制造业和芝加哥的牛屠宰（肉类包装）业。

城市化经济则是在城市内不同种类的经济活动集聚时产生节约。这种集聚的好处是可以共享城市基础设施，如高速公路、给排水系统乃至熟练劳动力。城市化经济对于理解工业在城市集聚极其重要，并且有助于解释美国城市演变过程中工业化的概念。

　　因此，集聚经济反映了生产单位产品平均成本的减少。就城市化经济来说，成本的减少源于城市基础设施的分享；如果一个同样的公司布局在偏远的农村地区，那这个公司不得不自己给自己提供基础设施，显然成本要高得多。

　　20 世纪早期和中期，在城市大规模转型为高端服务型经济之前，美国主要的制造业中心，如纽约、芝加哥、底特律、克利夫兰、匹兹堡、布法罗、密尔沃基是主要世界城市。

5.2 城市间的工业生产和区位

　　在这一节，我们简述两个与城市发展有关的工业生产和区位的概念模型：增长极模型和斯坦贝模型。我们重点讲述城市体系内制造业的区位及其演变过程。

5.2.1 增长极模型

　　增长极模型(The Growth Pole Model)是描述城市体系中工业区位随时间变化的一种模型。模型可以应用在国家尺度(如美国或加拿大)、区域尺度(如美国西部)或州尺度(如亚拉巴马州或密歇根州)。增长极模式的核心内容是：工业活动的区位和生产率在地理空间上本来就是非均质的，一般会有一个重要中心和许多小中心。重要中心将成为增长极，它将具有一个远高于其他地方的工业生产率，并经历最快速的人口增长。例如美国西部的洛杉矶，加拿大太平洋西南部的温哥华，密歇根州的底特律和亚拉巴马州的伯明翰就是这样的增长极。主要增长中心外围的其他地区是边缘带，包括增长缓慢的城市地区与不在都市区的农村地区。新的工厂和扩张的工业企业都将被吸引到重要的或增长的城市中心，从而进一步导致这些中心人口增长和经济繁荣。

　　同时，边缘带的制造业企业通过购买商品、服务以及作为城市中心生产产品的销售中心，可能与增长中心的企业建立联系。这种区域增长中心或增长极与边缘区之间的联系被称为"涓滴"(trickle-down)过程。这是区域城市工业增长中的积极因素。

　　消极因素是极化过程，或非均衡增长的有害影响。边缘带的小型制造企业往往无法与增长中心的企业竞争。一般而言，最大城市中心的制造企业是最高效的，同时也是更低成本和更高科技导向的。而且，工人被增长中心的高工资所吸引，从边缘带迁至主要增长中心，导致落后地区的熟练工流失。此外，资本投资更可能投向那些大的、利润更高的城市中心，这使得小的外围城市中心资金被虹吸，从而进一步阻碍这些地区的发展。因此，极化意味着主要城市中心和外围中心之间巨大并长期存在的鸿沟，通常比涓滴效应更强大。

5.2.2 斯坦贝模型

　　增长极模型是一个概念或理论模型，而斯坦贝模型(The Stanback Model)更多是基于实证观察和数据。托马斯·斯坦贝(Thomas Stanback)撰写了几本著作，书中考察了美国城市经济从工业生产型向服务型的转变。斯坦贝模型可以描述为制造业彻底衰退，尤其是在过去 1/4 世纪里制造业就业岗位大量减少，与之对应的是商业、服务业和非营利部门的工作激增(图 5.2)。

图 5.2　底特律帕卡德汽车工厂：1903 年开业，1958 年倒闭

斯坦贝模型有两个基本论点。首先，工业生产高度专业化的都市区在适应新的服务经济方面经历了更缓慢、更艰难的调整。一些都市区，如布法罗和克利夫兰的制造业就业岗位急剧减少，使它们更难发展以服务业为主的经济。相比之下，从未成为重要制造业中心的都市区，如亚特兰大和凤凰城，迅速在新的城市服务型经济中成为领导者，并且经历了显著的人口增长过程。

其次，大型公司需要各种各样的高端服务或生产性服务，包括金融和法律服务、广告、会计、审计、市场营销、保险以及中央行政服务（总部）。一个公司总部聚集的都市区可以因此创造对这些服务的需求，这些服务既可以来自都市区内，也可以来自周边的其他大都市。

斯坦贝将这些转变称为结构性变化，意思是这些变化是永久性的，而不是转瞬即逝或暂时的。（拿一张薄纸，把它从中间折下去。无论你怎样努力尝试着让它光滑，折痕都不能消除。那么你已经创造了一个结构性变化。）过去 45~50 年发生的这些结构性变化不仅没有逆转，而且在新的信息时代正在加速。通过总结斯坦贝模型，我们解释并更新了一个由美国国家研究委员会发表的声明，这是 30 多年前被普遍关心的问题：

过去 1/4 世纪里，在国家及国际经济中强大和根深蒂固的结构性变化已经改变了城市以及它们所承担的城市功能。由于企业总部和生产性服务业集中的城市地区与制造业活动更专业的城市中心之间日益增强的极化作用，一个新的城市体系已经出现。（Hanson，1983，p. 1）

美国都市经济系统中制造业部门提供的工作岗位大幅下降,对都市区有重要的影响。就这一点而言,斯坦贝(2002)提出5个重要观察结果:

(1)作为创造就业的来源,服务业越来越重要;

(2)都市区的经济相比其他地区具有统治地位;

(3)都市区在制造业、金融业、健康服务和度假设施等方面的专业化,因人口规模被破坏;

(4)不同都市区的就业、利润和收入增长模式存在广泛差异;

(5)在都市区,作为总需求来源的非劳动所得(non-earned income)日益重要。

除服务业就业显著增长和制造业就业大幅下降之外,都市区就业人口占比远高于非都市区。在超过25万人的都市区,就业的人口占全部都市区就业人口的90%,而200万及以上人口的都市区占据了全部都市区40%的就业岗位。拥有知名度假胜地和养老配套的大城市是发展最快的中心,而以制造业为主的大城市发展最慢。比如,快速发展的中心有北卡罗来纳州的夏洛特,与之相反,发展缓慢的典型有俄亥俄州的扬斯顿。位于制造工业带核心的扬斯顿,已经失去了(大量的)制造业就业岗位,又没有成功吸引到高端服务行业的投资。相比之下,在美国排名仅次于纽约的金融中心夏洛特,有足够魅力吸引各种各样的高端服务业就业岗位。总的来说,制造业不再是就业岗位的创造者,而包括非劳动所得部门在内的其他部门才是。非劳动所得,包括股息、利息、租金和转移支付(社会保障、医疗保险、医疗补助和福利)等,间接创造了对劳动力以及新就业岗位的需求。

表5.1说明了在1960—2010年期间,美国不同产业的就业岗位占比变化。在此期间制造业就业在非农就业人口中的比例大幅减少,从1960年的31%下降到2000年的13%,再降到2010年的不足9%。服务业(包括商业、教育和卫生服务)占比增长最快,从1960年的13%上升到2000年的28%,再到2010年的32%。联邦政府就业岗位比例的减少和地方政府就业岗位比例的增加也是值得注意的变化。零售业就业岗位在这个时期亦有所增长。图5.3以柱状图的形式显示了在过去50年里各个产业部门劳动力比例的这种巨变。

表5.1 过去50年里各产业部门劳动力比例变化

工业部门	1960年	2000年	2010年	股份变动:1960—2010年	股份变动:2000—2010年
采掘业	1.31	0.39	0.50	−0.81	0.11
建筑业	5.32	5.12	4.24	−1.08	−0.89
制造业	30.97	13.04	8.84	−22.13	−4.20
TCU[a]	7.38	6.53	5.71	−1.67	−0.82
批发业	5.54	4.48	4.18	−1.36	−0.30
零售业	15.46	20.50	21.03	5.57	0.54
FIRE[b]	4.92	5.81	5.84	0.93	0.04

续表

工业部门	1960 年	2000 年	2010 年	股份变动：1960—2010 年	股份变动：2000—2010 年
服务业	13.69	28.44	32.42	18.73	3.98
联邦政府	4.19	2.16	2.28	−1.91	0.11
州和地方政策	11.21	13.54	14.96	3.75	1.42

来源：美国劳工统计局数据。a. 交通、通信（信息）和公用事业；b. 金融、保险和房地产。

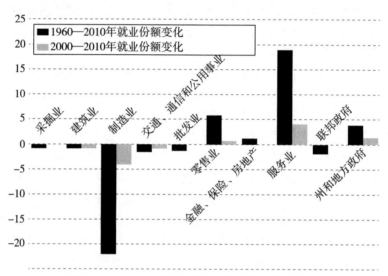

图 5.3　过去 50 年里各产业部门劳动力比例变化
（来源：根据美国劳工统计局的数据整理）

1）制造业城市与服务业城市

斯坦贝模型突出了美国大城市之间的差异。30 个美国最大都市区的公司总部被分成 7 类产业。按每类产业总部在都市区中的占比计算，30 个都市区被分成两种基本类型：制造业中心和服务业中心。表 5.2 显示了克利夫兰（制造业中心）和凤凰城（服务业中心）在这 7 类产业上的比例分布。这两个都市区之间的基本区别是：①克利夫兰（49%）相比凤凰城（18%），有更高比例的制造业工作岗位；②凤凰城（30%）相比克利夫兰（17%），有更高比例的服务业工作岗位。这两个都市区之间在建筑业、批发、金融、保险、房地产等行业也存在一定差异。克利夫兰和凤凰城之间比例对比的意义是以服务业为基础的中心——凤凰城，平稳过渡到新的高端服务业经济，并且人口快速增长。相比之下，以制造业为主的中心——克利夫兰，自 1970 年以来失去了许多制造业工作，在向新的高端服务业艰难过渡，市区人口缓慢增长。实际上自 1970 年以来，克利夫兰的城市人口在逐渐流失。

表 5.2   克利夫兰和凤凰城 7 类产业公司总部比例(%)

经济部门	克利夫兰	凤凰城
制造业	49.4	17.8
服务业	17.1	29.7
FIRE[a]	5.7	12.6
建筑业	4.5	10.2
批发贸易	11.4	17.8
TCU[b]	3.3	3.4
零售业	8.6	8.5
总计	100.0	100.0

注：a. 金融、保险和房地产；b. 交通、通信和公用事业。

图 5.4 显示了 1986 年美国制造业城市和服务业城市的区域分布。除俄亥俄州的首府哥伦布、印第安纳州的首府印第安纳波利斯之外，美国中西部几乎所有的都市区都重视制造业。同样，除了华盛顿和波士顿之外，美国东海岸其他城市也以制造业为主。在加利福尼亚州，只有圣地亚哥以服务业为主。在得克萨斯州，所有的内陆城市(达拉斯-沃斯堡、休斯敦、圣安东尼奥)都被认为是制造业中心。相比之下，在美国的阳光地带(尤其是南部地区)，只有坦帕(Tampa)被划分为制造业中心。

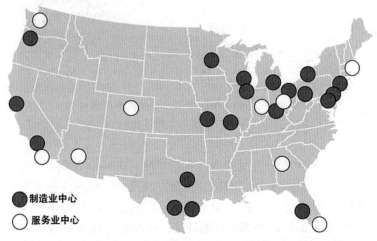

●制造业中心
○服务业中心

图 5.4   按制造业中心和服务业中心划分的美国 30 个最大都市区
(James O. Wheeler，1986 年修改)

2)近期美国制造业的变化

美国近几十年来制造业就业岗位一直在流失，21 世纪前 10 年的全球经济危机时期尤其如此，尽管媒体强调这是独特的时代现象。"位于威斯康星州奥什科什市的一个制造工厂，已经倒闭，120 名工人失业！"诸如此类的报道频繁出现。从 1994 年到 2002 年，美国失去了超过 370 万个制造业工作岗位，即从 1810 万个岗位下降到 1440 万个，下降幅度超过 20%。在同一时期，制造业岗位占美国所有就业岗位的比例从 18.7% 变为 12.8%，下降了约 6%。在此期间，失去就业岗位最多的是亚拉巴马、密西西比、北卡罗来纳、南卡罗来纳等南部各州，以及密歇根（汽车工业）、特拉华和罗得岛（Bowen，2006）。

美国制造业的失业现象因产业类型和地区而异。例如，钢铁工业和汽车制造业就业岗位的减少极大地影响了中西部地区和一些其他城市。在南方，受冲击最严重的则是纺织品和服装行业。至于南方的汽车工业，则在很大程度上要感谢外国制造商，正是他们使得地区就业岗位增长，在一定程度上抵消了其他就业岗位的减少。

但是，几乎总被遗忘的一个事实是美国制造业的生产率正在提升。图 5.5 表明美国制造业的生产率（衡量单位小时劳动力的制造业产出）自 1950 年以来稳步提高，并且自 1990 年开始保持越来越快的增长速度。生产率在 1990—2000 年期间增长了 53%，2010 年又比 2000 年增长了 72%。事实上，在制造业就业萎缩的同时，制造业产出仍在绝对和相对两个层面继续上升。

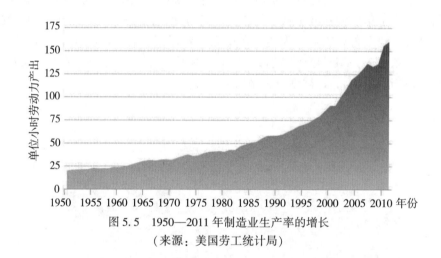

图 5.5　1950—2011 年制造业生产率的增长
（来源：美国劳工统计局）

制造业就业岗位的减少在全美范围内具有差异性。Bowen（2006）用贸易所致就业岗位减少的数据，研究了制造业就业岗位的减少。他发现就业岗位减少主要发生在低收入和低教育程度就业者相关的行业。此外，受北美自由贸易协定（North American Free Trade Agreement，NAFTA）最负面影响的那些贫困地区，往往也是在吸引替代产业上竞争力最弱的地区。受北美自由贸易协定负面影响最大的州是南部的亚拉巴马州、密西西比州、北卡罗来纳州和田纳西州。西北部的俄勒冈州和华盛顿州，以及东北部的缅因州都遭受了贸易协定引发的失业。尽管美国制造业存在严重问题，但同时也在不断改进，比如近期的高科技变革、灵活生产（专题 5.1）和准时制生产方式（专题 5.2）。

◎ **专题 5.1**

灵 活 生 产

亨利・福特(Henry Ford)通过 A 型车和 T 型车的生产,开发出高效、大规模的制造业生产模式。这种大规模生产完全相同汽车的体系使得规模经济效应更大,节约了单位生产成本。这个体系后来被称为福特主义,是三代或四代占统治地位的技术体系。福特主义后来逐渐从美国传播到加拿大、西欧和日本。福特主义依赖大众市场来消费制造工厂日益增多的大型、高效的产品。大约在 1980 年后,由于批量生产商品的全球生产能力超过了对这些商品的消费能力,又产生了后福特主义这一新技术体系。

这个新体系以灵活生产而闻名,它依赖先进的计算机软件和高质量的通信技术。大型的垂直管理型企业和劳动关系从大规模生产转变到灵活生产体系,这一体系通过可编程工具和机器人在同样的流水线上生产有差异的产品。在福特主义生产体系中,批发商或零售商在某种程度上被迫购买制造商生产的产品,而现在灵活生产允许零售商,特别是像沃尔玛这样的大型零售商,从制造商那里自由订购自己所需产品的种类和数目。例如,总部设在辛辛那提的克罗格食品公司,可以告诉联合利华(布雷耶冰淇淋的制造商),他们分别需要多少半磅装的法国香草、樱桃香草和巧克力口味的冰淇淋,又需要多少半加仑装的克罗格巧克力碎屑、草莓和天然香草口味的冰淇淋。然后,灵活生产体系就可应用在联合利华的生产流程中,用于生产克罗格食品公司订单。

除了依赖综合集成了设计、生产和销售的灵活生产体系,灵活就业体系也显出了效果,这在一定程度上取代了工会的工作。这个体系使得对兼职工、临时工及分包依赖的增加成为必然。此外,从大型零售商处直接得到的外部市场需求信息被持续提供给生产线,以加快期望产品直接分发生产。例如,地毯销售商可能直接与地毯厂沟通,告诉厂家他们需要多少平方英尺、希望能在两天内交付的米色地毯,还需要多少平方英尺的浅蓝色地毯。地毯厂的操作员,在工人很少但有高度灵活性(可编程)地毯机的工厂,按下一个按钮,机器马上就会产生要生产 X 平方英尺米色地毯的请求,并将生产的地毯卷起便于运输。不管大型还是小型企业都可以参与灵活生产,从而给消费者越来越广泛的选择。

Scott(1988,p. 182)指出:"现代资本主义生产体系在近几十年显然一直在远离相对刚性的福特主义,而向更灵活的生产组织形式转化。"现代灵活生产体系避开了老旧的内城,而是在郊区外围寻找厂址。在区域层面,阳光地带的都市区,因与"大型工业"和工会甚少直接关联,业已成为灵活生产的优先区位。

◎ **专题 5.2**

技术和城市地理

准时制生产方式(或称无库存生产方式)
灵活生产的一些相关操作是准时制生产方式(Just-in-Time,JIT)的实践。JIT 是一种消除库存和仓储的策略。不同于在工厂附近的仓库存储绝大部分用于生产成品的零件，以避免零件短缺而被迫关闭生产线，在 JIT 交付方式下零件只有在流水线上使用时才被及时交付，这样就节约了昂贵的仓储成本。JIT 依赖一个高效的运输系统，同类零件甚至可以在一天之内多次交付。整个过程由一系列的信号来驱动，当需要接下来的零件时就会发出这个信号。因此，当库存(零件)下降到需要重新订货的程度时，新的(零件)将会被订购。JIT 已经被证明非常节约成本。

传统意义上，制造商只生产产品，然后提供给零售商，是由制造商督促零售商(图 B5.1(a))。但在零售业巨头沃尔玛的引领下，零售商正在督促制造商按照指定交付的时间、地点生产他们专门定制的产品(图 B5.1(b))。

早在 1922 年，亨利·福特就意识到少量又够用库存的好处，但当时的交通系统(仍然依赖铁路)没有办法实现 JIT 交付："我们已经发现，购买超出立刻需要的原材料是不值得的。但拜糟糕的交通所赐，工厂不得不保持更大的库存。"

JIT 交付在汽车工业中是很常见的。丰田汽车公司是众所周知的早期 JIT 实践者，主要原因是日本土地面积不足，而如果(因零部件缺乏导致)流水线关闭又代价过高。丰田通常选择两家长期合作的零部件供应商，而不是短期基于价格竞争的供应商。其目标是与丰田的整个供应商网络保持高质量的关系。

零售推动的另一个例子是，越来越多的制造商正在按订单生产产品，而不是保持大量的成品库存。通过 JIT 系统按订单生产非常便利。

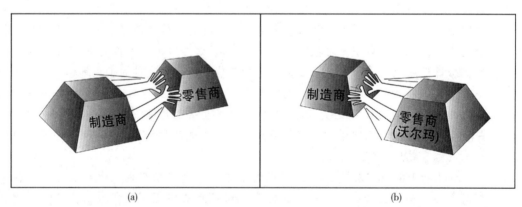

(a)　　　　　　　　　　　　　　　　(b)

图 B5.1　在传统产业体系中，制造商生产出产品，然后提供给零售商(a)。然而，在沃尔玛这类零售巨头的带领下，越来越多的零售商开始告知制造商他们所需商品的种类和数量，以及何时何地交付(b)

3)20 世纪 80 年代铁锈地带

按斯坦贝所言，制造业高度集中的城市相对于已有较强服务业的城市而言，更难向新型服务经济调整。因此，克利夫兰、布法罗、芝加哥和底特律等城市向新型服务经济的过渡非常缓慢。制造业工作岗位流失时，劳动力对于转向服务业，特别是高端生产性服务业大多缺乏准备(图5.4)。

图5.6(a)显示了1980—1987年在一部分所谓"铁锈地带"(印第安纳州、俄亥俄州和密歇根半岛)的制造业就业变化。铁锈地带(Rust Belt)是指那些有着老化的工厂,钢铁和汽车等产品产量减少以及人口减少的地区。克利夫兰失去了40000个工作岗位,密歇根湖南端的炼钢中心——印第安纳州加里市,失去了30000个工作岗位。辛辛那提、印第安纳波利斯、底特律等也出现了明显的失业。制造业就业岗位的流失几乎是该区所有都市区的特点,仅印第安纳州的南本德、俄亥俄州的哥伦布和代顿以及密歇根州的大急流城得以幸免(专题5.3)。

与20世纪80年代制造业就业岗位的流失相反,这一区域各都市区的服务业就业都增加了[图5.6(b)]。其中,制造业就业岗位严重流失的底特律和克利夫兰收获最大,它们在这一时期增加了50000个服务业岗位。

比较图5.6(a)、(b)可以发现,20世纪80年代美国中西部部分地区都市区经济的变化。幸运的是,在随后的几十年里,服务业就业的稳定增长超过了制造业就业机会的减少。因此,铁锈地带也成为了历史。

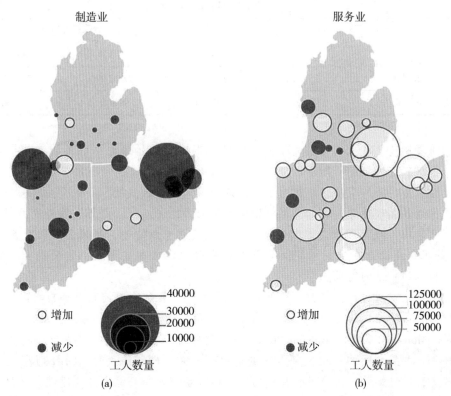

图5.6 1980—1987年铁锈地带制造业(a)和服务业(b)就业人口的变化(印第安纳、俄亥俄及密歇根下半岛)

◎ 专题 5.3

美国铁锈地带的城市重组

Wilson 和 Wouters(2003)曾致力于从两个主题来解释在 20 世纪 80 年代中期到 90 年代美国前中西部制造业铁锈地带的城市经济如何转型的。它们分别是：①在新的全球化时代，中西部城市之间的竞争加速；②在这些城市里龙头企业和增长联盟的作用。这两股力量逐渐引发铁锈地带的城市重组和服务业就业增长。收缩、关闭和搬迁的制造业工厂对城市人口和财政收入有巨大的影响。

表 B5.1 显示了克利夫兰和圣路易斯在 1970—1990 年期间城市人口和制造业就业人口的下降。克利夫兰和圣路易斯的城市人口的下降幅度超过 30%，这两个城市的制造业就业人口总共下降了 52%，减少了超过 12 万人。这个下降过程的标志是重要制造业工厂的关闭或搬迁，如克利夫兰的美国钢铁公司和圣路易斯的克莱斯勒 1 号工厂。

表 B5.1　　　克利夫兰和圣路易斯城市人口和制造业就业人口的变化情况

（Wilson，Jarad，2003）

	克利夫兰		圣路易斯	
	1970 年	1990 年	1970 年	1990 年
城市人口	751046	505616	662236	396685
制造业就业人口	131000	59400	97600	48700

随着制造业就业人口显著下降，铁锈地带城市开始努力争取新的就业机会和投资。但仅仅是区域中心的中西部城市，不得不在全球尺度上与纽约、伦敦、东京等展开新型服务经济的竞争，这影响了它们的经济复苏。这些城市不得不去挖掘并突出自己的优点和比较优势，例如圣路易斯位于密西西比河流域，克利夫兰邻近伊利湖。在全球竞争中，城市形象是非常重要的。高端服务(如财务、法律公司以及高科技企业)的工作岗位正在不断涌现，整个美国的白领职位都在增长，这又提升了高级住宅、娱乐和餐馆的需求。

龙头企业通过由建筑商、房地产商、开发商、媒体、政府角色如市长以及占统治地位的公司等组成的增长联盟而开始崭露头角。例如，在圣路易斯，Anheuser-Busch 公司、Monsanto 公司和 Ralston Purina 公司发挥着突出的作用。龙头企业参与公共福利和个人利益之间的协调，努力促进市中心复兴、内城绅士化、CBD 向高级服务业的转变，促进娱乐、博物馆、文化场所、体育场馆和体育综合体的建设，以及滨水区的发展。目的是营造一个良好的自然、商业和社会环境，以吸引投资和创造就业机会。

主题①的结论是新的全球化经济，加速了中西部铁锈地带城市之间的竞争；主题

②的结论则是城市增长联盟中富有革新精神的龙头企业家，使前铁锈地带的城市奠定了更为坚实的经济基础，并逐渐以现代服务业为目标展开重建。

5.2.3　高技术和创意经济的崛起

人力资源或人才高度集中在美国一些主要的都市区。"人才与高科技工业选址密切相关，人才与高科技产业单独或共同作用会产生更高的地区收入"（Florida，2002，p.174）。一些都市区对人才，特别是那些受过高等教育且有潜在流动意愿的人们具有足够的吸引力。都市区吸引人才的能力与它们的设施或生活质量，以及更高工资紧密关联。市场力（经济因素）和非市场力（生活质量）都在发挥作用。Richard Florida（2005，p.54）提出了一个用每百万城市人口中软件工作者数量的指数（表5.3）来测度人才的方法。中心城市高端服务业龙头企业数量的排序与此类似，圣何塞（硅谷）和华盛顿特区领跑这个榜单。

表5.3　　　　　每百万城市人口中软件工作者数量（**Richard Florida，2005**）

排名	都市区	每百万人口中软件工作者人数
1	加利福尼亚洲，圣何塞	24348
2	华盛顿特区	22562
3	加利福尼亚州，旧金山	17633
4	马萨诸塞州，波士顿	16871
5	佐治亚州，亚特兰大	11633
6	得克萨斯州，达拉斯-沃斯堡	11345
7	科罗拉多州，丹佛市	11258
8	加利福尼亚州，奥克兰	9700
9	明尼苏达州，明尼阿波利斯	9408
10	北卡罗来纳州，罗利达勒姆	9309
11	得克萨斯州，奥斯汀	9157
12	华盛顿州，西雅图	8366

图5.7显示了美国50个都市区每千人口中专业技术人员的数量。8个都市区最为突出，它们是亚特兰大、奥斯汀、丹佛、明尼苏达州、保罗、里士满、旧金山和华盛顿。美国第二大都市区——洛杉矶，在人均专业技术人员数量上排在第50位，这主要是由于它存在大量低技能的拉丁裔人口。美国受教育程度最高的都市区是华盛顿特区，在1990年约42%的人口具有学士及以上学位。具有学士及以上学位人数比例超过30%的其他5个都市区是：亚特兰大、奥斯汀、波士顿、旧金山和西雅图。拉斯维加斯只有14%的人口具有学士及以上学位，排名第50位。人才与高科技产业的选址密切相关，而高科技产业

又导致了地区人口增长以及城市和区域收入的提高。

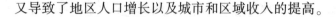
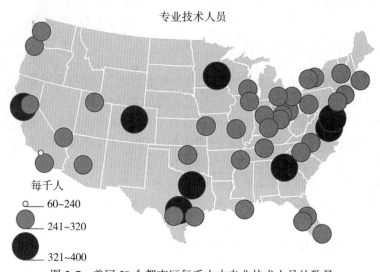

图 5.7　美国 50 个都市区每千人中专业技术人员的数量

　　许多学者和政策制定者致力于吸引创意产业，如尖端工程、软件和游戏开发，以及移动技术等。如果这些产业选址在一个创新创意能够成功的城市，那么这个城市的经济将会繁荣。创新可以在开发和生产商品、服务的各个环节，甚至可以在产品本身。专利是衡量创新的一种方式。专利活动的传统地理核心是在美国东北部和中西部的都市区，这反映了传统制造业地带的实力。Johnson 和 Brown（2004）发现在 1970—2000 年，专利授权出现地区"反转"。美国西北部（微软）和加利福尼亚州（许多计算机类公司）的实力使其成为了创新的温床。东北部地区在过去 10 年里取得了强劲的复兴，现在正与西海岸展开竞争。在图 5.8 中，东西（双）海岸模式非常明显。如图所示，专利申请主要集中在西海岸（尤其是旧金山湾地区），以及东北部地区（纽约再次成为了创新的主要中心）；可以看到传统的台式机和笔记本电脑生产正在衰落，而移动和互联网技术已然兴起。当对风险投资活动可视化时，我们会发现一个非常类似的模式（图 5.9）。

　　Richard Florida（2013）进一步补充了这些观点，认为当今城市经济的增长取决于城市在全球化的世界中快速创新的能力。他主张，虽然创意产业是保持城市经济增长的重要方面，但真正重要的是创意工作者的集聚，不管他们是在哪个产业。他指出，创意工作者越来越想生活和工作在那些有吸引力、人口稠密并能提供高质量生活的城市。他认为，城市可以通过促进艺术发展和鼓励一个宽容的社会，尤其是对男、女同性恋者的宽容，而去吸引创意工作者。Florida（2013）认为，通过强调所有产业中创意职业的发展，任何类型的城市都可以提高竞争力。Florida 论点的批评者指出，有一些对创意工作者定居有吸引力的城市，却没有一个蓬勃发展的经济。他们担心 Florida 的思想会导致在最终难以达到理想结果的"生活方式"项目上浪费公共支出。

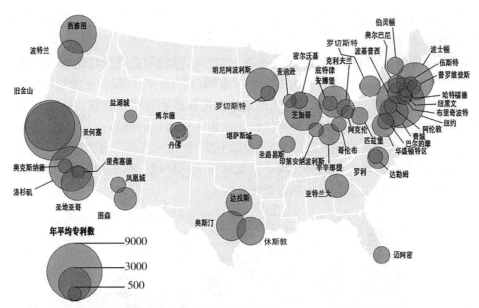

图 5.8 2006—2011 年都市区专利活动情况(来源:根据 http://www.brookings.edu/research/interactives/2013/metropatenting 上的数据整理)

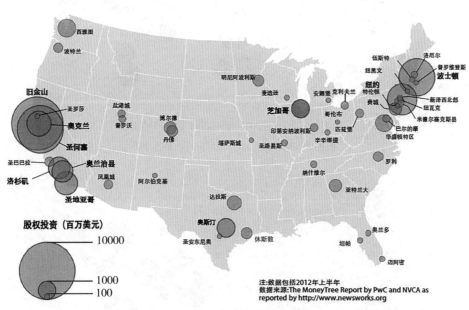

图 5.9 2011 年风险投资活动情况

(来源:根据 http://www.newsworks.org 上由普华永道发布的全球风险投资报告整理)

    21 世纪前 10 年后期开始的大衰退究竟会如何改变城市体系?现在还不得而知。然而,可以确定的是制造业再次遭受了重大挫折。当制造业就业岗位占比在 1960—2000 年之间出现明显下降时(从 31% 到 13%),制造业岗位的总数却从 1680 万增加到 1720 万。

但是，从 2000 年到 2010 年，制造业岗位的占比不仅又下降了 4%，与此同时，岗位总数也下降了 33%（降至 1150 万）。从近期来看，微弱的复苏集中在不同都市区的高薪和低薪工作。图 5.10 表明，高薪就业增长主要在美国东岸，纽约附近及其以南地区，尤其在华盛顿特区和旧金山地区最为强劲。美国三大都市区（纽约、洛杉矶、芝加哥）的高薪工作只是在温和地增长。图 5.11 显示低薪工作总体上比高薪职位增长得快，这反映了日益突出的收入和财富不平等问题。高薪工作增长和低薪工作增长的地理空间模式也非常不同，低薪工作增长最强劲的都市区是圣路易斯和加利福尼亚的河滨市。有很多二、三线都市区也表现出低薪工作强劲增长的态势，包括俄亥俄州的哥伦布、路易斯安那州的新奥尔良、佛罗里达州的奥兰多以及纽约州的罗切斯特。

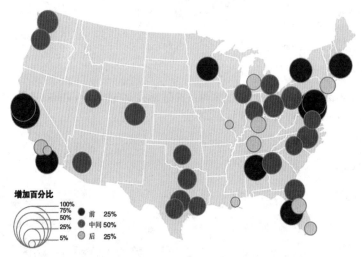

图 5.10 2009—2013 年间高薪工作的增长
（根据 Florida Richard，2013b 的数据整理）

图 5.11 2009—2013 年间低薪工作的增长（根据 Florida Richard，2013a 的数据整理）

5.3　城市内部的工业生产和区位

本节，我们将关注重点转向剖析城市内部制造业和其他经济活动的产业区位。我们在其他章节已经描述了制造业和基于服务业的经济活动的分散化。这里，我们介绍两个用于认识制造业在城市和都市区内的区位和生产变化的概念模型：Wheeler-Park 模型和产品生命周期模型。鉴于这两个模型只是识别与都市区制造业区位变化相关的主要结构性力量的通用模型，Walker 和 Lewis(2005)又着重研究了引起产业从中心城市向郊区扩散的 3 个关键功能性进程。第一是城市地域的工业化，这创造了吸引劳动力和新技术的新地方，导致了郊区工业区的出现。第二是房地产投资，在郊区边缘带来的好处是产业集聚、住宅发展和高速公路改善。第三是在商界和政界领袖引领下的政治进程的作用。由此，Walker 和 Lewis 阐明了支撑 Wheeler-Park 模型和产品生命周期的这些进程。

5.3.1　Wheeler-Park 模型

Wheeler-Park 模型描绘了大约从 1850 年开始都市区制造业区位的基本变化，它尤其关注中心城市和郊区之间的差异性和相似性(图 5.12)。Wheeler-Park 模型包括 5 个阶段，注意图上的黑色和灰色曲线虽然遵循着类似的趋势，但代表不同的时期。纵轴是用就业人数或生产率(单位时间生产的产品数量或价值)来衡量的中心城市和郊区制造业数量或强度，横轴为时间。

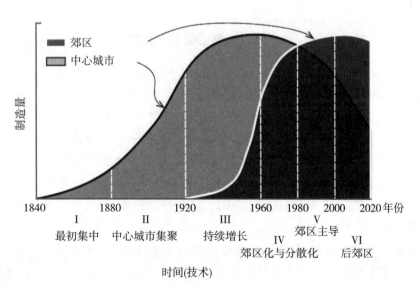

图 5.12　理想化的都市区制造业区位变化，Wheeler-Park 模型的 5 个阶段

(据 Wheeler，Sam Ock，1981 年修改)

图 5.12 中，黑色曲线显示了中心城市制造业的发展趋势。回顾第 1 章，一个中心城市是指(美国能自己选举政府的)自治市或是城市边界范围内的封闭区域，都市区则包括中心城市和郊区，而郊区通常比中心城市占据更大的地理空间范围。模型始于最初的集中阶段，制造业首先布局在 CBD 或其周围。制造商之所以青睐市中心的位置，因为它是铁路线和商业活动的汇聚之地，也接近劳动力市场。制造业首次集中的时间范围约是1850—1880 年。这一时期，很多城市更多倾向于商业活动而不是工业活动。

第二阶段为中心城市集聚(1880—1920 年)，相当于铁路的鼎盛时期以及东海岸和中西部的某些大城市发展成为著名制造中心的时期。东海岸的大城市(如纽约、费城、巴尔的摩和波士顿)有大西洋港口之利，并且大多数中西部工业中心有港口连通五大湖(如底特律、芝加哥和克利夫兰)或与密西西比河和俄亥俄河河运系统相连(如圣路易斯、明尼阿波利斯和辛辛那提)。产业集聚不仅发生在 CBD 周围，而且早在郊区出现之前即沿着铁路线由 CBD 溢出，但仍在中心城市范围内发展。

第三阶段被称为持续增长阶段。从某种意义上来说，它是第二阶段的延续(图 5.12)。值得注意的是，这一阶段并非从最初郊区出现的制造业发展而来的。在从 1920 年前后到1960 年的第三阶段期间，中心城市的制造业集聚达到顶峰。货运卡车越来越多地替代铁路，位于美国内陆的工业中心(如印第安纳波利斯、伯明翰和达拉斯)刚刚开始出现(专题5.4)。要强调的是，这一阶段中心城市区位在制造业活动中占据优势，见图 5.12 中最淡阴影部分。

◎ 专题 5.4

通过体育场馆复兴城市

绝大多数的大城市转向通过发展体育设施来恢复市中心的活力。正如 Austrian 和Rosentraub(2002，p.550)所指出的："巴尔的摩、布法罗、克利夫兰、达拉斯、底特律、洛杉矶、代顿和俄克拉何马城……(都在)用体育作为(市中心)重建之锚。"这种建设热潮始于 20 世纪 80 年代末，自 90 年代开始加速，至今仍方兴未艾。这种扩张"可以归因于联盟的扩张、特许经营权的迁移、已有特许经营权对新设施的现实或潜在需求(Newsome，Comer，2000，p.105)。因此，"城市竞争的并不是汽车工厂，而是体育队伍"(Turner，Rosentraub，2002，p.489)。此外，"大公司发现可以通过购买大型露天体育场和棒球场的冠名权而搭上市中心体育设施热潮的顺风车"(Turner，Rosentraub，2002，p.489)。丹佛的库尔斯运动场就是一个例子。表 B5.2 显示了1997 年大型露天体育场、体育馆和冰球馆在城市内的区位。总的来说，50%以上位于市中心的综合体育场馆用于进行国家橄榄球联盟(NFL)、美国职业棒球大联盟(MLB)、全国篮球协会(NBA)和国家冰球联盟(NHL)比赛。

表 B5.2　　1997 年城市内运动场的区位(Newsome, Comer, 2000, p.113)

区位	NFL	MLB	NBA	NHL	总计	占总数的百分比(%)
市中心	14	9	18	17	58	51.3
中心城市	4	12	6	4	26	23.0
郊区	12	7	5	5	29	25.8
总计	30	28	29	26	113	100.0

在第四阶段，即郊区化-分散化阶段，制造业在广阔的郊区快速发展，而在拥挤的中心城市则开始衰退。1960—1980 年间的郊区增长和扩展，与 1880—1920 年间铁路运输占统治地位时期的中心城市扩张十分相似。一些中心城市的工厂被关闭，并在郊区重建，不过大多数的郊区工厂是刚刚开始运转的新工厂。这些企业依靠货运卡车供应原材料，并运走制成品。在这一阶段的大部分时间里，制造业区位仍然集中在中心城市，但是图 5.12 中最暗的阴影部分表明郊区正在迅速赶上。

Wheeler-Park 模型的第五阶段被称为郊区主导阶段。这一阶段的特点是中心城市的制造业以更快的速度衰落，郊区占据了优势，这从图 5.12 中等暗度阴影部分可以看出。高新技术制造业已成为这个阶段的常态产业。对它们来说，即使离开中心城市，还是可以在郊区获得熟练的劳动力(见第 4 章)。在许多国家，相比于通常更受空间限制的中心城市，郊区往往拥有大片的廉价土地。从 20 世纪 80 年代开始的这种郊区主导，进入新千年后仍未减弱，尽管有些城市规划专家认为我们可能会进入一个后郊区时代。Florida(2013a)认为经济创新正在远离郊区，即使是那些作为新经济增长极而长期保持尊崇地位的地方，如旧金山和圣何塞之间地处郊区的硅谷也不例外。旧金山地区的风险投资活动与硅谷更南部分形成了强烈的竞争。他还认为，一些人口极度密集的城市地区，如纽约布鲁克林，也是创新和创意活动的中心，而过去几十年，郊区高科技产业飞地则为了避免失败而必须适应新形势。

5.3.2　产品生命周期模型

理解城市内部制造业区位的第二个途径是产品生命周期模型(The Product Life-Cycle Model)。这个周期共包括 4 个阶段，每一个阶段都与不同类型的都市区位或非都市区位相关联。4 个阶段分别是：引入，成长，成熟和衰退。基于产品有固有生命周期的思想，每个阶段通过成本、收入和利润的不同组合进行描述。图 5.13 显示了这 4 个阶段，再加上一个可能早于、也可能不早于产品引入阶段的产品开发阶段。图 5.14 显示了在 3 个主要阶段中不同类型生产成本的相对重要性，进而导致了制造企业的不同区位偏好。

在引入阶段，一个新的产品正在被开发和改进。引入阶段也是最危险的阶段，因为许多新产品并不能成功地维持盈利。在此阶段最重要的成本包括：①产品开发、发展及更新换代中的研究和工程费用；②城市化经济。城市化经济代表城市区位带来的成本节约，这源于城市能提供许多基础设施便利，包括公路和铁路、供水和污水处理、接近劳动力市场、能提供必要的零售和其他服务，以及邻近商业服务等。在这个阶段需要的资金相对较少，因为只需常规的管理，也不需要非技术性的劳动力。企业在这一初始风险阶段要依赖城市基础设施作为基本必需品，并把成本降至最低。毫不奇怪，在这个阶段公司更青睐城市区位。

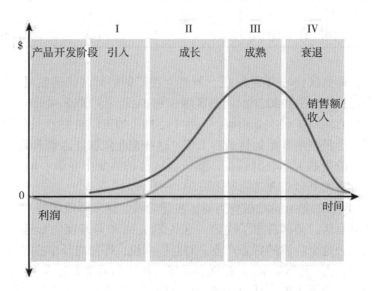

图 5.13　产品生命周期模型的不同阶段

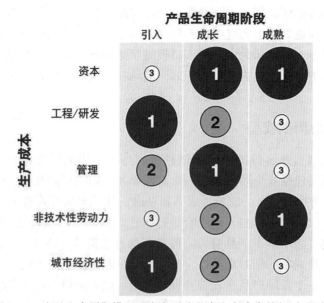

图 5.14　产品生命周期模型 3 个主要阶段中生产成本的相对重要性

第二个阶段是成长阶段。假设企业在 (产品) 引入阶段获利并取得成功，那么他们会发现成长阶段对产品的需求将更大，能获得的利润也更丰厚。在某些情况下，在第一阶段实现的创新到了成长阶段会产生超额的利润。一些企业会发现由于自己的产品而使得它们成为寡头垄断的一部分。当只有少数企业可以提供某类产品时，寡头垄断就产生了。这些企业已经超越了那些潜在的竞争对手。

在成长阶段，城市化经济变得不那么重要了，企业可以在廉价的郊区土地上寻找厂址。在这个阶段，需要新的生产设备用于增大产量，也需要更多的研究和工程工作。由于更高水平的管理和销售成为保持成功至关重要的部分，现在对于这种快速增长的管理变得更为重要，因此管理成本陡增。此外，为了提高产量还需要大大增加固定资产投资。其他必需的成本包括扩大工厂、增加空间以及运输原材料和产品的费用。一般来说，这一阶段企业会选址在都市区的周边，而不是郊区商业中心或其附近。

在第三阶段，企业开始变得成熟。这时产品已经趋于标准化，只需要少量的创新研究和改进。随着其他公司生产基本相同的产品，竞争开始加剧，不再有成长阶段的超额利润，而只能在市场均衡状态下获取正常利润。在成熟阶段，生产成本再次发生变化。虽然仍需要资金来维持每天的日常运营，但是非技术性的低薪工人对这一阶段的成功非常关键。由于产品已经实现标准化生产，因此没有特殊技能的工人也能实施生产过程。在第三阶段日常运营中，管理职能的重要性也相对缩水。对于城市区位的需求消失了，作为各生产成本相对作用变化的结果，企业也许会迁移到一个非都市区，甚至国外。例如，近几十年来，在美国南方各州农村地区设立的分厂支撑着成熟阶段的制造企业，而分厂的总部则设在纽约、芝加哥或亚特兰大等地。最近，在墨西哥和海外的分厂雇佣廉价劳动力(成本仅相当于美国劳动力的很少一部分)，对国内许多工人造成了严重的负面影响。值得注意的是，迁移到海外的企业最好是那些处于产品生命周期中成熟期或衰退期的行业，比如纺织业和服装业。

5.4 政治经济学方法

在这一章，迄今为止我们仍致力于使用传统的方式来理解城市经济组织和产业。然而，由于城市在过去二三十年里发生了巨大变化，社会科学的研究方法和途径也变化明显。在本章前面几节，我们回顾一些其他关于城市产业景观的观点。尤其是，我们在这一章讨论过的多数观点都(明确或含蓄的)始于个人以及群体以理性的态度作出经济决策这一假定。与之相反，在本节讨论的方法并不依赖这一假设。其中，一种建立在另一假设之上的方法被称为政治经济学(political economy)。这一方法在 20 世纪 70 年代发展起来，当然其产生时间可以追溯到数百年前。它尝试去理解创建了可见产业景观的更深层次的结构关系。尽管新古典主义经济学视理性经济决策为主要力量，但政治经济学对此持否定态度。

5.4.1 基本思路

用政治经济学方法研究城市地理学有几个常见的基本思路：首先，城市被嵌入一个更大的生产体系中。北美洲的城市就被嵌入资本主义经济生产体系内。在过去的几个世纪里，资本主义已经呈现出一系列不同的生产方式。这种生产方式既包括基本的经济关系，如将原材料和劳动力组合的产品生产方法，也包括使生产成为可能的广泛社会关系。首要的社会关系与所有权及对生产资料的控制有关，即工厂、机器和公司。在资本主义制度下，那些拥有（或控制）生产资料的人与劳动者之间存在一种内在的矛盾。在绝大多数情况下这种冲突被看作阶级矛盾。重要的是，这种不可避免的阶级矛盾，不时以危机的形式显现出来，有时对生产模式产生很大的影响。

其次，危机缘于阶级矛盾，有着不同的表现形式。政治经济学理论的一个重要思想是：资本家受资本积累的需求驱使，这是人类经济行为的基本驱动力。资本的积累取决于资本家从生产者身上榨取剩余价值的能力。换言之，劳动者所生产的产品的经济价值必须超过支付给劳动者的工资。这里就存在矛盾：一方面，如果支付给劳动者反映他们生产产品价值的工资，那么资本家获得的利润将会减少；另一方面，如果劳动者得到的工资不足以让他们购买生产的产品，那么这些产品的需求将会减少，资本家的利润也会降低。资本家面临的竞争压力需要保持一个较低的工资水平，但是当较低的工资成为普遍现象时，经济体系就会出现消费不足的危机。其他危机也困扰着资本主义生产，其中包括由于政府在经济事务管理中承担愈益重要的角色而产生的政府财政危机。

5.4.2　资本循环

David Harvey 是使用政治经济学方法研究城市地理学的主要支持者之一。他（1989）认为政治经济学方法对了解城市空间经济意义尤为重大。他承认一些基本的派别分类比以前讨论的更为复杂。例如，资本家之间存在差异，一些人通过制造业赚钱，而另一些人则通过参与全球金融市场赚钱，这一群体在城市中的行为、需求以及特征是不同的；同样，工人之间也存在差异，重型制造业工厂的流水线工人与设计高科技机械的计算机工程师是不同的，他们的需求和财力各异，而且以不同的方式影响城市。即便如此，影响城市地理学的最重要力量还是由资本主义本身引起的阶级矛盾。

Harvey（1989）也提出资本循环理论，详细阐述了资本主义经济制度对城市空间的影响。资本循环是最常见的投资方式。Harvey（1989）描述了三种资本循环。第一循环反映了通过工业生产获得利润这一基础经济学。工业资本家为了生产出售的商品，必须在原材料、劳动力以及生产资料（机器和工具）上投入资本。如果商品产生的交换价值（在市场上能够实现的价值）比原材料、劳动力以及生产材料的交换价值更大，那么它们就实现了超额价值，也就是利润。当工业资本家将超额价值投资用于生产更多的产品，就建立起了第一循环。当然，真正的进程比我们这里描述得更为复杂，图 5.15 阐明了其中的复杂性。单个资本家的利益和资本家群体的利益是有重要区别的。单个资本家倾向于在第一循环中过度投资导致过度积累和产能过剩。

资本的第二循环包括了用于生产所必需，但又与生产没有直接关系的投资。这是能用此理论解释城市空间经济的地方。Harvey 确认这些是辅助投资，而不是直接用于生产和消费的投资。固定资产（直接生产过程以外的投资，不包括工厂和机器）构成了用于生产的建成环境(built environment)。用类似的方式,消费性资产构成了消费性建成环境。发电设施和交通基础设施等属于建成环境中的固定资产,而住宅、学校以及人行道等则属于消费性资产。有一些城市建成环境兼具固定资产和消费性资产的功能。例如,道路和高速公路既可以用于劳动者的通勤、游玩和购物,也可以用于制造商运输原材料和制成品。

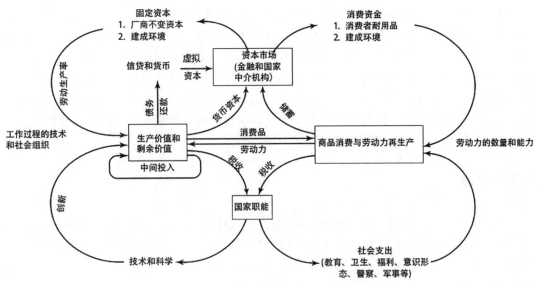

图 5.15 David Harvey 的资本循环图
(据 David Harvey,1989,p.67,图 3 修改)

尽管第二循环投资对资本主义体系来说是必要的,但是它也导致了一些问题。首先,建成环境需要大量资金投入,这让单个资本家直接投资存在困难。提供信贷的金融市场以及对金融市场监管和征税的政府部门,才是促进这些投资的重要机构。其次,由于建成环境在地理位置上固定,且使用寿命长,因此第二循环中的投资倾向于长期化。尽管建成环境最初可以促进生产和消费,但它长期存在、难以变动,且空间上不可移动。

在经济危机或者经济结构调整时,当建成环境不再对生产或消费有用,那么其中的建筑部分就可能会被遗弃或重建。在其他时候,资本第二循环中的新一轮投资会导致城市新的建成环境产生。例如,郊区化(在第 4、7 章详细讨论)已经被政治经济学家解释为避免旧城重建需付出高昂代价的一种方法。在未开发的城市边缘地带投资消费性资产(房屋、公园和人行道)和固定资产(高速公路)更为便宜和简单。由于第一循环的生产过剩和建成环境的老化,在某种程度上这些投资是必要的。因为老旧的运输体系会抑制新的生产体系,而建设新住房为解决生产过剩问题所需的新一轮消费提供了重要前提,且新住房会带来如冰箱、炉具、洗衣机等家用产品的消费。

从这一观点进一步引申,由于第二产业投资意愿在时间和空间上的变化,城市发展在本质上也是非均衡的。在城市景观上的投资主要促进了资本主义体系的发展,也就是说,主要用来提高获取利润的潜力,而不是有益于劳动者。非均衡发展(uneven development)

是指一些城市比其他城市获得多得多的投资，以及城市的一些部门比别的部门获得多得多的投资。然而，地理上的城市非均衡发展对资本主义来说并非偶然。在一些地方明显的投资不足，为未来新一轮资本主义发展提供了必要的前提条件。例如，有些人认为中心城市在 20 世纪最后二三十年的经济落后，在某种程度上为后来郊区停滞不前时的发展压力提供了出口。关于城市绅士化的一些论点（升级旧住宅区；在第 7 章讨论）反映了这一观点。

　　Harvey 也定义了资本的第三循环，该循环与直接的商品生产无关，而是涉及对资本主义体系长期健康有益的投资。一方面，为提高生产率和设计新的产品，需要在科技上进行投资。另一方面，通常以教育津贴和政府资助津贴的形式来提高劳动力质量的一些社会支出。有时，这些社会支出可以通过保障措施的形式提供给那些由于系统漏洞而没有享受到津贴的个人和家庭。对研究、开发和社会支出而言，都存在一个问题，即资本家在第一循环中过度投资及在第三循环中投资不足的个人动机。政府和越来越多的公私合伙人被要求促进这些投资。另外，在社会支出的恰当额度和分配上经常有激烈的冲突。

5.5　小结

　　本章以研究基本/非基本经济活动为起点，深入认识都市区经济。城市间的产业景观由经典的增长极模型解释，接下来又用斯坦贝模型解释了产业景观的衰落与新服务型都市经济的崛起。制造业在城市内的区位则是由 Wheeler-Park 模型，特别是由产品生命周期模型来解释。本章最后以对政治经济学方法的讨论结尾。

第6章 城市社会景观

在前面章节中，我们讨论了城市产业是如何组织的；而在这一章，我们将开始探讨作为社会景观（social landscapes）的城市。我们试图询问："是否存在一种社会群体在城市空间中的分布模式？""不同的社会群体是否会占据城市特定区域？"大多数人会意识到我们已潜移默化地接受了"社会景观"这一种概念。想想一个你很熟悉的大城市（可能即你所居住的那一座），你是否会为了寻觅或品尝特色的民族菜肴而前往城镇中的一些特定区域，如"唐人街"？是否该城镇中有些区域是你可欣赏到伴有精心维护的草坪的宽敞老房子？是否也有区域会让你在夜间独自行走时感觉到不适？那么你是否曾思考过为何这些不同的区域如此分布？而这些问题都推动了学者去理解城市社会的空间组织模式。

这一章将涉及那些尝试解释城市社会结构的基本理论。我们从一些将城市社会景观比作生态群落（ecological communities）的观点开始阐述，随后是一系列表征城市的简单尝试。随后我们也考虑一些讨论到城市组织的不同维度的更为现实的观点，并且我们将在对当代城市的观察中结束这一章。在这一章中我们将重点关注使城市中的不同居住区域走向差异化的广泛进程；在后面的章节中也将探讨更为具体的主题。

6.1 研究城市的生态学方法

在18世纪中期，肇始于英格兰并于随后一个世纪席卷整个欧洲大陆的工业化进程，催生了迅猛而巨大的城市化浪潮。工业化使欧洲的城市产生了强烈的变革，不少观察者也留意到其巨变对社会的负面影响。总体而言，多数的讨论即围绕城市中"传统的"乡村社会特性和小城镇属性而展开。不少观察者（Ferdinand Tönnies［1855—1935］和 Emile Durkheim［1858—1917］）尝试从可代表不同特定类型的地方的"理想类型（idea type）"进行探究，如大型工业区作为一种理想类型，而小型农业村庄作为另一种理想类型。回顾我们对于城乡接合部（图6.1）的讨论，也将有助于我们对这些作为一种连续的地方类型的端点进行思考。城市人与小镇居民之间所表现的社会行为差异也正是这些观察者的关注点。

6.1.1 "社区失落论"：欧洲城市观

社区是一个难以把握的概念且至今仍被广泛讨论。欧洲学者最初将城市理解为乡村社区生活（community life）的对立面。在乡村中，家庭或家族是社会的基本组织单元，社会关系也具备深入性、持续性、凝聚性以及责任性的特点——个体通过关怀和家庭的方式联结于一起。社会纽带建构在有相似的价值观和共同的礼仪与符号之上。生活群体具有社会同质性，个体间的团结也并不需考虑其与其他个体的连接方式。对于个人行为的约束在于运用家庭和邻里的准则。

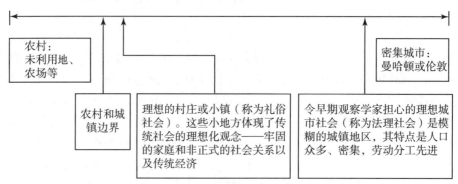

图 6.1　理想的地方类型和城乡接合部。尽管城市(如曼哈顿)和乡村地区可区分，但清晰辨别城乡连续体的边界具有一定的难度

　　反之，欧洲学者将城市社会形容为与传统社区截然不同的地域。而社会关系依托于新型经济组织所需的理性的、高效的以及契约性的责任关系。多数社会互动更趋短暂、表面，人们由机构和组织的正式纽带所联结。这时由客观而制度化的规则对个人行为进行约束。社会指令也基于劳动复杂分工下的差异性，不同职业也走向专门化。而专门化也意味着各行业的相互依存。总之，城市社会为个体的自由与选择创造了巨大的机会，但同时也伴随社会肌理的弱化。

　　其他欧洲学者（如 Georg Simmel［1858—1918］）担忧居住城市的心理冲击。他们认为移居城市会使个体由健康走向堕落和罪恶。Simmel(1903)指出城市产业的多种形式的不良影响。例如，动态密度(dynamic density)指城市相对于小城镇过高的人口密度。因为多样的人群和生活方式，城市对于个体行为的非正式社会约束会更加脆弱。更多的社会互动产生与个人不相识的人之间的交往，而且这也可能催生在小城镇中并不可接受的社会行为。而理性化(rationality/impersonality)则导致了经济关系对社会互动的影响不断增强，即人们必须基于经济理性的基础进行互动而非传统社会的深层次社会基础。强刺激(overstimulation)则反映了由城市中巨大的人口多样性所导致的心理负荷，人们艰难地处理着人群所带来的精神压力且试图远离社会以保持私密感。城市给予人们大量的刺激，而人们也因此产生心理压抑。

　　欧洲学者 Durkheim 则指出了另两种由城市生活所带来的现象——失范(anomie)和越轨(deviant)行为。失范是指由于传统非正式社会连带的淡化致使的社会隔离，且城市居民也经历着道德的混乱和失序。越轨行为则可以认为是失范的后果，反映人们更趋缺乏避免城市中无处不在的诱惑的能力。

"社区失落论"由对城市和社区持悲观态度的早期欧洲学者所发展，且对今天的研究也持续具有重要的影响。关于城市的观点则在美国走向整合。一百多年前，欧洲学者所表达的众多恐惧依旧有据可循，然而并不是所有的学者都赞同这种观点，Herbert Gans（1962），William Whyte（1988），以及 Jane Jacobs（1961）都为城市进行了坚定的辩护，并提出"社区存续"（community saved）的观点。事实上，甚至是对城市整体上持怀疑态度的 Durkheim，最终也认为城市可提供充足的社会机会而甚于带来风险。

6.1.2 芝加哥社会学派

1892 年开设了美国首个社会学系不久，芝加哥大学引进了一批学者，其中包括于 1914 年引进的 Robert Park 和 1919 年引进的 Ernest Burgess。他们都在欧洲接受学术训练且受上文所述的观点强烈影响（Burgess，1925；Robert Park，1925）。这些学者和由他们所培养的学生逐渐发展成现在被称为芝加哥学派的学术团体，其在北美社会科学学界也具有重要的影响力。他们发展了一种"客观的"和实证取向的研究方法，并对城市研究和城市地理学研究产生了显著的影响。他们强调在城市背景下直接观察社会群体的重要性。Robert Park 受到 Georg Simmel 的影响，并同一些欧洲人一样担心城市对社区和心理健康的负面影响。然而，芝加哥学派强烈支持城市具有积极的社会影响，同时也认同进步主义运动对于改革的推动。不少芝加哥学派研究关注越轨行为，尽管不少现在的学者认为此行为难以处理。然而，更重要的是他们对于城市社会是如何于空间上进行组织的概念性理解，这一观点现也称为空间或城市生态学（Spatial or Urban Ecology）。

从 1910 年至 20 世纪 30 年代早期的研究受多种历史因素影响而具有生态学研究取向，并反映了当时的城市空间结构。当然，当时城市无论是在人口还是空间规模上都要远逊于今天。它们具有单一的主导商业区，工厂则为邻近郊区的多层建筑。那时，城市才刚开始受到交通技术革新的影响。公共交通促进了城市的空间扩散，首先是用于乘载数量较少的专业人员和中产阶级居民的马车，随后大型的、经济的电力机车开始运行于道路上的铁轨之上。这些交通道路也开始改变城市形态：随着房产和零售商店沿着海星状的交通线路分布，城市开始不均衡地扩张。

在此阶段，随着工业资本主义开始快速地促进国家经济的发展，特别是在美国东北部和中西部的工业城市，城市人口也开始迅猛增长。除了第一次世界大战时期以及通过立法限制移民的 20 世纪 20 年代，工业城市已成为数百万移民前往北美寻找工作机会的目的地，不少工业城市的居民更多出生于欧洲而非美国。

还有其他的因素影响着生态理论的研究方法。首先，与欧洲学术界注重哲学导向的社会反思不同，生态理论更为强调使用科学理性的方法对人类社会（社会科学）进行研究。其次，作为对于进化论思想的回应和结合，生物科学也发展得非常迅速，其中社区生态学又是其中主要的研究领域，研究者尝试去理解特定地方或小生境中的动植物物种的数量和类型在一定时间内是如何以合理和可预测的方式变化的。

芝加哥社会学派将城市描述得如同生态社区。基本上，他们认为城市存在由各社会群体对资源进行争夺所引申的理想化和可预期的发展模式，犹如各种类植物为阳光和水分而竞争。这一研究视角的核心概念为社会距离（social distance），并认为社会群体趋向与其他群体保持尽可能较少的社会联系。甚者，社会群体会通过尽量居住于远离其他群体的地方以展现其对于他者的不喜好，即其通过创造空间距离以强化或维持社会距离。而这也自然导致了由多样的社区所构成的城市社会景观，而各特定的社区又由具有特定群体认同的共同体所塑造。

生态学的研究视角认为社区的居民会随着入侵（invasion）与演替（succession）的进程发生改变。若我们对一块荒弃的农田进行观察，田中的动植物也会随着时间以可预测的形式改变，例如草与小灌木可能会被短命和速生的树木所取代，而速生木最终又可能被相对稳定的树种群落所置换。应用于城市社区，入侵与演替被视作社区中的社会群体随时间而变迁的过程。考虑到芝加哥（或美国北方的工业城市）的历史情况，社会群体通常由其来源地所判定，并伴随移民群体的成员在一个社区内取代另一移民群体成员的状况。从社区的角度，芝加哥学者认为入侵和演替的过程是不断持续的：任何给定的社区都会随着时间被一系列的移民群体相继占据。

当从整体上观察一个城市，移民的进入往往表现得如一颗投入池塘的石子，其影响如涟漪般同心圆状地向外辐射。若我们需考察一个移民群体及其对于特定社区的占据，图6.2 则可反映出这一过程。当一批新移民群体开始进入一个城市，他们会开始寻找其所得工作附近的住房（但大部分人难以接受除了步行以外的交通方式），而在 20 世纪初期，这样的区域往往又多处于城市核心区附近。当越来越多来自同一国家的移民前来，其也倾向于跟随他们"先驱者"的引领，前往相同的工厂寻找工作并落脚于同一社区。最终，当足够多的来自同一国家的移民居住在同一社区，将使他们的存在更为显而易见，也开始寻求社区的快速转型。由于与外来群体相邻而居而感到不适以及新移民群体的快速成长，原先的居民开始迁出，并可能前往另一社区开启又一轮的入侵与演替进程。

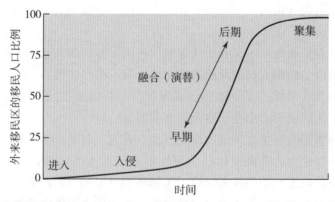

图 6.2　基于社区的"入侵"群体人口比例，S 形曲线展现了社区入侵和演替的典型状态（Johnston，1971，p. 253）

◎ 专题 6.1

对"社区失落"视角的反驳

并非所有城市生活的观察者皆如同早期的欧洲学者 Simmel, Tönnies 和 Durkheim 一样悲观。我们在此亦评述一些对"社区失落"持反对意见的观点。大量的陌生人出现是现代大城市的早期观察者所忧虑的问题之一——与小城镇社区式的"所有人皆知晓你的名字"相对立的匿名性。然而，一些观察者并不认为与陌生者的互动为负面的；实际上，他们认为这些互动将为健康的城市带来生机与活力。安全性是城市的首要目标之一，特别是街道上的行人的安全。Jane Jacobs 在 20 世纪 50 年代后期和 60 年代早期反对"大规模城市重建"这一种流行的现代城市规划思想，她认为为了使街道上行人的安全性得以保证，其必须被持续利用和保持开放性(图 B6.1)。William Whyte 认同 Jane Jacobs 对于城市公共空间的积极看法，他亦对人们利用公共空间的方式进行了数年的详尽研究，并提出一系列可促进居民建设性互动的设计形式，认为由于空间的空置可导致其被不正当利用，城市空间的公共利用是城市安全性的基本要素。

图 B6.1 Jane Jacobs 推崇街道的多样性，特别是人行道，认为其可抵御城市空间传统的高密度聚居模式，以及城市空间的健康使用。在一张有关曼哈顿东区约克维尔的照片中，其人行道即是 Jacobs 的城市观点的本质写照。(来源：Library of Congress, Prints & Photographs Division, FSA/OWICollection, LC-USF33-002675-M1［P&P］LOT 1296. Arthur Rothstein 摄)

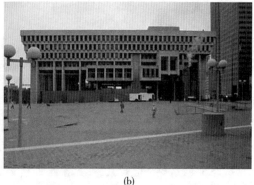

(a)　　　　　　　　　　　　　　　　　　(b)

图 B6.2　这些照片呈现了城市公共空间的重要性。(a)第一张图片为纽约市的华盛顿公园，即设计兼具开放性和美观性，能较好地为公众所利用。(b)第二张图片为波士顿市政厅，尽管其可为公众所使用，但人流也较为稀少[来源：(a) Courtesy of The Greenwich Village Society for Historic Preservation, www. gvshp. org. (b) Library of Congress, Prints and Photographs Division, Historic American Buildings Survey. 图片由 Bill Lebovich 提供]

城中村和"社区继存"

基于对流行的悲观主义城市理论的异议，社会学家 Herbert Gans (1962)对一个位于波士顿的意大利裔内城社区进行研究后发现了颇为讽刺的现象。由于该社区的密度和较低的社会经济地位(即典型的"城市衰败")，对该社区进行再开发已成了热衷于城市复兴的城市规划机构的目标之一。同时不少忙于对社区衰败情况进行调研的专业规划师也非常喜欢访问该社区。但 Gans 的研究展现了另一种研究视角，即在社会文化意义上，"社区"是坐落于高密度的城市环境中；但实际上与早期理论所描述的城市相比，这些社区与传统的乡村有更多的共同之处。

"社区转型"

Herbert Gans(1967)也阐述另一种理论观点，这一观点与主流观点背道而驰。这一次，Gans 研究了由 Abraham Levitt 和其他人建造的新的大规模的住宅小区(将在第 7 章中详细讨论)。人们普遍认为，这些新的郊区住宅环境，尽管在许多方面是"二战"后美国梦的缩影，但缺乏灵魂、归属感。基于人类学研究(Gans 在莱维敦买了一所房子并住在那里!)，Gans 认为莱维敦存在社区，只是形式不同而已。具体来说，社区最初建立在开拓者的渴望(因为所有的居民都是新居民，所以新人愿意建立新的纽带)之上，后来建立在共同利益的纽带之上，包括经历共同的生命周期阶段、养育子女、保护和提升财产价值。

在下文我们将继续更深入讨论一个重要的相关概念。源于芝加哥社会学派所使用的生物学比喻：城市将被视作由自然区域(natural areas)所构成。城市空间中不同群体的进程是自然而成的，并源于各群体为了争夺空间的控制所进行的竞争。因此，不同社会群体占据城市不同的区域并不应被视作根本问题。在城市的不同地区尝试改革。

　　尽管芝加哥学派的著作已问世一个世纪，我们仍可观察到与其描述相似的进程，如纽约市曼哈顿的传统唐人街。随着近几十年来自中国的新移民带来的人口增长，唐人街开始扩展到其周边的区域，而这些毗邻区域又大多为主要由意大利移民于 20 世纪前几十年塑造的"小意大利"。因而，随着唐人街的扩张，你还可观察到一些传统的意大利餐馆和商铺就处于中国市场之旁（图 6.3）。在唐人街的另一边，韩国和其他东亚移民正在占据一些原先处于不同废弃阶段的社区（图 6.4）。

图 6.3　曼哈顿"小意大利"中的中国式招牌，其呈现了移民社区不断更替的族群属性。作为传统的意大利人社区，其正处于持续的不均衡转型之中（Dr. Steven R. Holloway 提供）

图 6.4　曼哈顿下东区中的韩国式招牌也展现着族群地区不断流变的属性。曼哈顿下东区为传统的经济公寓区，其也日益出现更多来自新迁出地的新移民的招牌（Dr. Steven R. Holloway 提供）

　　尽管我们观察到不少城市社会特征可以用生态理论进行诠释和描述，但此方法也存在不少值得关注的问题。第一，芝加哥学派往往只将移民的原籍地作为社会群体的区分依据，而这一考虑并不深入。事实上，现在复杂的大都市地区存在众多影响和塑造社会认同的因素，包括种族、性别、年龄和生活方式等。第二，芝加哥学派研究群体间互动的方式也过于肤浅。例如，其主张每个群体都自然而然地想避免其他群体与其一同居住，而这一想法只能说部分正确，其也忽视了不少其他影响居住区景观的因素。第三，其关于城市负面影响的基本立场和对于被感知为"越轨"群体的关注并不符合现时的社会情景。第四，人类社会也无法被视作一个庞大的城市生态系统中的普通生物单元。这也忽略了社会、经济和政治等复杂力量对于城市人类行为和社会景观的影响。然而尽管存在这些问题，生态学方法依旧非常重要并（有时是间接地）促进了当代众多对于城市的研究。实证城市研究（包括越来越流行的人类学研究）也基本与先前的芝加哥学者所建立的方法论具有一定的联系。其关于群体间的关系与空间模式及机制的思想依旧具有重要的地位。

6.2　城市内部空间结构的经典模型

前面我们关注了芝加哥学派研究城市的基本方法，社会和空间互动是这种方法的核心。而在接下来的一节中我们将关注点转移到城市典型的空间模式上，介绍源自芝加哥学派的模型以及其他两种经典模型。

6.2.1　Burgess 同心圆模型

由入侵和演替进程所塑造的城市空间模式可由 Burgess（1925）的同心圆模型（concentric zone model）进行诠释（图 6.5）。这一模型刻画了 20 世纪早期工业城市的社会秩序的显著特征。尽管这并不是芝加哥学派最为重要的贡献，但常被广泛关注。在此模型中，工业区位于城市中心商业区（圆环）的外围，并向外扩展至旧居住区（过渡区）。居住与工业混合功能区则是大部分欧洲移民最初落脚之地，并在此完成上文所述的入侵和演替进程。

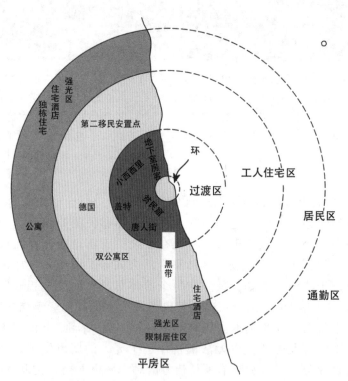

图 6.5　Burgess 的城市空间结构同心圆模型，基于芝加哥学派城市生态理论所进行的实证研究［Ernest W. Burgess, 1925（1967）］

由我们前面对于地租理论的讨论可知，竞租理论与同心圆理论都构想了一种城市以同心圆式进行发展的空间结构模式。这两者具有不少值得关注与讨论的异同点。这两种理论都基于对于竞争的考察——竞租理论中土地使用者间的经济竞争和生态理论中社会群体间的社会竞争。然而，竞争中的客体和形式具有明显的不同。在竞租理论中，竞争的客体为城市土地可创造利润和可供利用的空间属性。这一种竞争发生在自由的土地市场主体之间，其理论基础为新古典经济学理论。而在生态理论中，竞争则围绕各社会群体为了维持相互之间的社会距离所需的城市空间而展开，即该竞争为社会的而非经济的。这两种理论都依赖对人类行为的简单抽象，而没有意识到政治、权力和其他因素也在塑造着社会。两者均无法解释城市内交通日益增长的影响和城市经济逻辑的基本变化。尽管两者由相隔50年的不同学者前后发展起来且两者间具有很少的学术联系，但由于这两种理论所诠释的空间模式都非常类似，所以探讨两者的联系具有一定的意义。

6.2.2 Hoyt 扇形模型

Homer Hoyt（1936—1937，1939），是一位 20 世纪 30 年代美国联邦住宅管理局的经济学家，并同时供职于保险和租赁机构。他进行了一系列城市土地市场的实证研究，并提出另一种关于城市空间结构的可视化模型——Hoyt 扇形模型理论（Hoyt Sector Model）（图6.6）。

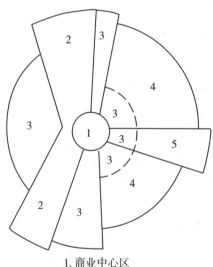

1. 商业中心区
2. 批发和轻工业区
3. 底层居民区
4. 中层居民区
5. 上层居民区

图 6.6　Hoyt 城市空间结构扇形模型，基于其对 20 世纪 20 年代和 30 年代的房地产市场的实证研究（Chauncy D. Harris，Edward L. Ullman，1945）

在这个基本理论中，Hoyt 的研究基于对城市空间如何增长的观察。当城市空间开始扩展时，往往伴随高收入群体开始迁居至新的社区中。这些社区通常处于城市边缘的交通干线沿线。或这些社区具有怡人的景观，如河边和山顶等主要景观特征，或者邻近公园或大学等重要地标。当高收入群体迁入新居，其旧居即开始为其他家庭所占据。Hoyt 诠释了一种较为常见的社会中下阶层占据外迁高收入阶层所遗留下来的住房的自上而下过程。

　　Hoyt 发现人们寻找新的住房时会偏好于邻近其现时居住区以及主要交通干线的区域。而这也导致了城市呈放射状而非圈层状扩展，并最终形成一种扇形而非同心圆模式。一些生态理论中所阐释的核心社会机制间接地应用了 Hoft 的模型。例如在这两种的理论中，高收入群体都倾向于通过中等收入群体隔离低收入群体。也应注意到的是，Hoyt 模型也基于一个只有单一商业中心的城市。

6.2.3　Harris 和 Ullman 多核心模型

　　Chauncy Harris 和 Edward Ullman（1945）在第二次世界大战后写出一篇对城市地理学具有持续影响的文章。与同心圆模型与扇形模型所惯用的单中心商业区构想相反，Chauncy Harris 和 Edward Ullman 认识到城市可发展出多中心或"节点"，并进一步影响土地价值和周边土地利用（图 6.7）。

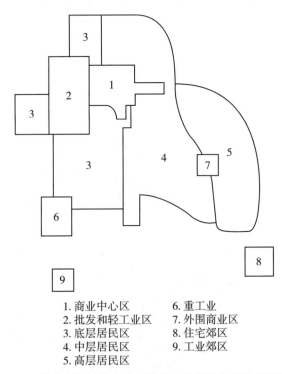

1. 商业中心区　　　　6. 重工业
2. 批发和轻工业区　　7. 外围商业区
3. 底层居民区　　　　8. 住宅郊区
4. 中层居民区　　　　9. 工业郊区
5. 高层居民区

图 6.7　Harris 和 Ullman（1945）城市空间结构多核心模型，认为城市土地利用组团具有多个核心，而非单核心

　　在此基础上，Harris 和 Ullman 的模型逐渐发展为知名的多核心模型（Harris and Ullman Multiple Nuclei Model）。在这个模型中，并非所有节点都具有相同的功能，比如一些为商业园区，而另一些则为特定的机构（如医院和大学）。即使如此，这些节点都对其周边地

区具有显著的影响并共同改变着城市的空间结构。尽管在 1950 年前大部分城市空间符合只有一个主要城市中心的同心圆和扇形模型。但 20 世纪后半期，城市开始发展得更具空间复杂性。因此，事实证明 Harris 和 Ullman 的观察是对 20 世纪后期和 21 世纪早期的城市更为精确的描述。

6.3 更复杂的模型

同心圆模型、扇形模型和多核心模型逐渐成为理解城市社会空间格局的普遍理论。然而这些现在已于教科书上呈现的模型是描述性的和简化的。第二次世界大战后的几十年见证了北美大都市区城市模式和职能的巨大变化，且社会科学的属性也发生了巨变。最为显著的变化是社会科学开始更为依赖定量数据以及可更好利用新数据的新分析手段。当城市社会研究开始朝"科学"的标准演化时，人们开始更加关注如何构建和验证"假想"。在这一节，我们将讲述一系列更为复杂的城市空间结构模型，也反映出城市社会研究更依赖实证主义方法论和定量数据的趋势。

6.3.1 社会区分析法和因子分析法

Eshref Shevky 和 Wendell Bell（1955）提出了社会区分析法（social area analysis），这一方法明显建立在 Park 及其学生的著作的基础之上，但其更具演绎性。特别指出的是，这并非基于实证的生态方法对城市进行演绎推导的首次尝试。实际上，Park 的学生 Louis Wirth 于 1938 年就曾写过一篇具有开创意义的文章（专题 6.2），其中对生态理论进行公式化。

社会区分析法基于城市反映了复杂的现代社会的假想，即现代社会中显著不同于传统社会的各种因素动力在同时塑造着现代城市。其指出有三种主要因素影响着城市空间：①工业社会对于先进技术的需求；②随着战后经济复苏，带来新的就业需求和机会以及伴随的家庭结构的改变；③人口流动性增加及由于种族和身份等人口组成结构变化带来的城市空间的重组。

社会区分析法也进一步假设这三种因素各自都具有不同的空间表现并可以用图呈现。首先，社会经济地位（socioeconomic status）分异展现了战后工业经济催生的更为丰富的经济活动。受教育程度高和高收入家庭倾向于居住于类似 Hoyt 所描述的扇形社区。家庭状况分异（也称城市化差异）反映了家庭和家庭人口结构在确定住房需求和偏好中的重要性不断上升。"二战"后的几十年也见证了生育率的上升（通常也称为"婴儿潮"），并与城市边缘快速扩张的郊区具有空间联系。单身人士、年轻的丁克夫妇和老年人则倾向居住于城市中心的老旧而窄小的房屋。最后，随着来自美国南方农村的移民开始涌入城市，不同族群居住分异也表明了现代城市社会的人口流动性的增加，使得种族和族群认同日益重要。

社会区分析法的一个重要方面是其使用了大量美国统计局所统计的城市社区数据。Shevky 和 Bell（1955）使用统计数据中的各特征变量表示其假设的因素，使用这些变量发现"社会区"与 Park 先前描述的自然区有所联系：

社会区总体上涵盖了具有同等生活水平、相同生活方式和相同族群背景的人群；而且我们亦假设居住于特定类型社会区的居民会与居住于其他社会区的居民具有系统性的特征和行为差异。(Shevky, Bell, 1955, p. 20)

社会区分析法有力地证明了定量数据分析可与关于城市社会模式的演绎推导相结合。在 20 世纪 60 年代和 70 年代，更多的数据可为之应用并同时通过电脑技术进行快速处理。不少社会科学，包括地理学开始应用更复杂的方法对更庞大的数据进行定量分析。对于一系列定量方法的使用也可宽泛地称为因子分析法(factorial ecology)，作为检验 Shevky 和 Bell 的观点而被提出后逐渐流行起来。基本上，用来构建城市模式的驱动力能通过分析大量数据得出。具体过程为先对定量实证分析进行推导，随后验证出各因素。尽管在表面上社会区分析法与因子分析法具有方法论上的差异，但这两种方法都发现了三种可影响城市空间组织的因素：①社会经济地位；②家庭状况；③种族和族群隔离。

◎ 专题 6. 2

"作为一种生活方式的城市主义"

社会学家 Louis Wirth 于 1938 年发表了一篇具有开创性的论文。尽管其曾在芝加哥大学接受过 Park 和 Burgess 的学术训练，也曾在欧洲师从 Simmel，然而 Wirth 在其论文中反对芝加哥学派生态理论的经验主义，认为其过于强调归纳法(一种通过详细观察并从中进行总结归纳的科学研究方法论)。而他提出了一种更注重演绎法(通过已有的抽象原理考察具体的对象)的城市和社会生活研究方法。他指出了城市化(urbanization)与城市主义(urbanism)的不同之处，即城市化为一系列经济和人口改变给城市带来的快速和剧烈变化，而城市主义是这些变化所带来的一系列相关的社会和个人心理响应。Wirth 也指出城市化主要具有三种属性。

人口规模：不断增长的人口数量使得城市的文化和职业更多元化。值得注意的是，由国内外移民所带来的大量人口增加了不同社会群体密切联系的可能性。多元性也意味着对规范管理需求的上升，如法律体系。高度分异的人口导致了高度分化和专业化的职业结构。总体上，由于个人的职业和正式角色开始比个人关系更为重要，社会互动开始变得更去个人化(depersonalized)。最后，不容忽视的是社会瓦解和混乱的风险确实存在。

空间密度：随着不断增长的人口涌入有限的城市空间，人口规模增加所带来的空间破碎和隔离更为显著。城市人口拥挤和多元化带来了不少社会心理影响，随着不同文化背景人群所带来的生活压力，人们开始以地域歧视和保持社会距离作为抵抗的方法。而从积极的方面来说，城市人口拥挤和多元化却也有可能提高城市对于不同文化的包容度。

异质性：正如上文所述，不断提高的社会异质性是城市化的基本属性之一。特别地，我们关注到跨越社会等级和阶级界线的社会流动性增加，家庭联系弱化及个人成就的价值提高。社会流动也与空间流动具有紧密的联系，是社区联结弱化的反映。此外，异质性也促进了导致个人人际关系弱化的城市商业化和理性化。

Wirth 也总结了城市化所带来的三种重要影响，他亦对其定义为城市主义：

自适应个人行为，随着不断变化的城市脉络而出现。由于城市所提供的自由环境，人们更为推崇冷漠而客观的处事方式，而非对自身的行为进行约束。

神经质个人行为，例如，由于缺乏有效的社会束缚而导致的精神疾病、酗酒行为和其他"越轨"行为。对此，制度性的、强迫形式的社会约束显得愈发重要。

社会破碎化，展现出社会群体的空间破碎化，社会活动也变得更零散和专门化。

6.3.2　城市马赛克

在 20 世纪 60—70 年代，Burgess 同心圆模型、Hoyt 扇形模型以及 Harris 和 Ullman 多核心模型的分歧显著，使城市空间结构的相关科学研究陷入了持续的困境。不少研究都集中于观察这三种视觉模型中何种可更好地反映城市空间结构的真实性。最终，这些研究都只能为这三者中任何一种模型提供微弱的支撑。而因子分析法的兴起为调和这三种理论模型提供了可能。

Robert Murdie（1969）通过描述城市马赛克（urban mosaic）的存在清晰地发展了因子分析法，城市马赛克即社会区分析法和分解生态学所挖掘的三种影响城市空间结构的主要因素交互作用的结果。Murdie 认为，随着高收入家庭通常居住于城市特定区域，社会经济地位因素常表现出类似 Hoyt 所描述的扇形结构特征。而家庭状况则类似于 Burgess 的同心圆模式，如年轻的单身人群和老年人倾向于居住在邻近城市中心的公寓和小型房屋，而抚养孩子的家庭则居住于城市的边缘区。族群和种族集聚有历史的延续性并超越其他因素，这也可宽泛地认为其如同 Harris 和 Ullman 多核心模型中的节点。当这三种空间模式叠合，结果即是城市马赛克（图 6.8）。

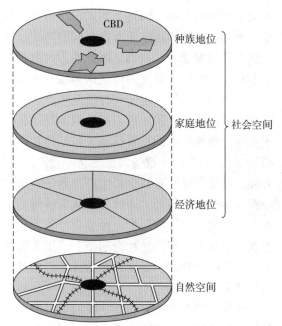

图 6.8　基于因子分析法，Murdie 将城市居住区结构的模型进行了简化，其认为具有不同社区特征的社会群体通过不同的过程分布于城市空间，并因而催生不同的空间模式，这也有助于人们理解和解决现有的各种城市空间结构模型分歧（同心圆、扇形和多核心）（Murdie, 1969）

6.4　当代城市社会空间：全球化，后现代主义与城市分异

至此，本章已介绍了传统的以及在 20 世纪 70 年代以来广受欢迎的研究城市社会空间组织的方法。然而，近 30 年来，城市和社会科学已发生了重大的变化，其中一些变化也在前面的章节有所讨论。本节我们将回顾一些关于当代城市社会景观的更新颖的概念。一些概念折射了城市自身的变化，而另一些则反映了我们在思考城市问题的方法上的转变。特别地，我们在本节所介绍的大部分概念都假设群体和个体择居行为是近乎理性的。尽管这些选择反映了社会群体渴望维持群体间的社会距离（如生态理论所述）或经济效用（新古典经济学），但社会群体和个体需具有选择能力是这些理论的重要方面。这节以下部分将挑战这些认为社会景观反映个体累积选择的假设。

前面我们用政治经济学方法重点讨论城市产业的景观。在此，我们简短地讨论这一方法如何帮助我们理解城市社会景观。政治经济学的一个重要观点是城市的社会景观并非个人决策的自然产物，而是个体实现价值并参与其中的庞大经济系统的一部分。值得注意的是，不同社会群体居住于城市不同的特定区域，很多并非都是其自愿的，而是其后更为巨大的力量所驱动的。权力，因此即为这些视角的重要概念。谁拥有权力？以及权力如何产生和使用？大部分研究的焦点认为权力来源于政治结构或冲突以及经济结构。

资本主义的核心定义和特征是生产资料的拥有者或掌控者与工人之间的阶级斗争。紧随社会阶层而产生的城市空间分割即是居住分异（residential differentiation）。前面章节论述了资本二级循环中的投资推动了包括住房、公园和道路等城市建成环境的消费（也称为消费资本）。一方面，这些为推动新一轮产品消费所必需，并可避免过度消费的危机。另一方面，居住分异则是社会再生产进程的本质结果。为了使资本主义系统得以持续，基本的阶级再生产是必须的。这就要求从群体规范的视角来考量社会化：具体包括价值观、意识形态、期望、态度和行为。社会化经常发生于社区：学校、公园和操场。社会同质性社区也促进了这些进程。在社会期望下，工人阶级的孩子往往会成为工人阶级的一员，因其成长于工人阶级社区；而富人家的孩子则因其在精英社区中长大，往往也会被社会推动成长为资产阶级的一员。

政治经济学视角亦有益于我们理解城市社会景观惊人的极化。资本的投资和开发具有其固有的非均衡性。这也部分解释了为什么城市中同时具有极端富裕和过度贫困的区域。本节的余下内容将集中讨论三个方面：全球化，后现代主义和城市分异。值得注意的是，我们将追问这些趋势对城市空间的社会模式产生了怎样的作用。我们为了讨论改变城市社会空间的动力（无论是"新的"或"旧的"），也是试图确认和诠释过去无法观察到的典型区域。基于政治经济学的全球化，从后现代主义和城市分异视角出发，一些学者形成了一些非常不同的主张，我们将在下面简要讨论。

6.4.1　全球化：大势所趋

全球化表征了一系列关联性的经济转型，包括制造业向现代服务业转型，不断加快的

全球尺度经济(特别是金融)互动，以及日益增长的全球尺度下的商品和人员流动性[或称高流动性(hypermobility)]。在这些经济转型影响下的城市社会景观将是本小节所要阐述的内容。

为了集中讨论，我们提出两个问题。首先，全球化的哪些方面将重塑城市社会地理学？塑造了全球化的经济巨变加深了经济和社会极化，如富裕和贫困的人口数量都处于不断上升之中，而工人阶级和中产阶级的数量则在下降。该进程影响城市的活力，因为贫富两端人口的增长推动了城市在住房和居住服务与设施方面的新需求。国际移民流动特别是来自欠发达地区进入大型世界城市的移民，将推动不同社会群体在经济与社会方面新的互动。同时新的歧视与冲突问题也将增加。

其次，城市中这些趋势的地理相关性又是怎样？文献建议我们应观察伴随全球化的几种空间趋势。一般而言，我们可观察到更为普遍的社会群体的空间集聚和隔离——通过空间极化以达成社会极化。尽管城市总会存在一定程度的社会隔离，但全球化往往被认为加剧了隔离的范围和强度。在新形势下，一系列不同的聚居区成为全球化进程下城市空间的鲜明标志。

城市空间的日益封闭是不断加剧的集聚和隔离的重要表现，如城市各部分之间的墙与大门等边界以及不断加强的监控。由于对于社会混乱和犯罪的恐惧，富裕以及越来越多阶层试图通过外墙隔离其排斥的群体。尽管防御性和封闭的"堡垒"是一些城市的重要组成部分，但其功能无疑已被广泛地扩大。社会极化的另一方面则是贫困人群不断地集中在城市的废弃和被排斥区域。

内部的独立性则是日益强化的集聚与隔离趋势的另一显著特征，一些观察者也称之为综合化(totalization)。我们可注意到一个重要趋势，即城市的部分空间已可提供更齐全的就业、服务、零售和娱乐机会。随着社会群体逐渐不再需要为了某种目的而离开其所在区域，城市或将逐渐失去作为不同群体间的公共互动场所的历史角色。这一趋势可在已建有专业办公大楼和大型综合零售中心的外围郊区观察到。与之相似，市中心的居住区域也已开始提供众多的零售和娱乐服务。例如，不断出现的全国性和国际性零售连锁商店，其以往多位于郊区的购物中心，现在如纽约时代广场的城市中心区域亦有分布。

6.4.2 全球城市的基本要素

在确定了影响城市全球化进程的一些趋势之后，我们要追问，全球化下的城市又具何种特征？何为新兴的城市社会景观？以全球经济中最为重要的城市——纽约、伦敦和东京作为基本样本，Saskia Sassen (1991)和其他早期观察者(如 Mollenkopf, Castells, 1991)提出了二元城市(dual city)的概念，有时也称分化城市(divided city)。在二元城市中，最为重要的影响因素为经济极化和分化部门之间的功能和空间联系。底层低收入工人数量的增加与上流阶层正在改变的生活方式有关：更高层次的劳动者越来越多地通过雇佣他人来完成那些满足自己基本生活需求的工作。例如，职业家庭更频繁外出就餐，并雇佣他人清洁房屋和车辆以及照看孩子。这一模式凸显了新一轮移民迁入全球城市的趋势，这些新移民取代了原有那些承担低等级和低收入的服务业工作的群体。

在空间上，二元城市假说预测城市社会景观会被强烈的空间分化加速塑造，产生由经济全球化所催生的深层次社会极化。其通常也可伴随两种形式的社区转型：升级和衰退。一方面，一些社区为适应专业阶层的流入而更新。那些虽然在 20 世纪中期衰败、但仍然保有一些历史建筑的老城区会进入绅士化阶段。在此，"先驱者"会愿意承担迁入贫困社区和更新住房所带来的较大财政风险。随着来越多的房屋被更新，这些社区开始经历更为普遍的转型，最终可转变成只有少数群体才能负担的高价住宅区。因邻近就业和城市娱乐场所所具有的便利性，位于城市中心的社区对新兴的专业阶层（通常也称"雅皮士"）具有重要的吸引力。排外和私有化的新内城社区同时也成为了全球经济下新富裕阶层的标志。另一方面，贫困社区也在经历被称作衰败或过滤（filtering）的扩张并带来不少社会问题。随着贫困居民数量的增长，城市也面临不断增加的贫困住房空间需求。贫困群体更趋向于居住在贫困社区，而贫困人员所居住的地方也更易吸引其他贫困群体前来集聚。这不断增长的贫困空间集聚也与一系列的社会问题有关。

然而，二元城市的隐喻主要强调由经济全球化所推动的当代全球城市的贫富极化，这也使其仅捕捉到当代城市发展态势中的一小部分。Peter Marcuse 在其一系列的著作（1996，1997）中指出了全球城市的其他组成部分。我们通过对其研究工作进行一定程度的总结和重新组织，可知全球城市主要由三项基本要素组成：堡垒（citadel），飞地（enclave）和贫民窟（ghetto）。贫民窟有时也具有一些重要的分支，如传统贫民窟和"被遗弃的贫民窟"（排斥型贫民窟）。在这些基本元素之间，即存在绅士化的城市景观，工人阶级住房和整体不断增长的郊区化区域。

1）堡垒

堡垒是封闭的、防御性的和独立的高收入阶层居住区，若是位于市中心，其通常兼具商住职能（Marcuse，van Kempen，2000，p. 13）。相较于绅士化社区的居民多为与新兴信息经济部门相关的管理和专业人员，堡垒居民更多为高收入和位高权重的群体。支撑这些群体入住该区域的财富即源于后工业化全球经济所创造的。通常而言，堡垒居民渴望居住邻近于市中心，但其同时也担心现代城市所带来的危险。因而，新建的土地开发项目通常伴有高大的防御性围墙和安保人员，反映了富裕阶层财富的增长及其对社会隔离的渴望的增加（图 6.9）。

2）飞地

飞地代表由特定因素自发（而非强制）塑造的社会集聚空间。Marcuse 等（2000）把飞地分为三种类型：文化型、移民型和排外型（exclusionary）。文化飞地由具有共同文化价值的居民所构建。例如，不仅地租低且吸引众多艺术家和音乐家的工作室空间的区域。移民飞地，顾名思义，是具有一定特定移民群体的居住区。在此，有必要对当代移民的集聚形式和工业城市的传统移民聚居区的鲜明差异进行辨别。尽管一些经济条件较差的移民依旧会聚于兴建于一百年前的传统移民聚居区（如曼哈顿唐人街），但一种新型的移民飞地——族裔郊区社区（ethnoburb）已开始兴起。因已具备一定的经济资源和不断增长的政治影响力，移民（和第二代移民家庭）开始自发聚居于郊区，也在转变我们对于郊区的印象和移民社区的概念。或许，最令人困扰的飞地类型为排外型飞地，其源于中上阶层家庭寻求居住在没有种族多样性，特别是没有贫困和犯罪的地区。排外型飞地重点在于对他者进行排斥。这些飞地经常与高收入郊区管辖控制相关，并通过实施排外分区规划（zoning）、严格的建筑标准和其他地方法规对社区的同质性进行强化。排外型飞地也开始在城市的其他区域出现并不断滋长，包括一些绅士化和再开发的内城社区。

© James Russiello

图 6.9　纽约的炮台花园城表现出堡垒已成为众多城市景观的重要特征。它们通常临近于城市中心区域和城市公共服务设施，并有时具备较强的防御特征

3）贫民窟

贫民窟为社区居民在外部的选择和内在需求因素下所塑造和维系的集聚空间。历史上，贫民窟具有明显的族群特征，如中世纪欧洲城市的犹太人聚居区。在美国，"ghettos"曾在南方黑人回流北方工业城市的数十年间被赋予种族含义。与此同时，居住隔离也达到了空前的程度。近期催生贫民窟的各社会动向也对贫困化具有重要的影响。Marcuse 等（2000）认为具有两种形式的贫民窟。传统贫民窟基于族群或种族认同，居民往往为社会提供同一种经济服务（如作为廉价劳工资源）。而与之相反，排斥型贫民窟往往则是无经济角色人群的居住地。对这种形式的贫民窟的描述通常基于社会学家 William Julius Wilson的著作（1987），其对居住在废弃内城社区的被隔离和结构性贫困的社会底层的发展进行了研究（1987）。因其居民缺乏经济能力，排斥型贫民窟与历史遗留的贫民区和其他工人阶级、贫困人群地区具有明显的差异。

6.4.3　全球城市的"中间地带"社区

堡垒、飞地和贫民窟为当代城市空间要素的主要"理想类型"，而在这特征显著相异的三者之间也存在其他类型的城市区域。这些区域通常具有渐变性，即在某种意义上其空间特征和空间分布介乎堡垒和贫民窟之间，也是不同标准社区形态转换过程中某个时期的过渡状态。尽管其空间形态并不能长久持续，但其仍是当代城市社会景观中重要的组成部分。

1）城市绅士化

绅士化，正如上文所述，是中上收入阶层（主要是白人居民）流动进驻具有高建筑价值的老城区社区的过程，而这些社区往往毗邻城市中心的商业和娱乐服务区。绅士化的过程与城市房地产市场中的房产价值循环紧密相连：其通常由艺术者等"城市先驱者"（urban pioneers）购买已贬值的旧房产并对其进行修葺和更新，房产价值也自此快速上升，"雅皮士"和无子家庭紧随"先驱者"而至，则是常见的人口变化现象。此时，正在绅士化的社区具有较为多元的社会认同和经济资源。然而，当租金和房价上升到某一高度，普通居民往往会因难以承担居住成本而开始选择迁出。最终，在转型完成后，绅士化社区的居民或与富裕郊区飞地的居民——主要为白人和高收入居民（图6.10）具有相似的特征。

PhotoDisc

图 6.10　这张旧金山的阿拉莫维多利亚广场的图片表明，在众多北美国家的内城区域绅士化社区愈发普遍。具有有趣的建筑特征的老社区已开始受到有意愿和能力更新房产的富裕城市阶层的喜爱。也有人批评绅士化驱逐了原先居住于社区的贫困居民，同时也减少了城市中廉价住房的供应

2）郊区城市

城市郊区在全球城市并不新鲜。实际上，正如我们在其他章节更为充分的讨论，几个世纪以来的城市化进程一直伴随去中心化的趋势和郊区的特定区位发展。小汽车导向的居住郊区化是"二战"后几十年影响城市空间演变的主要因素之一。在很多方面，郊区化为特定群体对于同质化的追求，其中白人、中产阶级和传统的家庭导向社区郊区化具有持续的生命力。这不仅影响城市社会地理学中一些实际问题的研究方向，同时也考验我们审视当代城市的视角。最近有几种趋势对郊区产生了巨大的影响，也或许从根本上改变了大都市边缘区的一些属性。

首先，边缘城市(edge cities)的形成。Joel Garreau 记者在其1991年的著作中使用了这一名称，并使其得到了广泛的推广。这一新趋势是源于高层办公楼、综合零售中心和娱乐场所开始占据原先仅为居住社区的区域(图6.11)。除了居住郊区化，多数以往大都市区域方有的工作岗位和零售商业服务也开始不断向郊区扩散。因此，郊区居民不再需要离开郊区环境去寻求他们的各种生活、工作需求。

其次，郊区环境日益受到一些防御性建筑设计的影响。复杂的围墙式土地开发项目在新添了围墙、门禁和守卫的旧开发项目旁边涌现，表现出社区居民隔离城市危险者的意图和警惕心态。边缘城市和防御性设计皆可被视为空间极化的一部分，是经济全球化带来的影响，也体现了当地居民试图通过维持空间距离和隔离从而抵抗内城社会问题和纷扰的影响。

图6.11 弗吉尼亚州泰森角，体现了自20世纪80年代以来边缘城市在不少大都市地区显得愈发重要。原先的非城市区域由于临近新建的州际公路，特别是放射状公路和环形公路交会处而发展起来。边缘城市因其作为高级服务职能的中心而具有显著地位

3)工人阶级城市

城市作为支撑工业资本主义的工人阶级的居住地具有长久的历史，特别是成熟于19世纪下半叶和20世纪上半叶的城市。同样，被工人阶级所占据的社区也经历了多样化的发展历程。在不少美国城市，建于"二战"后20年的工人阶级社区也正经历较为严重的衰败。许多(但并不是全部)内城里工人社区将会在数年内转变成贫民区。如在洛杉矶，不少此类型的社区已具备和北方城市贫民区相当的贫困率和犯罪率。其他工人阶级社区也面临着严重的房价上涨压力，社区中的居民也需寻求不同的方式面对不断增长的住房成本。

一些房产会因其良好的区位即被购买，而这些房子也会被拆掉，重建为高标准的更宽阔的新住房。

总而言之，全球化议题可解释我们所目睹的当代城市发展的若干问题。实际上，这些趋势并不只发生在这些被称为全球城市的大都市中，而是在所有类型的城市皆存在。

6.4.4　后现代城市主义

不少学者认为社会基本属性的历史性转变始于 20 世纪 60 年代后期和 70 年代初期。当发达国家经济重心开始由工业化转向现代服务业，同时经济活动更为全球化和破碎化，其文化也发生变革。观察者认为这些变革是长期的现代主义时代走向新兴的后现代主义（Postmodern Urbanism）时代的划时代转变的一部分。出现在建筑和其他设计领域的后现代主义风格促使不少新设计作品开始具有丰富多样的相互组合的旧（有时或为前现代和现代早期）设计元素。源自不同传统的风格元素有时会引人注目地并置，被认为可用于建构新的意义，这些可以从商业设施到高层办公楼的各式建筑设计中反映出来。此外，后现代主义也被认为对城市形态具有巨大而多变的影响。Paul Knox（1993）将处于持续变革中的后现代都市称为"动荡的城市景观格局"（restless urban landscape）。后现代设计元素和现代设计元素的基本情况对比可见表 6.1。

表 6.1　　　　　　　　　　　现代建筑与后现代建筑之间的区别

现　　代	后现代
"少即是多"（Mies van der Rohe）	"少则厌烦"（Robert Venturi）
国际派，或"无风格"	风格的双重编码
乌托邦和理想主义	真实世界和民粹主义
抽象形式	高响应和可识别形式
决定论式（"形式服从功能"）	符号学式（"形式服从幻想"）
功能分离	功能混合
简化	复杂和装潢
纯粹主义	折衷主义
亲技术性	伪装技术
无历史或民间基础	历史和民间元素的混合
创新	循环
无装饰	"有意义的"装饰
忽略上下文	情境线索
"非表述的哑盒"	布景式

来源：Paul L. Knox，1994，p. 166［其资源来自：C. Jencks. The Language of Post-Modem Architecture. New York：Rizzoli，1997；Punter J. Post-Modernism：A Definition. Planning Practice and Research 4（1988）：22］.

　　后现代城市具有在相邻的区域进行混合土地利用的强烈倾向，有时甚至集中于同一地块或建筑(将在第 9 章详细讨论)。值得注意的是，新兴的新城市主义(New Urbanism)即力图从传统时期的城市和建筑设计(一般认为是 19 世纪晚期和 20 世纪初期的城镇、小城市和大城市的有轨电车郊区)中汲取灵感。通常针对小汽车导向和具有环境破坏性的郊区蔓延，新城市主义总体上更热衷设计多样性，反对城市景观的破碎化。在不少新城市主义开发项目，住房通常与当代服务设施和具有怀旧情怀的空间设计相结合，如大型门廊、隐形车库、紧凑地块或联排别墅以及人行道。更有甚者提倡商业和工业用地临近或散置于住宅用地，以使居民可更好地使用公共交通设施。

　　一些学者聚焦于洛杉矶的研究，开启了关于"后现代城市主义"更为深入的讨论。在洛杉矶的城市发展历程中，曼哈顿或芝加哥城市那么明显的城市中心并未出现此类型，且其城市景观具有更高层次的去中心化和破碎化的特点。诞生于 20 世纪 80 年代初期的洛杉矶学派分析洛杉矶的显著特征，认为洛杉矶即是后现代城市化的典型模式。基于对经济重构和全球化的早期讨论，Dear 和 Flusty (1998)通过符号图像对城市形态的文化内涵进行了解读。例如，将已加速隔离的富裕和专业阶层社区(堡垒和一些早前所讨论的绅士化社区)称为幻境(dreamscapes)，即加速与广泛的现实脱离的地方，并因而丧失人所赋予的意义。他们亦将全球经济的强力掌控者形容为网络资产阶级(cybergeoisie)，且该群体对于消费城市幻境的兴趣与日俱增，而愈发遭受剥削的普罗大众则为 protosurp，并与边缘化的城市空间相关联。而他们认为根据洛杉矶城市深度空间极化所导致的深化空间破碎即可预示其他都市的未来。与我们已探讨过的同心圆、扇形和多核心的城市模式不同，Dear 和 Flusty(1998)提出了一个棋盘式的城市空间模型(图 6.12)。

　　　　有证据表明：过去指导城市发展的传统的、中心驱动和集聚经济理论在当下已不再适用。传统的芝加哥式的城市模式让位于消费导向，为非中心化、碎片化的城市模式。这些碎片化的区片通过高速公路连接。洛杉矶或许是后现代城市的成熟模式，而拉斯维加斯也可被认为已具有后现代城市的雏形，伴随城市集群(urban aggregate)也被剧烈的空间破碎化和专门化所塑造。(Dear，Flusty，1998，p. 66)

　　尽管 Dear 和 Flusty 的模型或许是对于后现代都市最为夸张和极端的理论阐释，但其依旧揭示了众多相关文献的主题：①城市土地的个别地块与全球化的资本主义具有直接联系(如各块土地的单独使用更多基于其在全球经济中的职能，而非其在当地的背景)；②使用的各地块之间几无明显的联系；③土地利用方式可被重组——混合和重分配。最近，Andrew Beveridge (2011)创新性地使用了历史地理信息数据，并将 20 世纪的大都市人口增长模式进行了对比，以对洛杉矶学派和芝加哥学派的假说进行评估(专题 6.3)。

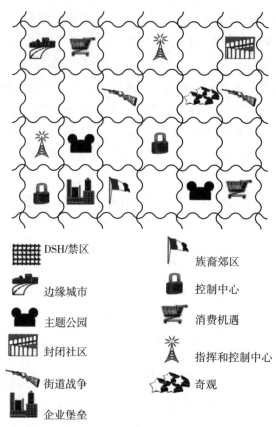

DSH/禁区	族裔郊区
边缘城市	控制中心
主题公园	消费机遇
封闭社区	指挥和控制中心
街道战争	奇观
企业堡垒	

图 6.12　Dear 和 Flusty 的基于后现代视角绘制的城市(非)结构的资本主义模型(Dear，Flusty，1998)

◎ **专题 6.3　技术和城市地理学**

历史 GIS 和城市空间结构

　　随着处理和分析地理信息技术的进步，GIS 现已能较好地应用于历史性数据，这也为城市分析的发展提供了新的发展机遇。位于明尼苏达大学的明尼苏达人口中心(MPC)创建了一个在线数据访问和制图门户网站——国家历史地理信息系统(www. nhgis. org)(MPC，2011；Fitch，Ruggles，2003)。近年来，美国的普查数据和格式化的电子地理边界文件也可轻易获取和导入 GIS 软件。而在 NHGIS 项目的建立之前，较早普查年度数据和电子边界文件并不容易获取。MPC 创建了 1830 年后每一普查年度的边界文件和电子数据。对于城市中的小尺度区域，NHGIS 也创建了接近社区尺度的普查区电子边界文件，且最大城市的该项数据最早可追溯至 1910 年。这些精细尺度的数据为进行新类型的历史城市分析提供了重要的资源。社会学家 Andrew Beveridge 使用 NHGIS 数据进行了有趣的研究。他使用 1910 年和 1920 年的芝加哥和纽约的普查区数据和 GIS 边界文件，及 1940 年和 1950 年的洛杉矶相关数据，结合城市空间结构理论对城市人口增长模式进行了验证。Beveridge(2011，pp. 191-192)结合已有城市研究文献，指出分析城市增长的本质和空间模式的三种基本方法，总结如下。

1）芝加哥学派（社会学）假说

（1）人口增长和衰退：主要的人口增长应发生在远离城市中心的区域，而人口衰退现象则多见于邻近城市中心的区域。

（2）空间增长模式：人口的增长和衰退应具有一定的空间模式，即十年内的增长区域应临近于下一十年的增长区域，而衰退也是同样的。

2）洛杉矶学派假说

（1）人口增长和衰退：主要的人口增长并不遵循特定的空间结构，因而人口的增长与衰退大致发生在离城市中心一样距离的区域。

（2）空间增长模式：人口的增长和衰退并不具有一定的空间模式，十年内的增长区域可临近于下一十年的衰退区域，反之亦然。

3）纽约学派假说（更为适用于最近的历史阶段）

（1）人口增长和衰退：主要的人口增长应发生于邻近城市中心的区域，而人口衰退现象则多见于远离城市中心的区域。

（2）空间增长模式：城市中心的空间增长具有一定的模式，但城市其他区域的空间增长模式难以预测。

对于历史地理信息数据的新分析方法可见于图 B6.3。该图展现了 1910—1920 年芝加哥和纽约的人口密度增长遵循芝加哥学派所预测的同心圆模式，相较于城市远郊的巨幅增长，城市中心的密度呈衰退状态。然而，Beveridge 的其他部分分析还包含更为复杂的描述。他的空间分析为每一个理论模型提供了支撑，但皆要取决于特定的城市和历史情境。总体而言，城市一般在它们的历史早期和 20 世纪中期之前依芝加哥学派所预测的轨迹发展。然而，在最近的 20 年间，城市的发展模式呈现出更复杂的发展图景。对此，Beveridge 也呼吁学界也对此予以更细微的理论建构和分析。他也明确指出 GIS 分析为历史城市空间研究提供了可能。

6.4.5　不同视角下的城市

后现代主义中关于城市社会地理学的一个重要视角，即是意识到文化的重要性，尤其当其与社会分异（种族、性别和性取向等）的主轴相关联。我们在这一小节所探讨的资料并不由某一研究传统或理论所主导。现在不少研究特别是最近这段时期，关注城市社会空间辩证（socio-spatial dialectic）法则。空间格局与社会认同之间的关系已得到一定的关注和思考。例如，我们可以说性别认同的发展反映了城市的空间结构，而与此同时性别认同也对城市空间结构造成了影响。即社会空间是人类空间组织的社会产物，是动态变化的，强调了人与周围特定地域空间环境之间的双向互动的连续过程。我们将在这一小节评述两种不同视角下的城市空间形态：城市空间的女性主义理论，以及有关城市空间中性取向的理论。

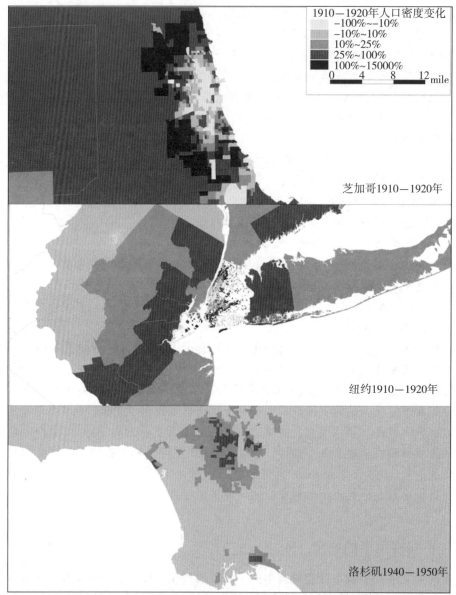

图 B6.3　1910—1920 年的芝加哥和纽约，1940—1950 年的洛杉矶的人口密度变化（Beveridge，2011）

1）妇女与城市

本小节以前的内容甚少提及妇女。这也在很大程度上反映了传统的城市社会空间模型并未考虑城市中社会空间与妇女认同和经验之间的联系。历史上，学者最为关注的城市空间属性或许是职住分离，这一现象可追溯至前工业化的现代主义时代，并随着资本主义生产工业化而强化。对父权制社会关系的反思亦要求人们在性别层面对空间进行文化理解。公共空间曾是工作与商业的场所，并由在薪酬经济下外出工作的男人所主导，私人空间则是由从事无薪酬家务的妇女所主导的家空间。这一过于简单的二分法已经在多个尺度上映射到地理空间。例如，Domosh 和 Seager（2001）观察到，在文艺复兴时期的欧洲，城市往往被视作男性气概的产物，而乡村则充满女性气质。随着工业化的发展，大型的新城市空间急需进入生产领域（如工厂、仓库和交通设施等），这些空间亦成为男子气概的公共场域的一部分，使得这一种观念更为深化并也得以重构。（非劳工阶层的）住房也愈发远离位于新建郊区的生产和商业空间。随之，当公共男性气概空间认同更多依附于城市中心和资本主义生产场所，城市中的私密女性空间与郊区关系更为密切。现今，将城市空间视作公共男性气概城市和私人女性气质郊区的简单二元对立的观念仍具有一定的文化影响力，并反映于城市空间的观念和政治层面。

当然，这一简单二分法并未能充分反映女性的城市生活的复杂性。例如，Domosh 和 Seager（2001）关注到不少购物活动所呈现的相关矛盾。随着工业化于 19 世纪不断推进，大规模生产使商品更为廉价，这也使中产阶级成为更广泛的消费者。当家务的性别分工劳动更为深入，妇女往往会被期待成为维持整个家庭运作的主要角色，这也愈发要求妇女需具备良好的家庭预算维持和家庭用品购置的能力。因大规模生产商品流通的需要，百货商场和其他零售空间往往分布于市中心，这要求妇女需从郊区的家这一女性气质的私人场所前往市区的男子气概的公共场域。这些日常流动亦催生了社会焦虑，并有不少研究工作开始投入在考虑妇女如何及何时通过城市空间更为"适宜"。

在过去五六十年，在工作场所中妇女的身影已越来越多。然而即便如此，父权制下的家庭劳动分工仍持续要求妇女承担绝大多数的家庭责任，即使其在外有工作的时候。这一双重责任与城市空间以众多重要的形式进行互动。空间压迫（spatial entrapment）的观点认为妇女为了处理好这双重责任必须牺牲其工作生涯。妇女的工作需离家不远，以便更灵活和有更多时间处理家庭事务。妇女所从事的工作往往又是被人们刻板标识的"女性工作"（如护士、教师和清洁工作），这些工作薪酬也相对较低，晋升机会也更少。亦有一重要的发展趋势，即大型企业开始将其文书和后台事务职能部分分布于郊区，以更好地利用具空间压迫性的劳动力市场，只因郊区妇女会倾向于寻找就近和弹性的工作（Nelson，1986）。

Hanson 和 Pratt（1995）以及 England（1993）认为，此处提出的空间压迫理论过于简单，但原因不同。Hanson 和 Pratt（1995）强调城市空间中工作地域的多样性。特别是，妇女提供劳动是为了响应非常地方化的规范和价值观（即当地的环境问题），而雇主对这些环境变化非常敏感。阶级也很重要，因为工人阶级的女性似乎比能够利用有偿劳动来承担家庭责任的中上层女性遭受更多的空间束缚。England（1993 年）强调了女性外出工作的动机和策略的多样性，并认为空间压迫理论并非普遍适用。

Dolores Hayden（1981）也从男性气概的公共空间和女性气质的私人空间的显著对比出发，对城市空间的高度私有化设计进行批判，认为其聚焦于单户（"理想"）家庭，而无法为承担双重责任下的工作妇女提供服务。这一观点生动地强调了单户家庭的私密性表面上似乎凸显了家庭为女性气质的私人场所，但这一设计导致家庭与社区资源相隔离，如多个家庭共居的房子可促使家庭劳动更为可行，因而妇女仍需承担不必要的家庭工作负担。知名耶鲁设计师 Hayden 根据以上批判，并基于工作妇女的需要，尤其是那些非传统家庭的妇女（如单身妇女、单身母亲和寡妇）的需要，设计了几种住房和城市设计替代模型。

2）性取向和城市

是否也存在一种性取向的城市地理空间？Frank Mort（2000）指出，由伦敦大都会警察局长所制作的 20 世纪 50 年中期卖淫和男同性恋地图认为是最早的有关同性恋城市空间地图，其当年也列入了臭名昭著的 Wolfendon 委员会报告（该报告被证明有助于使英国某种形式的同性恋行为合法化）。政府关注的是定位性取向"非正常"的空间并将其作为优先取缔该行为的区域，其中政府的手段包括对这些空间进行监控和管制（就像公共卫生运动可能从疾病地图开始一样）。而在此之前，有关城市性取向地理的内容甚少。绘制男同性恋地图已成为一项有吸引力的活动：特别是颇有名望的城市研究所（Urban Institute）制作的同性恋地图册（Gates，Ost，2004）。

历史学家和其他学科学者并不认同同性恋已被社会认知为一种与普通异性恋所对立的特殊身份的这一观点：一些学者认为男同性恋在不少古老的城市就是城市生活的公共和被接纳的一部分。其他学者则认为，同性恋被理解成一种（与异性恋相对立的）特殊社会身份的现象形成于 19 世纪中期的工业化时代，此时资本主义经济将核心小家庭作为社会再生产的场所。大部分学者皆认同公共社会身份在 20 世纪早期开始塑造城市空间形态。首先，由于城市相对于乡村和小城镇更具规模、多元化和匿名性，城市对同性恋活动具有一定的吸引力。在城市中，男同性者愈来愈倾向使用公共和半公共空间进行约会和性接触。公园、澡堂和公共卫生间成为有名的男同性恋的"巡弋"（cruising）空间，因其通常必须警惕警察的监管和/或意愿之外的其他人的观察。由于同性恋活动在大部分西方国家直到 20 世纪 60 年代或其后期都仍为非法活动，大多数的同性恋固定活动空间大多位于酒吧和社会俱乐部，而这些场所通常都分布于具有一定的性倾向容忍度的城市地区。

在 20 世纪 60 年代，男同性恋空间产生了剧烈的变化，而这部分是缘于社会对同性恋的容忍度的提高以及 1969 年格林威治村石墙暴动后同性恋平权运动的兴起。结果是在不少美国大城市中，同性恋的活动空间开始由公共厕所和秘密酒吧这种暂时性和隐秘的空间转向自发集聚的居住区：Levine（1979）将其命名为"同志社区"（gay ghetto）。正如本章上文中提到的，男同性恋者经常与绅士化具有普遍联系。对于其中的缘由有一种过于简单化而片面的观点，即尽管男同性恋的工作并没比异性恋者具有更高的薪酬，但由于他们通常不需承担抚养孩子的财务负担，因而其可以更充分地利用其可支配收入。为了在城市中寻找相对更为宽容和匿名环境，其通常会乐意成为内城社区的先驱者，而这些内城社区虽邻近于城市中心的生活服务设施和工作机会，但其通常已深陷于数十年的衰败和已被市民所抛弃。男同性恋者利用他们的生活方式和财政资源，投资于边缘社区的房产，并通过装修和血汗钱启动中产阶级化进程。尽管并非所有的绅士化皆与男同性恋者集聚相关，但一些最先和最为显著的案例（如圣弗兰西斯科的卡斯特罗区，纽约的格林威治村，新奥尔良的玛雷尼社区）明显与男同性恋者有关。

　　Lawrence Knopp 对同性恋城市空间进行了广泛描述。其中一种颇具影响力的观点
(Lauria，Knopp，1985)为：男同性恋者聚集于特定的城市社区实质为一种创造同性恋领
域的特殊策略，以建立和捍卫同性恋者的社会身份。甚至这些同性恋者社区也为社区如何
发展经济和政治力量提供了一种基准(Knopp，1990，1998)，尽管不同的城市之间特定目
标的实施方式存在明显的差异。

　　已出版的大部分关于城市空间与性取向研究皆集中于男同性恋而非女同性恋。一些学
者(如 Castells，1993)即认为女同性恋者较少倾向集聚于一个显著的"女同性恋者社区"，
这也部分由于男性具有与生俱来的占据领域的渴望。这一视角无疑亦过分简单化并深化了
性别刻板印象。随着学界对于绘制男同性恋者地图具有持续的兴趣专题 6.4，最近的研究
在几个层面批判了这些研究方法。首先，创作这些地图的数据存在不少问题；官方统计数
据只统计居住于不同类型家庭中的同性伴侣。然而，不少男同性恋者和女同性恋者通常皆
故意隐藏其性取向。其次，即使在绘制同性恋空间地图时，但经常也有不少非同性恋者同
时居住于这些社区，也有不少男女同性恋者居住(和工作以及娱乐)在城市的其他空间。
再者，对同性恋空间的聚焦实质掩盖了城市内所有的空间都具有不同的性取向认同这一基
本现实。

◎ **专题 6.4**

绘制同性恋空间地图

　　城市研究所的 Gary Gates 对美国统计局数据进行了充分挖掘，并对其中的同性恋
者数量进行了统计并绘制成图，而其令人瞩目的工作也呈现在一本名为《同性恋者地
图册》(*The Gay and Lesbian Atlas*)的著作上。Michael Brown 和 Larry Knopp (2006)使用
灰度对地图册中的几张图件进行了渲染：基于 2000 年的官方统计数据，这些图件展
示了西雅图女同性恋家庭和男同性恋家庭的社区分布。然而他们的方法依旧存在较为
严重的方法论问题，Brown 和 Knopp 强调这些地图大致与已为当地所知的存在"男同
性恋"和"女同性恋"现象的城市空间相对应。尽管如此，他们也指出处理数据的方式
若稍有不同即可制作出视觉上非常不一样的地图(图 B6.4(c)展示了重绘的女同性恋
家庭分布地图)，这也可更好地呈现一些已显著成为一定数量的女同性恋者"家"所在
的社区。Brown 和 Knopp 对 Gates 的绘图进行了大量的分析工作，我们在此不一一展
开。Gates 的统计工作也被人们在不同背景下广泛讨论。而近年来，Richard Florida 由
于其"创意阶层"的观点(2002，2005)受到了广泛的关注，他认为通过吸引开创如
Google 和 eBay 等公司的各种创新和创意人才，以构建多元化、包容的、活力的波西
米亚文化生活的城市，在经济上取得了一定的成就。Florida 和 Gary Gates 合作提出了
"男同性恋指数"(Gay Index)，并将其作为判断是否吸引新兴"创意阶层"居住的具有
文化多样性和包容度的城市。

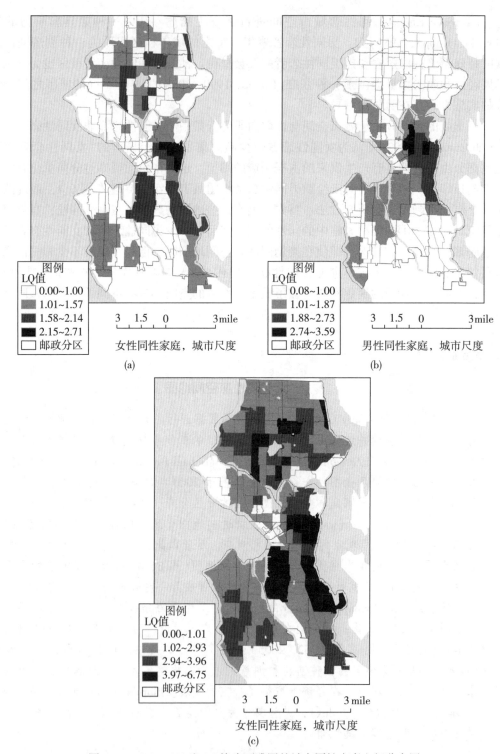

图 B6.4　（a）、（b）和（c）皆为西雅图的城市同性恋者空间分布图
（整理自 Brown，Knopp，2006）

6.5　小结

　　本章所关注的重点为城市的社会景观，特别是置身于传统和当代的背景去理解不同的社会群体如何栖居于城市不同的部分。本章第一部分所呈现的众多模型皆在过去 30 年间饱受批判，其中部分批判反映了理论框架的变化，而部分批判则折射出基于同心圆和扇形等简单形态描述的传统模型已不能描述大多数人(更不用说学者)所能观察到的城市现象。例如大多数城市居民可强烈感受到郊区的快速变化，即不断增多的工作岗位和娱乐场所，以及城市中心中绅士化社区的扩张。

　　因而这章的后半部分大多聚焦于从新理论视角理解城市中的当代社会景观。我们在讨论将结束时提出一个简单的问题：是否所有城市现在的形态皆与其过去的不同？在此我们不妨回顾一些本章前文所提到的学者的观点。以 Peter Marcuse 为例，其在 20 世纪 90 年代的文章和著作中提出了措辞强烈的观点，即在经济全球化的时代城市产生了显著的转型。然而在一本出版于 2000 年的专著中，Marcuse 收回了这些观点。Marcuse 总结：尽管确实存在各种塑造全球化城市转型的力量，过去的城市空间进程和形态也存在显著的连续性，而并没有大量证据已证明全球化进程中的城市已开启一种"新的空间秩序"。

　　相似的局面也可见于有关新兴的后现代城市的争论。如果不讨论新术语，有关后现代城市主义(以及洛杉矶的原始状态)的讨论与一个世纪前芝加哥学派开始占据相关领域主导地位所引发的争论具有惊人的相似性。这并不意味着我们忽视当代城市社会景观的重大变化。简单而言，这些变化是长期空间演变和宏观经济活动变化的共同作用下的结果。随着人口地理统计(geodemographics)的快速发展，使其逐渐成为表现城市社会结构演变的流行的非学术方式。这一方法利用了我们在本章所探讨的商业用途城市社会模式。商业机构往往以居住区群体为重要的市场目标，并以其挖掘潜在的有利可图的区位，进而进行投资建设。

第7章 城市住房市场的发展

在上一章中，我们讨论了城市社会群体的一般空间分布，即城市的社会空间结构，与之不可分割的另一个概念则是城市住房分布。无论是否受到足够关注，城市住房无疑是城市社会景观中非常重要的一部分。当我们考察一个城市各个方面时，常常会下意识地思考很多与住房相关的重要问题。

城市住房形式极其多样：在新建的城郊街区，大别墅沿蜿蜒的大道分布直到尽头；在市中心，常见各种狭窄街道，旁边是连排的紧凑楼房；还有一些街区里，我们则可以看到大型公寓。"住房"是城市社会景观学中一个举足轻重的名词。在本章中，我们将以北美城市的住房市场为研究对象，分析长期以来对其产生影响的几大主要力量。具体来说，将从房产市场的发展、衰竭及其各种形式的复兴三方面入手，研究城市住房及其市场的基本特点。

7.1 住房和住房市场

什么是住房？从根本上说，住房是人类生存的一项基本需要，它起到庇护作用，并且为人们提供了固定的食宿、休憩场所。对于北美洲的社会群体而言，住房则有着更广泛的内涵，例如住房可以在一定程度上代表一个家庭的最大单笔支出以及潜在投资。选择住房时，大部分人会首先考虑房子的实际功能，但也有一些人更希望可以找到表达自己性格或者价值观的房子。这里可以提出几个问题供思考：有哪些基本因素影响了人们对住房的选择？政府和商家该如何合理地提供住房资源？城市住房随时间的推移发生了怎样的改变？

7.1.1 住房分类

如何将住房与其他用地区分开来呢？常用判断方法是：用地是否被私人占有且各方面都受居住者自由支配。最简单的一点是，将出租房与自住房屋区分开来。根据《房屋百科》(*The Encyclopedia of Housing*)一书对房屋所有权(租房者与业主的区别是次要的)进一步细分，可基于更基本的因素将住房划分为私有和公有、市场与非市场四个种类，如表7.1所示。

这非常容易理解，区分标准有两个：第一是所有权，即该财产是公共组织或政府部门持有的，还是私人持有的；第二是流通方式，即住房价格和使用条款究竟是由市场因素还是非市场因素决定的。这两个标准将界定出四个类别，其中，公有的市场化住房罕见，而私人的市场化住房(包括租赁房产与购得房产)最常见。在美国，超过90%的房产都是私人所有，在市场中流通的。公有的非市场住房虽然有少许，但总归也只是小部分，该种类在加拿大等其他一些工业化国家占较大比例。私有的非市场化住房也常见于工业化国家，常作为社会保障房或非营利住房，住房归私人拥有，但不流通于市场。由于此类住房给低收入群体提供了能够负担得起的房产，受到多数社会活动家的强烈赞同。

表7.1　　　　　　　　　　　　　以所有权与流通方式区分住房种类

		流 通 方 式	
		市场	非市场
所有权	私有	私有市场化住房	私有非市场住房
	公有	公有市场化住房	私有非市场住房

大多数房屋在美国是私有的，且是通过市场流通确定价格的。因此，住房可视作一个普通商品，能够自由买、卖、租赁。这意味着，住房的交易遵从市场规律，可以使用经济学原理对之进行分析。但是，住房与其他商品不同的是：它通常固定于一处不可移动、非常昂贵、可持久保有，且在很大程度上受邻里周遭环境影响，同时拥有强大的使用价值（我们除了居住，还可以通过住房得到很多无形的好处）和交换价值（当住房出售时，便实现了其经济价值）。房屋的这些特点，特别是其不可移动性，导致我们分析住房问题时不得不面对很多不同于一般商品的复杂情形。

我们一直在研究，是哪些因素决定了住房的生产数量（建造或翻新的数量）、布局位置、购买群体。本章将使用新古典经济学理论对住房加以研究，从而了解是什么影响了住房的需求与供应，以及供需关系会给住房市场带来哪些影响。

7.1.2　住房市场：需求问题

不论何时何地，人们都需要庇护之所，从而有了住房这一需求。需求分析不仅仅统计家庭数量和住房数量，还包括研究住房配套设施，因为这些也会影响住房经济价值。购房或租房的时候，人们会在支付能力（能否承担租金或按揭）和住房设施条件二者之间反复权衡。

当考察想要居住的房屋时，你可能会问以下问题：有多少间卧室？有多少间浴室？厨房有多大？是否有停车位？附近有游泳池吗？房内有中央空调吗？这当中的每一项都影响到房屋的使用价值和交换价值。

相对于租房而言，购房的时候人们更加注重房屋的各项设施，但受制于支付能力或预算又必须作出权衡。就算没有白纸黑字地制定具体预算，大多数人仍然会根据自己的能力作出最经济的选择。每个住房都因其舒适性的不同而具有个体价值差异。因此学界在研究住房时，会试图量化这些设施条件。其中一种常用方法是 HPM（hedonic price modeling），即特征价格模型，该模型将在专题7.1中详述。在大多数情况下，我们会对各种设施进行全面统一量化。

住房作为一种商品，值得关注的另一属性是地理位置。住房价值不仅取决于设施，还取决于其所处地段。寻找住房的时候，我们不仅权衡预算与支出，还在做一个空间上的选择。我们可从不同的尺度来看待地理位置将对住房造成的影响：第一，宏观环境，所处地段采光如何，周围是否有小溪或泥沼，土壤是岩质还是砂质；第二，街区条件（见专题7.2），是否临喧哗的街道或铁路轨线，邻里的房子是否比你的更大、更漂亮，更具有设计性；第三，日常活动便利程度，这一点往往决定了你选择住房位置的具体范围。由于平时需要上班上学、餐饮购物、娱乐放松、锻炼身体等，人们常倾向于住在距离完成上述活动的场所不远的地方。你一定考虑过这几个问题：住所离公司或学校有多近，出行可依靠公共交通还是必须自行驾车，周围有没有便利店，从住所到机场是否方便等。一个在设施上具备高价值的住房，也许就不得不接受它在区位上的低价值；或者，你更看重区位上的价值，选择了一栋靠近公司或学校的房子，而与此同时你就必须牺牲一些居住设施上的舒适性。

◎ 专题 7.1

特征价格模型

根据大量的城市住房数据，经济学家建立了数据库，并给出一个房价计算模型。数据库包括了每一套住房的售价以及其他基本信息：卧室数量、卫生间数量、面积、地下室的情况等。有了这些信息，便可以研究每个住房条件对房屋整体销售价格的影响。学者基于统计学的多元回归模型，计算出每一个住房条件对于住房售价的净贡献，并将其广泛应用于房屋估价问题中。例如，增加一个额外浴室，其他条件不改变，房子价格提升多少？

下面将依照数据库中的情形，给出一个最典型的回归模型：

$$P = 125000 + 1750 \times BA + 3250 \times BE + 5050 \times FB$$

式中，P 表示房价（单位：美元）；BA 为卫生间数量；BE 为卧室数量；FB 为地下室数量。

例如，在不改变房屋其他条件的前提下，增加一个额外的浴室，平均而言会使得房价提高 1750 美元。当然，并不是说任何情形下都如此，在实际情况中，价格可能会提高得更多，也可能会提高得少一些。这个公式的意义在于能够描述房价与房屋条件的一般关系，故被称作特征价格模型。

◎ 专题 7.2

街区条件与居民意向

在把房子当作商品来流通的社会里，研究房价时一个很有趣的问题就是探讨当地环境对于房价的影响。房地产经纪人通常告诉我们，一栋房子的最重要条件之一就是位置，其重要性不亚于房子的内部属性。想象一下，一栋郊区豪宅拥有四间卧室、两个车库和所有的顶配设施,而位置却不巧邻近一个大型垃圾场,那么毫无疑问,房价会因为它的位置而大打折扣。而相反,如果这栋房子位于环境优美、远离污染的地方,房价将会非常之高。

具体研究中,我们知道,社区环境并不是一成不变的。一栋房子在建时,周围可能没有任何标志性地物。随着时间的推移,周边土地逐渐被开发或重建。如果周围用地的开发可能对居民产生不利影响,房主会自发抵制或抗议。有时甚至会出现一个地区的居民为了保护自己的利益而联合起来共同抵抗一个开发计划的现象。居民对其政治权力的行使、对其周边环境的维护,也会成为城市发展过程中一股强大的力量,影响到决策层的规划,进而影响城市的布局成形。一些评论家认为,居民具有这样一种倾向:拒绝住宅周围的土地被用于公共公益开发,但能接受其被用于私人住房建设,甚至还非常欢迎周围出现一些高质量、高价格的私人住房。毕竟居民是非常现实的,他们会反对一切伤害自己利益的事情,例如在他们住房的周围建设垃圾场、工厂或公益住房(尤其是面向低收入人群的)。这一类开发常常具有负外部性,即溢出噪声、气味,影响街区外观,低素质人群等,故而遭到居民的强烈抗拒。

正如前文提到的,具有明显负外部性的用地开发项目往往成为争议的重灾区,如污水处理厂、垃圾焚烧发电站等。最后导致的结果是,项目不得不从一个合适的地区搬出,退而求其次地建在人烟更稀少、效率更低下的地方。也许还有一种更糟的情况——项目被搬移到了贫民区,因为那里的居民没有足够的力量来提出抗议并干预决策。

以上提到的所有因素都影响到房屋的市场价值以及你愿意为此付多少钱。注意,由于承担能力不可改变,选择住房时你做的其实是权衡取舍的工作。在预算有限的情况下,你们中的一些人可能会选择一个有生活福利吸引力的住房,但不得不接受一个不太有利的位置。或者你看重一个靠近工作或学校的地方,并选择牺牲一些你想要的便利设施,以确保你在一个好的位置。

7.1.3 住房市场:供给问题

住房供应是一个涉及多方面的复杂问题。首先,住房是在固定位置就地生产、就地使用的,而不像其他商品在工厂中统一生产装配,再运输到消耗它们的地方。因此,大规模生产与流水线工作带来的成本节约效应在住房这个特殊商品上很难有所体现。即便如此,建筑商还是从大规模生产和流水线工作中获得了经济利益,尤其是"二战"后,对住宅的性质也有了巨大影响。这个产业正在越来越细化与流程化,还衍生出了平面设计行业、地基修整行业(如填挖整理地形、清除地面植被)等。

还有一个与住房供应相关的重要问题:能否充分向全民普及住房,尤其是向低收入群体或残障人群?一直以来的经验表明,大多数家庭将大约1/3的收入花在了房子上,对于低收入家庭而言,这一比例还要大得多。一些社会活动家和学者认为,从这一点来看,目前的市场并未能提供足够的住房。低收入家庭不得不面对两难的选择:要么让自己接受一个条件极差的居所(如公租房),要么以承担巨大经济压力为代价而居住条件稍好一些。

在过去几十年里，民众能负担得起的住房正在变得越来越稀少。而经济学理论告诉我们，市场应该通过一系列机制来保障低收入群体的住房问题，这个机制就是接下来要讨论的过滤（filtering）与空置链（vacancy chains）。我们将了解到，传统的经济学理论是如何与地理学规律相结合并共同作用于住房市场的。

7.2　以空间视角看住房市场

前面我们主要围绕住房市场的运作进行了一些抽象的解释，并未讨论房地产市场所具有的鲜明地域性特征，因此，本节我们将引入空间视角来进一步研究城市住房市场。

7.2.1　城市生态与住房市场：入侵与演替

前面我们介绍了芝加哥社会学派的视角下的城市空间结构（即围绕中心商业区和工业区而形成的同心圆结构）。这种角度也有助于我们理解住房市场的空间变化规律。根据生态学理论，城市住房的蔓延过程是由内而外，正如之前我们讨论的近几次移民（图 7.2）所导致的社群入侵与演替问题。原住民的就业受到外来移民冲击，他们不得不离开所在的地方，往外面的圈层搬迁（图 7.1）。尽管原住民会自动与移民保持一定距离，使得二者分布在不同圈层，但社会阶层流动与文化融合也是客观存在的并可能最终成为主流。

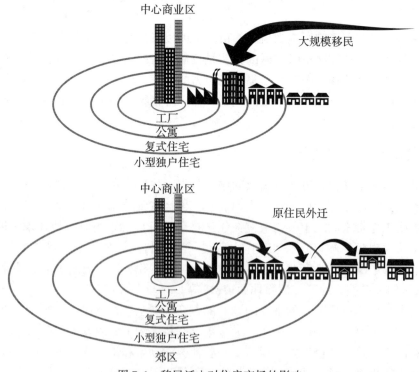

图 7.1　移民迁入对住房市场的影响

7.2.2　过滤与空置链

房地产经济学家 Homer Hoyt(1939)根据 20 世纪 30 年代美国房价数据，找出了城市住房空间分布的几种模式以及背后的原因。与源于生态学的理论相反，Hoyt 认为城市生长是由外向内的。

Homer Hoyt(1939)观察到，推动城市边缘增长的往往是那些高收入家庭(图 7.2)。随着收入的增长，房主希望拥有面积更大、环境更好的住宅，因此会搬迁到城市边缘的空旷地区。而他们原先的房子就可以出售给新的家庭，通常是年轻的、财产较少的家庭。此时新搬入的家庭又会将他们之前的房产出售给比他们收入更低的人。如此一来，收入较高的家庭不断往外迁移，而收入较低的家庭会搬过来填补这个空缺，一层又一层地发生链式反

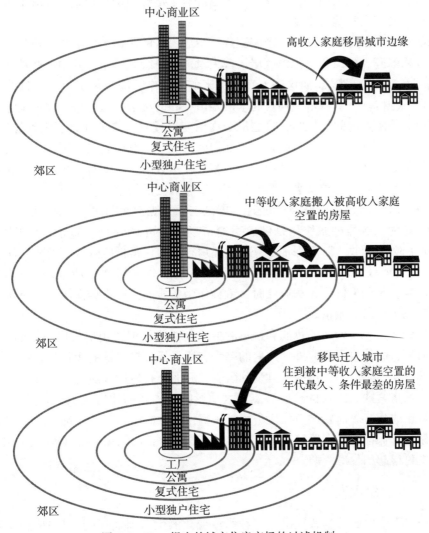

图 7.2　Hoyt 提出的城市住房市场的过滤机制

175

应，即空置链。收入越高的人住在越边缘位置，将内部圈层里面积较小、年代较老的房屋留给了收入较低的人群。而城市最中心的圈层中条件最差的房子，最后往往留给了迁入该城市的移民。

过滤是一个与空置链相关的重要概念。城市圈层之间存在一个由住房价格差形成的过滤器，居民每向外完成一次过滤就占领了更舒适、更大、更昂贵的住房；未能完成过滤的则留在了相对落后的地区，继续住着条件较差的住房。想象一对年轻夫妇，最初搬来一个城市，在城市中心附近租一个小居室；随着他们升职、加薪、存钱，符合了过滤条件，就能够搬进一个更好的公寓；这个时候，他们已可以负担得起一辆车，从而能够接受长距离通勤；几年后，他们决定搬出公寓住到独户住宅，但更加远离市中心；随着孩子成长，他们想要一个更大的房子(或许多了一个卫生间)，并开始关心周围学校的质量和邻里社会关系；又过了几年，孩子们长大了，一家人已经有了足够的财富积累，在城市边缘地区购买或自建了一套宽大舒适的别墅。

类似的过滤作用常常改变着一个家庭或一个居民区的命运。Hoyt 在 20 世纪 30 年代观察到，低收入家庭、移民和少数民族居民曾大量涌入一线城市中，其中一些社区甚至变成了"贫民窟"(之后将详述)。而这些人在接下来的生活中，随着住房市场的过滤效应逐渐分布到不同的地区。一个城市最初建起来的是市中心的房子，这些房子曾经也是上层社会户主的住所。但随着时间的推移，这些房子逐渐变得过时，户主开始感觉到住房面积小、设施不够现代化、停车不方便等问题。当他们因为这些问题而迁出旧宅时，就会有一个收入低于他们的家庭迁入。住房交易中，一般买方较卖方而言，拥有更少的财富和更低的社会地位，于是数年后，房子又会继续卖给下一个收入更低的家庭。

每次过滤后，都会有家庭发生搬迁，搬迁与否、搬迁到哪里，则取决于家庭收入。Hoyt(1939)认为，这种过滤作用是健康房产市场中不可缺少的一部分。对于居民而言，正是这种作用，为低收入阶层保证了一定的住房存量，使得低收入人群有机会住进价格低廉(虽然条件可能较差)的房子；对于住房资源而言，这种过滤作用也是一种淘汰机制，当一栋房屋实在年久失修、无法居住时，就会作为劣质商品被市场淘汰，从而在一定程度上保证了市场上住房的质量。

一些决策者认为，低效的过滤和过早的拆除是造成经济适用房供应不足的主要原因。经济萧条时期，高等收入家庭外迁购房的趋势有所降低，空置链的运行被打破。这一过程恰恰是过滤的初始阶段。该过程一旦受到阻碍，后面链式的过滤随之受到影响，导致过滤效率降低、住房紧缺。Hoyt 的这些观点极大地影响了国家的住房政策，尤其是"二战"以后的北美城市改建。政府要调节住房市场，缓解住房供应压力时，首选方法应该是刺激高收入家庭搬迁，保证住房空置链合理运行。只有这样，低收入家庭才能够源源不断地得到合适的、支付得起的住房资源。

7.2.3　街区生命周期

一些城市理论方面的学者提出了一种邻域变化的生命周期理论，与 Hoyt 的论点十分相似。每个地区的住房都是有自己的生命周期的，从它诞生开始就注定要随着年限增加而经历发展与衰老,最后因为自身原因或社会原因而被淘汰。这一过程是不可避免的,因为它是市场正常运作产生的结果。

1962 年,Edgar M. Hoover 与 Raymond Vernon 在研究 20 世纪 50 年代的纽约城市住房后,提出了一个街区阶段进化模型(街区生命周期,Life-Cycle Notions of Neighborhood Change)。这一模型与 Hoyt 的理论相一致,且与芝加哥社会学派关于入侵与演替的说法不谋而合。五个阶段中,两位学者试图解释一个街区的住房存量是如何随住户的身份特质改变而改变的。

阶段 1:城市化阶段,即一个区域开始发生城市化。

阶段 2:过渡阶段,随着人口密度增加,住宅的容积率被动提升。

阶段 3:减缓阶段,人口密度仍然增加,与此同时原有的住房逐渐老化过时,舒适性下降。

阶段 4:衰退阶段,居民不满当前居住环境,向外搬迁导致人口数量下降,住房空置。

阶段 5:复兴阶段,空置住房被市场淘汰后,通常会在政府引导下进行拆除改建,土地利用效率得到提高,再度复兴。

此后,一些学者陆续修改了 Hoover 与 Vernon 的模型。例如,1981 年 Anthony Downs 提出了一个连续变化的"生存模型",他认为一个街区变化的五个阶段是:①健康运行阶段;②初始下降阶段;③明显下降阶段;④严重恶化阶段;⑤衰亡阶段。其中,③与④之间是明显分界点,该点往后,街区居民组成将发生巨大变动:租房者代替购房者,穷困者代替工薪阶层,整个街区居民的生活都随之改变。该理论与之前学者的论点不同之处在于,Downs(1981)认为街区的变化并不一定是朝着固定方向的,任何一个阶段里街区都可以沿两个方向发生连续变化。变化的方向则取决于市场情况以及公共干预情况。

以上模型都是以传统的市场理论为前提的。而实际上,住房市场的问题并不见得如此理想化,这也是下面我们要讨论的问题。我们首先要考虑的是住房与金融市场是否一视同仁地向所有公民提供平等资源。然后还要考虑政府参与带来的影响。例如在经济大萧条时期,联邦政府实施了贷款担保计划,引起了一系列关于政策变革对住房市场影响的讨论。下面将介绍政府与公共组织是如何动用自身权力调整住房市场的。

7.3 住房资源分配不均

城市住房资源分配长期以来存在不均。19 世纪末和 20 世纪初,移民大量涌入工业城市,生活在人口密度大且条件恶劣的地方。住房资源紧缺、住房条件不佳的问题也困扰着后来的移民(在后文中,这些移民或有色人种将被统称为少数民族居民)。尽管群体收入差异是造成这一现象的原因,学者却注意到即使有同样的收入,白人得到的住房资源也与少数民族居民存在差异。当时的议员虽然清楚地认识到这一问题,却依旧在种族问题上坚持双重标准。之后我们会具体讨论有哪些措施的施行导致且强化了族群间的隔离与差异,但在这里仅研究其对住房市场的影响。

7.3.1　房产中介与区别待遇

无论租房或购房者，在房地产市场参与交易时都有可能受到歧视。John Yinger(1995)认为，歧视现象是住房交易中无法避免的一个问题，他讨论了住房交易的三个阶段，并认为族群歧视在最开始的咨询阶段就现出雏形。第一阶段里，购(租)房者需要向中介咨询房产信息，此时中介有可能顾及购(租)房者的特殊种族，只向他们提供了有限的房源信息；第二阶段里，购(租)房者需要和中介协商签订合同，并且根据自身情况申请补助，而在条款合同方面，不同族群可能受到不同对待；第三阶段则涉及地理位置的选择，购(租)房者通常要考虑街区内邻居的种族组成，尽量融入相似族群，避开大量异己族群，于是其选择范围再次受限。

早在 20 世纪初，住房歧视就已成为普遍现象。一些房主拒绝售(租)房给少数民族居民，一些中介则只向黑人提供黑人聚居区的住房信息。这些房主和中介一直以来都被指控为导致社会割裂与族群矛盾的元凶。

20 世纪 60—70 年代，由于相关政治运动的成功，法律开始明令禁止各种形式的种族歧视。尽管如此，住房市场的种族歧视仍以隐蔽的方式继续存在：明面上的歧视日渐消隐，而更深层、更微妙的歧视却不减反增。20 世纪 70—80 年代的研究也恰恰证实，业主、物业管理者、房产商依然未能对所有居民一视同仁。

Margery Austin Turner 等(2013)运用一系列对比实验，针对住房市场交易中的种族歧视问题进行了长期调研，并整理成报告《2012 年住房歧视研究》(HDS 2012)。之前，也有过类似的研究项目，分别启动于 1977 年(HMPS)、1989 年(HDS)和 2000 年(HDS 2000)。研究过程为：挑选几组参与实验的人员，他们职业、学历、经济实力等几乎完全一致，但其中各组种族不同，有的组是白人，有的组是黑人，有的组是西班牙裔或亚裔。他们经过培训后，扮演购(租)房者的角色，向业主或者中介咨询房屋信息，并详细记录自己得到的反馈，以用于后面的对照研究。

不出意料，研究结果曝光了不同种族所受到的区别待遇，其中白人组实验员在咨询过程中无一例外地受到最佳对待(Turner et al., 2013)。Turner 等(2013)的研究表明，少数民族居民在住房市场参与交易时，相当一部分人都会遭遇歧视。较之从前而言，公然的、直接的歧视(如拒绝咨询或服务态度恶劣)已基本难以见到，但间接的歧视仍然普遍存在并十分难以察觉。表 7.2 是反馈记录表，它展示了购(租)房者在咨询时可能遭遇的各种歧视。一般而言，咨询阶段将是一个人租(购)房最容易遭遇歧视的阶段，原因在于两点：其一，咨询阶段要经历众多繁琐步骤，每个步骤都可能存在歧视；其二，购(租)房者通常会咨询多个业主或机构，每个业主或机构都可能对某些种族带有偏见。《2012 年住房歧视研究》(HDS 2012)显示，白人在许多阶段(尽管不是全部)都能得到优待。John Yinger(1995)使用 1989 年 HDS 最保守的歧视统计数据计算得出，在住房搜索过程中的某个时间点遇到某种形式歧视的可能性非常高，这是因为优惠待遇可能发生在住房搜索过程的许多不同阶段，也因为大多数人在寻找住房时与许多代理人互动。

表 7.2	住房或购房咨询过程中逆向歧视的反馈表
租房咨询	**购房咨询**
	1. 信息提供情况 广告上的房源都是否均为有效房源？ 是否提供其他类似房源的信息？ 推荐房源的总数量？
1. 信息提供情况 广告上的房源都是否均为有效房源？ 是否提供其他类似房源的信息？ 推荐房源的总数量？	
	2. 检查验收情况 广告上的房源是否都经过验收？ 其他类似房源是否也已验收？ 通过验收的房源的总数量？
2. 检查验收情况 广告上的房源是否都经过验收？ 其他类似房源是否也已验收？ 通过验收的房源的总数量？	
	3. 贷款服务 是否可以帮助联系贷款？ 有无具体贷款机构推荐？ 首付是否可商议？
3. 花费情况 是否收取咨询费用？ 租金是否有优惠？ 是否需要抵押？ 广告房源的租价？	
	4. 服务情况 是否跟进联系？ 是否允许购买？ 是否安排后续咨询？
4. 服务情况 是否跟进联系？ 是否允许租住？ 是否安排后续咨询？ 是否安排填写需求登记表？	
	5. 邻里情况 推荐房源邻居中白人大约占比？ 实际房源邻居中白人大约占比？

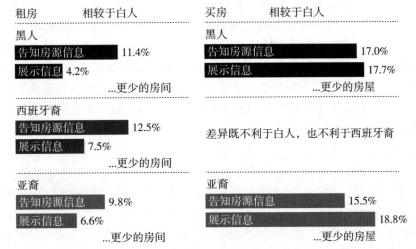

图 7.3　在住房租赁和购买市场中对非白人族裔的区别对待(Turner et al. , 2013)

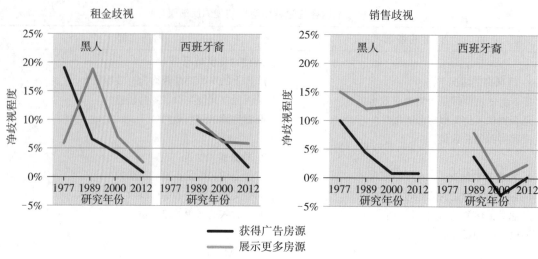

图 7.4　对黑人和西班牙裔住房销售或租金歧视的长期趋势

（改编自 Turner et al.，2013，图 ES-10，p. xix 和图 ES-12，p. xx）

　　图 7.3 展示了 2012 年的一些研究结果。在租房咨询中，提供给黑人、西班牙裔和亚裔的实验员的房源信息要远远少于提供给白人实验员的。其中黑人和亚裔受到的歧视最为严重。图 7.4 表明，在过去的几十年里，租房交易中针对黑人与西班牙裔的种族歧视已有所好转，而销售中这一现象依然明显，特别是在非直接的、隐蔽的歧视方面。总体而言，尽管公开的歧视已减少，种族差别对待的现象却仍普遍。

　　除种族歧视外，住房和城市发展署（HUD）在 2011 年还对同性婚姻家庭在住房交易中受到歧视的状况做了类似研究（Friedman et al.，2013），信息来源主要是在线广告。图 7.5 表明，从一致性指数而言，异性婚姻夫妇受到的待遇要明显优于同性婚姻夫妇。更具体来说，异性婚姻夫妇常常会收到更多的咨询回信和广告邮件。这种现象从城市到乡村都存在，最保守估计 75% 的住房交易中都存在针对同性恋者的歧视。

　　"定向引导"是一种内在的且不易被察觉的歧视手段，并可能加剧地理空间上的种族隔离。它是指中介公司在接受少数民族、外来人口等客户的咨询时，在其不知情的情况下故意劝导他们住在自己族群聚居的街区（Yinger，1995，pp. 51-52）。《2012 年住房歧视研究》（HDS 2012）对此进行了详细调查，发现中介公司的确会因为客户种族差异而在引导上出现明显偏向，这种做法毫无疑问地加剧了种族隔离。白人被引导居住在白人区，而其他人种或其他民族的人被引导住在各自的聚居区或混住区。有时候，中介公司甚至还会引导白人住在经济更发达的富裕街区，而把其他人种或其他民族的人引导向中低收入人口居住的地方。

　　表 7.3 体现了黑人、西班牙裔和亚裔的实验员在咨询房屋信息时得到反馈与白人的差别。中介公司对黑人实验员的定向引导最为明显，其次是亚裔实验员。虽然西班牙裔实验员受到的定向引导不太明显，但考虑到调查方法和调查内容的局限性，我们尚不能武断得出他们未受到此种对待的结论。

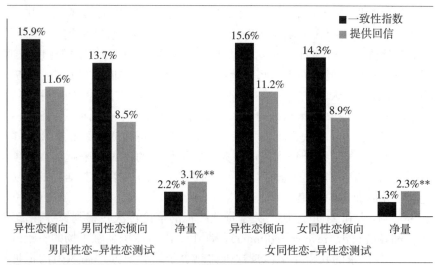

*在 $p \leq 0.05$ 级别显著　　　　**在 $p \leq 0.01$ 级别显著

图 7.5　2011 年美国住房交易市场中对同性恋夫妇的歧视（Friedmem et al., 2013）

表 7.3　　　　　　　　　　　　针对定向引导现象的调查结果

种族	白人	黑人	差别	白人	西班牙裔	差别	白人	亚裔	差别
调查项									
推荐房源邻居中	24.8%	16.8%	8.0%	22.6%	20.8%	1.8%	25.6%	21.0%	4.6%
白人占比	66.1%	64.3%	1.8%	53.5%	53.9%	-0.4%	59.2%	58.0%	1.2%
实际房源邻居中	20.5%	15.5%	5.0%	25.8%	20.8%	5.1%	25.4%	19.5%	5.9%
白人占比	67.3%	65.8%	1.4%	56.1%	55.8%	0.2%	58.8%	57.5%	1.3%

注：底色为深灰色表明两组数据在 0.05 水平上具备显著性差异，底色为浅灰色表明两组数据在 0.10 水平上具备显著性差异。

来源：Turner et al., 2013, Exhibits IV-19, IV-24 & IV-29（pp. 56, 60 & 64）。

7.3.2　租房中的歧视现象

种族差别始终是住房交易市场中的一大重要议题。经济大萧条之前，私人交易里或多或少都存在种族歧视现象。很多人明目张胆地拒绝给少数民族居民提供租房服务。银行也加入歧视者的行列，不向这些人提供住房贷款，即便他们的经济实力完全足以还款。

贷款机构甚至还设计了一种专门针对黑人、犹太人或其他少数民族的贷款风险评估方法。其假设前提是：少数民族的存在不利于一个街区的长期发展，并会拉低街区房产的市场价值。评估方法里有这样一张专题地图，凡是少数民族居住的地方都会被标记成红色以示警诫。而以现在的眼光来看，这种将少数民族当作一个特殊的高危群体的做法完全是赤裸裸的种族歧视（见图 7.4）。

在经济萧条期间，联邦政府推出了用于保障居民家庭生活的红线计划。其中重要的一项便是由联邦住房管理局（FHA）提供的贷款担保，这一项担保的覆盖范围并不包括少数民族居民，哪怕他们当中很多人亟需援助。这样的歧视行为一直持续到"二战"后几十年。

联邦政府最终终止了红线计划并立法禁止了该类歧视。1975 年的《住房抵押贷款法》（HMDA）要求银行必须上报他们借出每一笔款的数量和具体去向以供调查。1977 年的《社区再投资法案》（CRA）要求贷款人必须向不同地区的人（包括贫困区与少数民族居住地）无差别发放贷款。但歧视现象依然随处可见。根据银行依据《住房抵押贷款法》（HMDA）上报的数据来看，20 世纪 80 年代，美国大多数贷款尤其是高额贷款都发放给了白人。

20 世纪 90 年代，从红线计划到租房服务，关于歧视的探讨越来越热。一项由波士顿银行主导的研究也发现，即便已经通过了严苛的资格评估，少数民族居民的租房申请仍然很有可能遭到中介或业主的拒绝。

20 世纪 90 年代末和 21 世纪初，关于贷款歧视的争论再次转移到掠夺性贷款（lending discrimination）和歧视反击（reverse redlining）问题上。由于住房金融市场的不景气，为了鼓励消费，在 90 年代以来的几十年里，贷款机构热衷于给客户办理高风险的抵押贷款。这种用户不需要太高的信用度和还款能力就能够申请高额贷款的趋势越来越明显，而与高风险相对应，抵押贷款的手续费与贷款利率也更高。更可怕的是，当无法如期还款时，有些贷款者将失去全部抵押财产的赎回权，类似于遭受掠夺，因此被称为掠夺性贷款。当然，并不是所有高风险贷款都直接等同于掠夺性贷款。抵押贷款的出现确实为一些信用历史短、社会地位不高，但又急需贷款的客户提供了方便。只有在贷款机构本身意图不端、借贷者又无法履约的情况下，抵押贷款才会成为掠夺性贷款。Immergluck 和 Wiles（1999）两位学者提出了四项鉴别掠夺性贷款的标准，可供参考：

（1）营销方式。
- 频繁上门推销；
- 针对弱势群体（例如老弱病者，受教育程度低者）；
- 极力向客户推销风险更高的贷款；
- 公司通常多次融资；
- 以改善住房条件的名义提供贷款。

（2）费用陷阱。
- 有捆绑、强制借贷的现象；
- 需要支付手续费或向第三方支付费用；
- 最低贷款额与贷款利息都较高；
- 代理费用高。

（3）条约陷阱。
- 气球贷款陷阱，即前期每期还款金额较小，但在贷款到期日还款金额较大（前小后大，像是一个气球的样子，所以命名为气球贷）；
- 负值摊还，即允许贷款人每月支付低于预期标准的月供，差额部分自动计入贷款本金部分；

- 缴纳提前还款罚金，即在还款期头几年就清偿全部贷款的贷款者必须缴纳额外的费用；
- 只根据抵押资产制定贷款额度，忽视实际还款能力。

(4) 其他不端做法。

- 有意夸大贷款者的收入；
- 伪造各类证明；
- 向贷款者及外界隐瞒实情；
- 有意降低贷款风险评估。

与贷款相关的另一个社会问题是 21 世纪以来的次贷危机。2004—2006 年，全球金融危机爆发前，次贷和 Alt-A(比次贷风险小，但具有高风险的一种非传统贷款方式)急剧增加，在高峰时期约占领了 40%的抵押贷款市场。这些贷款以及随之而来的高违约率，是 2008 年全球金融危机的重大原因。无论是 20 世纪 90 年代末的掠夺性贷款，还是 21 世纪以来的金融危机，都引起了社会活动家的关注。而各项研究表明，这样的危机恰恰是以前"红线计划"带来的恶果。20 世纪 70 年代"红线计划"对于少数民族居民以及低收入者的歧视，使得他们不得不通过高风险贷款的方式来购房安居(见专题 7.3)，紧接着带来一系列危机。这些由于之前的歧视问题导致的社会危机看起来就像是被歧视者对市场的间接反击，故被称为歧视反击。

◎ 专题 7.3

抵押贷款与物品赎回权

对于掠夺性贷款，大部分人注意到的是贷款者的巨额财产损失，相关政策的关注点也在于此。一旦无法如期还款，结果就是丧失抵押品的赎回权。但更值得关注的是，掠夺性贷款的负面影响在空间上的不平衡性，尤其是在 20 世纪末，房地产市场崩溃和全球经济危机时期。抵押贷款的负面影响对象主要是少数族裔以及低收入人群，而这些群体通常集中居住于城市的某些街区，因此，掠夺性贷款实质上影响到的是某个城市的特定地区，其影响程度在空间位置上具有极大的特殊性。

Dan Immergluck 和 Geoff Smith(2004，2005)研究 20 世纪 90 年代末(金融危机前)芝加哥失去赎回权的贷款者的空间分布，并将之与各个种族居民的居住范围进行了比较。研究发现，这些贷款者主要分布在少数族裔社区及低收入者集中社区，这种分布趋势随着时间的推移而变得越来越明显(见图 B7.1)。从时序变化来看，金融危机无疑进一步增大了二者的空间相关性。图 B7.2 是亚特兰大及佐治亚州丧失赎回权的贷款者分布图，也明显集中于最贫困的社区，而这些地区几乎没有白人居住。更小尺度的研究显示，富尔顿县(佐治亚州中西部的一个县)的城郊，以及中心区的北部和南部也出现了类似趋势。一些学者认为，借贷者的分布以少数族裔社区与低收入者生活区为中心呈现出环状圈层结构，其中心的贷款者十分集中且分布密度从内向外逐渐降低。

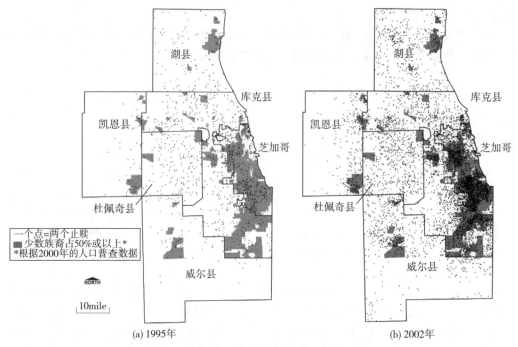

(a) 1995年　　　　　　　　　　　　　　　(b) 2002年

图 B7.1　芝加哥丧失抵押品赎回权的区域

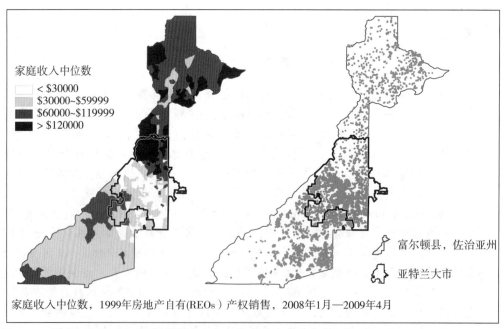

图 B7.2　贷款机构（REOs）购买的止赎房产与家庭收入中值相符（据 Immergluck Dan，2012，p.57 的图修改）

7.3.3　住房歧视问题的后续影响

Yinger(1995)认为，即使是隐藏最深的歧视，随着时间积累，也终将对市场的正常运行造成影响，甚至带来重创。具体可表现为：①减少了住房交易数量；②影响市场运行效率，增加了成本；③增加了融资难度；④增加了整体的贷款被拒率，影响贷款链运行；⑤增加了居民搬迁的成本。

据 Yinger(1995)估计，比起白人而言，购买同一水平的住房，黑人和西班牙裔的家庭需要多支付 3000~4500 美元(以 1990 年美元市值计，换算到 2013 年大约是 5000~7800 美元)。如果计算总和，平均每 3 年，黑人和西班牙裔的家庭就要为住房歧视而多支付 110~160 亿美元(以 1990 年美元市值计)。虽然歧视现象之后已有所好转，Yinger 的估计也一直被认为严重高估，但房地产市场因为歧视而出现了一系列问题依然是不争的事实。

7.4　政府干预

在 20 世纪的经济大萧条之前，购房的渠道相当有限，历史数据显示这一时期相比现在而言，只有少量人口拥有自己的住房(见图 7.6)。原因之一在于，20 世纪经济总体不如当今发达，私人财产明显少于现在；但更本质的原因当数两个时期的金融机制差异。

不管曾经还是现在，购房都是一件需要大量财力才能完成的经济活动。因此，大多数家庭需要借助于贷款。在经济萧条之前，房贷机构对贷款人的审核更为严格，贷款方式也更单一。首先，借款人必须能够自己支付总额的 30%~50%；其次，贷款机构只提供短期贷款，周期在六七年内，这期间借款人必须保证每月缴纳较大金额的还款。由于贷款的严苛，这一时期，人们只有在必要买房且支付能力足够的前提下才会购买。从供需关系角度看，大多数房屋交易的目的并不是投资，而是出于自身需求，因此交易数量十分有限。

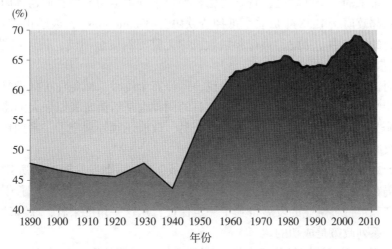

图 7.6　20 世纪和 21 世纪美国住房拥有率(1890—2013 年)

(来源：http://www.census.gov/housing/hvs/data/histtabs.html)

7.4.1　以贷款政策调节住房市场

大萧条期间，经济运行的混乱使得公民收入减少，即使上层社会公民也没能幸免于难。一方面，房屋的需求量日渐减少；另一方面，经济困难导致贷款者难以还贷，威胁到银行生存。在两者的共同作用下，住房建设几乎停滞不前。罗斯福总统领导下的联邦政府认识到房地产与金融业对于经济运行和国家发展的重要性，即必须保证一定量的住房需求才能维持经济正常运行。但当时的问题在于住房需求的提出太过于依赖上层社会的公民。在这一背景下，联邦政府决定做出市场干预，资助各阶层的公民购房从而推动经济运行。但大萧条时期的众多政策在当时并没有起到明显效果，直到"二战"之后才渐渐对市场产生影响。

罗斯福在经济大萧条的早期成立了业主贷款公司（HOLC），贷款直接提供给已经或即将失去住房的公民，以期能够减轻其生存压力并带动消费。但事实证明，这一举措对于经济的促进作用十分有限。

后来，为减少联邦政府的财政负担，同时扩大其政策影响，罗斯福携联邦住房管理局（FHA）一同推出了新的政策。不同于之前的银行贷款，新的政策致力于鼓励私人贷款，并保证在借款人无力还款的情况下，政府给贷款机构提供补贴。这一举措立即给住房市场的运行带来了剧烈冲击，甚至影响到城市发展中更深层的一些东西。

这些由联邦政府主导的贷款政策有几个重要特点。首先，贷款机构必须完全摊销贷款，这意味着，在还款期开始的阶段，贷款机构就可以从借款人那里收回大部分利息。因此，贷款机构通常不介意给客户办理长期贷款，最初的期限为20年，后来逐渐扩展到25年、30年。这种长期贷款的首付金额也非常小，通常只有20%，而短期贷款在30%~50%左右。在这些贷款的帮助下，借款人在购房时只需自己支付少量现金。最后，政府急于进一步降低购房成本、推动消费，甚至不惜替贷款机构承担贷款风险，鼓励贷款机构进一步降低贷款利率。

长期贷款带来的一个问题是，贷款机构长期得不到资金回流周转而遇到阻碍。为解决这一问题，联邦政府于1938年成立了抵押贷款协会（Fannie Mae），鼓励投资者拿出资金，参与贷款资金的周转中。从此，银行和贷款机构无需等到资金回流，就可以继续将（来自投资人的）钱借给下一个贷款人。

另一方面，政府减轻了贷款者的所得税，即计算个税时，减免住房抵押贷款利息所得税。这样做相当于免除了贷款者的利息，其目的同样也是给消费者以强大的激励，提高消费者的住房购买力。为促进城郊地区的房产交易，政府还额外制定了一系列针对城郊居民的，包括税收减免在内的优惠政策。

一系列计划推出后刚刚开始产生影响，"二战"就全面爆发，同时住房建设也被迫停止。但计划仍在进行并在"二战"后进一步加大强度。由于稳定甚至扩大了住房需求，建筑业、房地产和银行金融业的发展得到了一定保证，从这一角度来看，联邦政府维护住房金融体系的一系列政策是成功的。

"二战"之后，在经济恢复且逐渐繁荣期间，这些政策的影响仍然在继续，并发挥了最大的作用，使得数以百万计的家庭以合理的价格购买到住房，全国居民的住房拥有率急剧增加(注意图7.6中，1940—1960年间的陡增)。此外，正如我们之前讨论的，由于政府对郊区购房的政策鼓励，这一时期城市空间形态也发生了巨大的变化。

7.4.2　新的住房金融体系——次级市场

"二战"后，住房金融体系和以前的明显不同。商业储蓄银行和规模较小的储蓄贷款(S&L)机构成为房贷的主要提供方。联邦住房管理局(FHA)提供的贷款已明显供应不足，于是20世纪60年代末至70年代初，政府建立了一个强大的次级贷款市场，允许投资方以多种方式投资贷款市场。无担保贷款也在此时得到了抵押贷款协会(Fannie Mae)的批准，与常规贷款相比，这种贷款不需要严格担保，所以具有更高的违约风险。1970年，联邦住房贷款按揭公司(Freddie Mac)成立，与抵押贷款协会(Fannie Mae)展开竞争。这些公司或机构都对当时房贷市场的资金流通产生了重大影响，由于它们都诞生于特定的政策背景下，我们称之为政府背景贷款机构(GSEs)。

这一时期最大的创举之一在于抵押贷款证券(MBSs)的出现。越来越多的投资者对贷款市场感兴趣，从而提供了更多资金给贷款人。包括联邦住房贷款按揭公司(Freddie Mac)、抵押贷款协会(Fannie Mae)等在内的政府背景贷款机构(GSEs)也大力参与这些投资。最后，他们把抵押贷款汇总起来，以股票的形式出售给投资者。投资者也非常喜欢这种方式，因为能够有一份相对稳定安全的投资回报。抵押贷款证券(MBSs)大部分是由传统担保贷款机构参与的，即便存在少量无担保贷款机构，政府也已经做出风险承诺，所以受到投资者的高度认可。而这一切也为此后的次贷危机埋下了伏笔。

抵押贷款证券(MBSs)上市了几十年，受到政府的严格监管。其中传统的担保贷款依旧需要遵循严格的条件审查，例如收入、信用记录等，非传统的贷款方式也已由政府承担风险。这样一个次级市场中，贷款机构渐渐具备了抵御金融风险的能力，并且保证了较稳定可靠的资金来源。个人投资者则通过购买证券，间接参与贷款市场的投资中，相对于自己提供贷款而言，这种投资方式更能规避或缓冲金融风险——只要不出现太多的违约贷款者，证券市场就能够合理运转。在20世纪70—90年代，次级抵押贷款市场处于良好的运行状态，越来越多的家庭开始买得起房，拥有自己的房产，同时这个贷款市场的违约率也并没有很高。

7.4.3　克林顿缓解歧视行为的几项举措

20世纪90年代初，克林顿总统试图通过控制次级抵押贷款市场来解决房地产市场中的各类歧视问题。住房和城市发展署(HUD)要求政府背景贷款机构(GSEs)在各项措施上向低收入家庭和少数民族家庭倾斜，放宽贷款的要求，以进一步提高其住房拥有率，促进房地产市场的平等。这些措施包括，允许借出首付低至3%的贷款，提高借贷最大额度，更加灵活地对待失业或信用记录不足的客户。

20世纪90年代起，由于贷款标准的放宽，居民的住房拥有率再次显著提高，增加的数据主要来自低收入群体和少数民族群体(图7.6)。而与此同时，贷款的违约风险在政府背景贷款机构(GSEs)的监督下，被分摊到次级抵押贷款市场中的投资者头上。

7.5　住房市场与全球金融危机

自 2008 年末的金融危机以来，全球经济进入了严重衰退期。问题起源于 2007 年底，当时美国进入衰退期，住房市场和与之相关的金融市场早已危机四伏。虽然市场中间的许多过程看似无关，但实际上是连环相扣的，非常耐人寻味。本节将以尽量简单的方式解释金融方面的四个变化趋势以及它们之间的关联，这四个趋势与经济的脆弱化也有密切联系：①房价泡沫；②次级抵押贷款的大幅增长；③不规范的私人贷款的增加；④抵押贷款证券（MBSs）内部的严重不合理结构。

2006 年，当房地产泡沫破裂时，丧失抵押品赎回权的居民数量急剧增加（尤其是在次级贷款市场中），后续影响迅速波及美国和全球的经济。于是，信贷市场冻结，大型投资企业失败，各国政府不得不纷纷出手干预，努力挽救整个经济系统。

7.5.1　房价泡沫

由于前期购房量的增加以及政策影响，20 世纪 90 年代末住房价格迅速增长。投资商不断投资房地产推波助澜，这一现象一直持续到 2000 年（图 7.7）。而今天看来，我们知道这些增长实际上只是泡沫，是不可持续增长的。这之后便发生了一些不可预料的事情。有的房主试图将借得的房贷用于住房以外的消费，例如子女的教育、购买高价消费品等。有的房主则开始看到了房屋增值所带来的利益，不惜以高风险来投资远超出其支付能力的昂贵房产。他们认为，只要房价继续增长，他们就能够持续获利，不但能够在未来还清贷款，还能够有不少的结余。这些投机者没有感觉到正在倒退的经济形势，错误地认为他们一定能够卖掉手中的房子，将增值额变现。

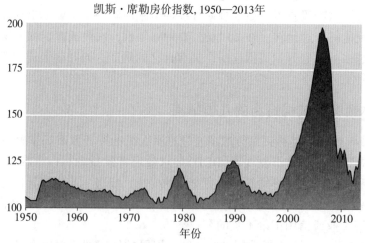

凯斯·席勒房价指数, 1950—2013年

图 7.7　住房市场的泡沫：1950 年以来真实住房价格变化。关注从 2000—2006 年的市场价格的急剧变化
（来源：http://www.census.gov/housing/hvs/data/histtabs.html）

7.5.2　次级贷款规模的再度扩张

2003 年，贷款机构开始发行更多的次级抵押贷款和其他高风险贷款。早期的次级贷款主要致力于帮助低收入者与少数民族群体购房，改善其居住情况促进社会公平，而此时的贷款则已完全变质，成了给疯狂投资房地产的投资者提供资金来源的行为。图 7.8 显示了 2002—2005 年，次级抵押贷款的增加规模。2006 年，次级贷款几乎占据贷款市场的25%。整个市场的运行渐渐失去控制，呈现出繁荣的假象。于是受利益蒙蔽的贷款机构和个人更加跟风放款。更危险的是，贷款业的入行门槛越来越低，越来越不规范，甚至出现了各种各样的骗局。在这样的行业大环境下，证券市场也受到了牵连，大笔的贷款被次级贷款市场的投资人以买入股票的方式接手。作为单纯的股民，这些人也不会有兴趣去关心贷款行业的质量和借款客户的可信度。仔细分析可知，这一整个规则下，经济正常运行的前提是：房价将持续增长，且一定会有人不断购买涨价后的房产。而一旦这样的前提崩塌，问题便会接踵而来。

图 7.8　美国 1996—2008 年的美国次级抵押贷款。从 2003—2006 年，次级贷款在绝对值和整个抵押贷款市场的份额两方面迅速增长。大部分高风险的贷款被证券化。次贷市场随着全球金融危机的爆发而崩溃

7.5.3　私人力量对证券市场的影响

21 世纪前十年中期，次级贷款市场里活跃的投资与证券交易推进了次级贷款继续发展壮大。从前，次级贷款市场的运行是由传统贷款以及受政府监管的非传统贷款来保证的，而在接下来很长一段时间，却有越来越多监管以外、资质不足的非传统贷款机构大量加入次级贷款市场里。起初，它们没有得到加入抵押贷款证券（MBSs）的许可，但这难不倒它们，20 世纪 70 年代，一些大型投资公司干脆建立起与 GSEs 对立的私人证券市场，把它们拉了进来。自此，形成了官方（正规）、私人（非正规）力量共同支配次级贷款市场

的局面。直到 20 世纪 90 年代，这些私人力量在整个市场还占据着不算太大的比重，但到 2003 年后，随着次级贷款规模的增加，它们也渐渐扩张。图 7.9 显示了贷款证券市场私营化对于市场的总体影响。从 2003 年开始，官方证券市场所占的比重迅速减少，同时私人证券的比重增加了。市场份额的丢失导致政府背景贷款机构(GSEs)在市场竞争当中屡屡失利，形势急转直下。

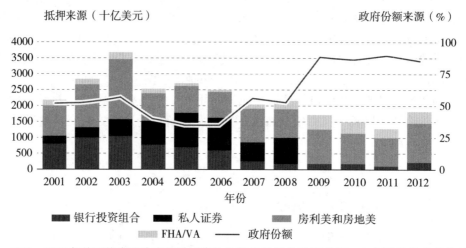

图 7.9　2001—2012 年美国按类型分列的抵押贷款发行总量以及政府份额。在金融危机之前的几年中，私营部门(银行投资组合和私人证券)实体增加了抵押来源的数量和份额，私人证券从 2004 年开始急剧增加。崩溃之后，由 GSE 支持和 FHA/VA 担保的贷款是抵押贷款的主要来源(资料来源：2013 年联合国房屋状况哈佛住房研究联合中心。www. jchs. harvard. edu)

　　即便曾对特定群体放宽过标准，政府背景贷款机构(GSEs)也从没有忽视过贷款安全问题，始终本着负责的态度，发行可靠的贷款，极力保障市场的有序性。而私人机构在规范性上则完全不能与之相比。大萧条时期的法案曾规定，商业银行不得从事高风险投资，投资银行则禁止接受存款。而随着新自由主义力量的崛起，人们纷纷支持解除政府对金融市场的管制，于是这一法案遭到废除。1999 年，《金融服务现代化法案》(The Financial Services Modernization Act)首次允许商业银行、投资银行、保险公司与证券公司相互联合。这一举措催生了一些规模巨大且极其复杂的金融机构，如花旗集团(由原花旗集团与旅行保险公司合并而成)。为追求更高的利润，这些大型机构迫不及待地踏足各行各业，发行各式各样的投资产品。鉴于之前政府对于贷款安全的良好管理，以及长期以来金融市场平稳运行的事实，几乎全球的投资者都认为私人证券同样也可以做到这样低风险。他们逐渐把美国的这种模式视作理想模式，并投入大量资金。

7.5.4　评级机构的判断失误

　　美国有三大信用评级公司——标准普尔评级公司、穆迪评级公司和惠誉评级公司。抵押贷款证券机构(MBSs)本身十分庞大且复杂，当评级机构对它们予以测评时，不得不拆分成多个部分，分别评价后再取加权结果。这当中有些部分本身风险程度极高，但由于其有限的权重，并未对整体结果产生影响。因此，众多私人证券都拿到了最高信用评级（AAA），这一等级已经要高出由政府管理的抵押贷款证券（MBSs）的评级结果。而许多投资者正是依照三大机构的评级结果来选择投资产品的，评级机构的判断失误直接影响了他们的投资判断。与此同时，非理性投资导致的房地产泡沫也在渐渐走向尽头，并于2006年彻底破裂，房价急剧下降（见图7.7）。这意味着，那些贷款投资房地产的人们的预期计划全部落空，整个市场出现了大量的贷款拖欠（图7.10）。

活跃贷款百分比(%)

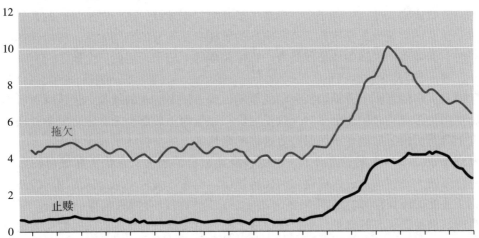

图 7.10　1995—2013 年美国住房贷款拖欠率和抵押品赎回权丧失率（Loan Processing Services，2013）

由于太多的贷款都是来自次贷以及私人贷款，违约客户直接丧失了抵押品赎回权，这一局势已完全无法控制，紧接着便是资金链断裂、金融市场陷入僵局。这时候人们开始意识到，许多抵押贷款的风险被错误估计，而私人证券所谓的 AAA 评级更是严重高估了。美国金融市场的冻结和大萧条接踵而至。由于之前的阶段里，来自全球各地的投资人都参与了美国抵押贷款的金融市场，这场金融危机直接引发了全球经济的严重衰退。

7.6　"二战"后郊区住房的发展

最近几十年里，北美城市发展的一大特点就是郊区住房建设与城市扩张。前面我们提到了"二战"之前政府对于郊区建房、购房的鼓励。现在，许多专家将"二战"视作一个分界，之后的美国进入了郊区发展的关键时期。"二战"后的几十年里，郊区的住房与居民均大幅增加，从根本上改变了郊区发展的性质和强度。郊区发展的部分原因是经济刺激，"二战"本身就给美国经济带来了强大影响。美国的大部分对手都在这场战争中被击败，或由于战争的巨大消耗而失去经济竞争力。因此，战后的美国更加确定了自己在世界范围内无人可超越的领导地位，并凭借这一优势实现了接下来几十年里的经济繁荣。

7.6.1　市场供需与住房建设

　　住房的刚性需求也是战后郊区发展的重要因素。随着战后的经济繁荣，曾经在大萧条时期里被压抑的住房需求得到释放。"二战"后，成千上万的工人为推动战后经济的增长作出了贡献，而与此同时他们也获得了不错的报酬。这个经济繁荣、充分就业的时代，很多家庭有了足够的经济基础，可以负担得起房子的每月按揭。很大一批曾不得不蜗居在出租屋的人们都搬到了宽大的新房子里。

　　人口增长也极大地影响了住房需求。战后数以百万计的参战人员从战场回来恢复平民生活，他们开始成家立业，生养子女，创造了婴儿潮。据统计，这一时期家庭的数目突然增加，年幼孩童的数量也急剧增长，许多家庭为了能有更充分的空间生活，纷纷选择买房搬家。当时，普通美国家庭的梦想便是有一栋带院落的大房子，生两三个孩子，有车库和一两辆车，养一只狗。

　　由于民众买房的意愿十分迫切，一时间里就出现了供不应求的景象，建筑商不得不加紧建设新住房。考虑到必须让更多的人接受定价，建筑商一般都会压低住房成本，从而在一定程度上降低房价。房地产市场保持着这样的高热度，一直持续了几十年。

　　开发商 William Levitt 率先提出了一个能够降低造价的想法：在他所在城市的东北地区，利用当地的大量劳动力进行规模化的住房建设。他在一大片土地上依照相同的施工标准，采用工业化的流程同时"生产"出多套房子。这样做可以有两大优势：首先，能够以相对优惠的价格接受买方的批量订单，在价格上提升市场竞争力；其次，标准化的建筑流程能够提高生产效率，缩短施工时间从而节约成本。

　　和传统的一栋一栋分开设计、建设有所不同，这些房子先统一打好地基、建立好框架，当所有房子的框架都同时完工后再统一进入下一个流程（如铺设水电管网）。依次类推，直到所有房子都统一完成最后一个流程。这些房子不是以栋为单位来建造的，而是以流程为单位来"生产组装"的。整个工程有着明确、具体的规划，施工人员彼此明确分工、各司其职，建设效率非常高。

　　新的建筑方式使得住房无论是在建造速度还是成本上都满足了市场的需求，被越来越多的建筑商学习并采用。许多年轻家庭、中等收入家庭得益于贷款和规模化建筑，第一次住上了属于自己的房子。同时，这种建筑方式的流行也使得城市里出现了景观高度相似的街区，与传统街区相比，这些新出现的街区空间利用效率较高，房屋数量众多且分布也较为规整均匀（图 7.11）。

7.6.2　政府行为的影响

　　郊区住房建设的迅速发展当然不仅是需求增加和建设方式改变造成的。我们之前一直强调一点，经济萧条时期政府推出的新的住房金融体系，在很长一段时间里持续影响了住房市场的运转。郊区住房的建设在很大程度上也与新的住房金融体系相关，如果没有这套体系的支持，很多家庭依然无法贷款买房，需求的增长也就无从谈起了。

(a)

(b)

图 7.11 (a)1947 年在原来的农田上建设 Levittown 的航空照片；(b) Levittown 街道特写

　　政府推出一系列贷款优惠政策，其目标在于扩大住房拥有率，减少歧视，促进市场公平。与此同时，为防止跟风建房带来的质量问题，政府制定了一系列建设标准对房子进行考核。由于这套标准十分严格，所以那些位于郊区的、新建好的住房在质量上普遍高于市内已建好的老房子，导致住房质量在空间上呈现出明显偏差。想要买新房的人们自然倾向于购买郊区的高质量住房。

◎ 专题 7.4　使用科学方法评价城市扩张

评价城市扩张：使用 GIS 测量城市形态

　　如果被问及，郊区的城市化有什么缺点？很多人的答案也许是：疯狂无序的扩张。因为这样的扩张很有可能以激进的方式改变一个城市保持多年的面貌，所以受到一些居民和商家的反对。Duany、Plater-Zyberk 和 Speck(2000)这样说道："千篇一律的房屋，缺少植被的街区，秩序凌乱的道路，杂乱蜿蜒的胡同，某个角落再突然出现的一栋标新立异的大别墅……那是一个让你没有归属感的地方，非常单调而且荒凉。"

随着城市的扩张，大型零售业也获得长足的发展，大规模的购物中心代替了小型店铺。不少人也对此表示反对，认为这样的变化并没有给居民带来便利。大型购物中心需要长时间驾车才能到达，且通常人满为患。

这些说法让我们听到了关于城市扩张的不同声音。郊区的建设、城市的扩张到底对城市产生了怎样的影响？利弊如何？针对这些问题，需要有一套合理的评判标准，在使用 GIS 工具的基础上，从各方面对城市的扩张进行客观评价。这一研究领域里，有众多学者提出模型和方法，目前尚未达成一致。在这里，我们仅介绍两种预测和评价城市扩张的方法。

第一种方法是由包括 George Galster、Hal Wolman 以及 Jackie Cutsinger 在内的一个团队提出的，他们一直专注于研究如何使用已有的数据来评价城市扩张的现状。该团队使用 7 个指标，从不同维度来研究城市的土地利用变化，从而评价城市扩张的效应，这 7 个指标是：密度、连续性(见图 B7.3)、集中度、中心度、邻近度、多中心度和混合利用度。扩张的概念是在每个维度上的极端。

首先，他们利用来自地质调查局国家土地覆盖数据库(NLCDB)中的卫星影像来确定建设用地或可能用于建设的土地，勾画出都市圈边缘。然后收集了小尺度人口普查的信息以确定不同地区常住和工作人口的数量。最后将整个研究区域分割成以 1mile^2 为单位的格网，根据之前收集的数据整理每个格网的信息。这个团队总计采集了 50 个大城市的数据，使用 14 种方法，最终得到各个城市扩张现状的 7 个维度的评价结果。

Cutsinger 和 Galster(2006)在一次分析中发现，城市扩张主要有四种形式：分散式、蛙跳式、填充式及外围扩张式。例如，亚特兰大就是蛙跳式的，住房建设在空间上并不连续，就业密度也较低，同时，土地的混合利用程度不高。而洛杉矶则是填充式的，住房建设成片连续，就业密度高。从这些研究可知，城市的扩张并不是简单的"建房"，而是一个与居住、就业、人口活动、土地利用等相关的、极其复杂的概念，不能依靠单一指标来衡量。因此，十分有必要结合 GIS 手段，以更贴近实际的方式来测度和评价城市向郊区扩展的过程。

Song 和 Knapp(2004、2005)使用另一种方法来研究城市扩张的影响，这种方法针对的是局部街区而非整个城市。他们的关注重点不在于城市内部的住房和就业，而在于城市的建筑规划。同样凭借 GIS 技术，两人整理了城市的公路网及其包络面，并研究了城市街区的五个方面：街区设计(街道连通性、邻域可达性、街区外围周长、街区住户数、小路长度中位数)、密度(每户占地面积中位数、每户住宅用地中位数、住户密度)、土地混合利用度(单位面积内住宅用地、商业用地、工业用地、公共用地等的数量)、生活便利度(距离最近商业区、公共汽车站、公园的距离的中位数)以及步行可达性(周围0.25mile半径内有商业区的房屋占所有房屋的百分比,以及周围0.25mile半径内有公交站的房屋占所有房屋的百分比)。实证表明,在新城市主义的影响下,许多城市的扩张开始做到有序而高效。例如在波特兰(俄勒冈西北部城市),自20世纪90年代初开始对新出现的城区进行合理规划,使得住宅密度增加,内部连通性提高,商业区和公交站的布置也趋于合理。但很多问题仍然存在,例如,新扩张城区和外部的联系不足,土地混合利用率仍有限,单户住房面积过大导致空间浪费等。

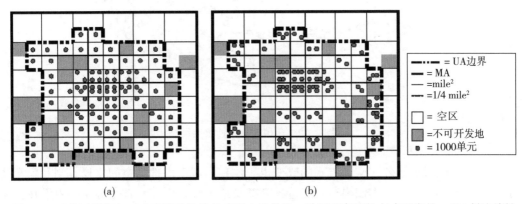

图B7.3 不连续层面:(a)高度的连续性表明土地是以一种相对完整的方式开发的;(b)低连续性是"蛙跳式"发展的结果(Galster George, et al. , 2001)

此外,从前的红线计划在一定程度上压抑了少数民族人口的消费能力。随着红线计划的取消以及贷款优惠的出现,这些消费能力得到释放。贷款机构的资金被他们大量借出,随着他们购房而流入郊区住房市场里。毫无疑问,这些少数民族居民也为郊区住房的繁荣作出了贡献。

7.6.3 高速公路与汽车带来的影响

推动州际高速公路的建设,是政府促进城郊发展的间接举措之一。该计划在总统艾森豪威尔任期得到批准,被命名为《1956年联邦公路建设法案》(Federal-Aid Highway Act of 1956)(又名《州际公路法案》,Interstate Highway Act),旨在建设一个覆盖全国的高速公路网络,连接所有主要城市和地区。

州际公路对郊区建设有着巨大影响。从图7.12可知,高速公路网能够连接主要城市地区,给居民提供更方便快捷且便宜的出行选择,同时也改善了公路运输条件。更重要的是,就单个城市而言,公路成功连接了核心地带与腹地以及边缘地区,增加了城郊的易达性。

沿着公路,人们可以方便地离开城市核心地带,前往曾经难以到达的活动范围。同时,汽车的普遍使用让居民接受长距离通勤,从而纷纷开始在远离就业地的地方安家。总之,交通条件的便利在很大程度上改变了城市内部的空间联系,使得城郊大量非建设用地被开发。

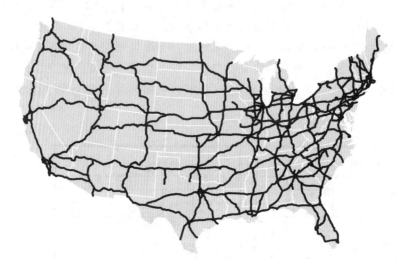

图 7.12　美国现有高速公路网络

　　除促进城市扩张外，交通方式的改变也影响到了城市内部的空间格局。当私家车还未走进普通民众生活时，人们出行只有选择公共交通工具。因此，住宅分布一般都在公交站点附近呈斑块状聚集。20 世纪 50 年代末至 60 年代末，随着公路交通的发达与私家车的出现，住宅可以不再分布在公交站点附近而渐渐分散开来。相对于曾经的住房分布而言，这一时期局部地区的住宅密度开始下降，搬迁到城市的其他位置。与此同时，越来越多的地方出现了购物中心、公园等。

　　20 世纪 60 年代初，环状公路开始普及，许多城市的交通网由环和轴两部分构成，呈网状，连接着城市从中心到边缘的各个位置。处在道路网交叉处的地段，由于优越的交通条件，逐渐成为经济活动热点地区。这些地段很可能出现购物中心、商业园区、办公大楼、公寓等。总的来说，公路的建设与汽车的普及给住房建设带来两个主要影响：一是通过提升城郊偏远地区的易达性，扩大了人们住房选择范围；二是提高了通勤效率，减少了工作地对于居民选择住房的影响程度。

7.7　市中心住房市场的萎缩

　　本节主要讨论"二战"后几十年里，城市内部住房市场的变化。回顾之前提到的，战争时期住房建设陷入停滞，而联邦政府的贷款优惠措施刺激了购房，使得战后住房建设重振生机，蓬勃发展。而就在这个时候，城市内部街区的功能和结构也在悄然地发生着翻天覆地的变化。

7.7.1　"二战"后的城市建设趋势

　　20 世纪中叶之前，城市中心地区的住房十分拥挤，且街区环境随着人口的增多而不断恶化。由于市中心多为商业区，易于求职就业，越来越多的外来少数民族移民也慕名而来居住在此。长期以来，市中心都居住着鱼龙混杂的人群。"二战"爆发后，住房建设停滞，没有新的房源，城市中心的人口变得更为密集，而与此同时，房屋质量、社区服务、基础设施则越来越恶化。不少社会活动家认为，这一现象长此以往将会不利于城市发展与居民安全，因此出现了不少关于拆迁的提议。

差不多在同一时刻，政府也开始着手鼓励郊区住房建设，同时在边缘地区建立了商业区、购物中心等，希望通过提高城郊住房的质量，降低中心区住房的竞争力，引导城市住房格局出现变化。

郊区化使得大型零售商更加倾向于在郊区建设商业区，服务那些分散居住于城郊的居民。与此同时，城郊居民的购物需求渐渐能通过新建的商业区得到满足，不必再驾车前往拥挤嘈杂的市中心。于是，原本存在于市中心的商家渐渐受到冷遇，并开始为他们的未来而忧心忡忡。

长期以来，城市的政府机构都是影响到城市发展的重要力量，需要提供大量资金支持城市建设，并且保证居民能舒适生活。随着城市扩张与郊区建设的高速推进，旧街区的拆除势在必行，其中就牵涉政府与商家以及居民的利益博弈，最后达成结果是由政府出资来收购商家和居民的房子，然后拆迁。

从20世纪50年代到60年代、70年代，全国各地都在进行旧城区重建，投入其中的资金总计数十亿美元。这些地区的建筑很多都已经残破不堪，因此遭到拆除（虽然仍有部分地区存在"钉子户"，一直将破旧的街道保留到现在）换成了更现代化的、质量更高的建筑，同时也改变了用地的功能。现代城市的市中心大多用来建成市政机构、学校（图7.13）或医院，这些大多是50—70年代通过拆除旧街区改建而成的。

图 7.13　芝加哥城市更新的成果：在移民和少数族裔社区被拆除后，建成了伊利诺伊大学芝加哥分校

7.7.2　旧街区重建

城市旧街区的重建工作面临着一系列问题，其中最首要的是，被拆去住房的居民将住在哪里？这一问题解决起来远比想象的复杂。前面提到，城市中心区居住着大量的少数民族居民和低收入居民，他们在选择住房时面临着严重的歧视，很难找到合适的住所。此外，还有其他棘手的问题，例如：旧街区拆除后该怎样重建？是否应该改变其原有的功能？怎样合理地给原住民发放补贴？等等。

要解决问题，最好的办法是通过联邦政府立法，建立统一规范，因此出现了《1949 年住房法案》(Housing Act of 1949)。法案规定，当旧街区的问题已经危害到城市发展与公众利益的时候，政府可以取得土地的所有权与征用权，拆除原先的建筑，同时政府将根据市场价格对受影响的居民与商家予以补偿。当拆除完成后，私人开发商可以再从政府手中买得土地，按照其意愿进行开发。

几十年来，市中心旧街区的自我凋敝（"枯萎病"）是一个大趋势。这里几十年来都是移民与低收入者集聚的市中心，经济萎靡与社会问题都长期存在。

由于经济活跃度不佳，旧城区里的房主很少有兴趣好好经营自己的房产，通常都是任其老化残破，然后不断将它租给穷人和少数民族人口。久而久之，居住在这里的是越来越多的穷人，街区的经济状况与文化氛围更加恶劣。这样便形成了恶性循环，让市中心的旧城区成为一个问题区。

为了保持对城郊居民的吸引力，旧街区必然要进行一番彻底改造，改变其居住人群和城市功能。具体改造方向和目标则依照当地条件而定：有的地方成为医院或大学的扩建区，有的地方成为市政府办公大楼、会议中心，有的地方建成大型体育馆，有的地方成为交通用地，有的地方被私人开发商买下建起了高楼。值得一提的正是这些高楼大厦，它们使得城市空间开始往垂直方向上拓展，并且做到了将办公、零售、住宅等功能结合在同一栋建筑里。总的来说，改造是具有极大积极意义的，但也受到部分社会团体的抗议。这些人认为，旧街区的改造本质上是驱逐社会底层的低收入者和少数民族居民，损害了他们的权益。

7.7.3　公共住房

如何合理安置街区重建中被拆除住房的居民，是一个关系到社会稳定的重要问题，政府也因此而承受着来自各界的压力。为此，许多城市开始建设公共住房，用来安置一部分旧街区的原住民。

许多欧洲工业国家也曾在经济萧条时期建过公共住房。最初美国是抵制这一做法的，根据 Hoyt 提出的空置链与过滤的理论，只要促进房地产市场的正常流通，就会自然而然地有很多便宜的房子空出来供贫困者选择。所以在美国，人们认为通过财政补贴、贷款优惠等市场调节的手段来促进房产交易，会比直接提供公共住房更加科学合理。

　　但考虑到实际状况，联邦政府于 1935 年开始联合各地住房管理部门建设少量的公共住房。但这种公共住房和早期欧洲出现的以及我们现在所理解的完全不同，它并非提供给最需要的困难人群，而是根据严格的筛选后以临时住房的形式租给了就业前景良好的、可为社会作出贡献的人群(图 7.14)。它们与其说是救济房，不如说是过渡房，目的是让自身素质优秀、但经济条件不佳的人能够在买房前先安顿下来好好工作。介于这样的筛选条件，在大多数情况下，早期的公共住房大多还是提供给了白人。

　　由于全国仍有上百万的人员居无定所，住房市场紧缺严重，政府便通过政策支持来鼓励购房和增加建设，希望能进一步提高空置链运行的效率，空出足够的住房资源。原本以为，公共住房建设可以告一段落，但随着"二战"尾声的到来，住房管理部门意识到将会有大量退伍军人从战场回来，这时候住房市场的紧缺将进一步加剧，即使再高效的过滤作用也无法腾出足够的房屋给突然增加的军人。于是，政府又专门为军人建设了专门的公共住房。

Library of Congress, Prints and Photographs Division, Photograph by Peter Sekaer

图 7.14　Jane Addams Homes 住宅项目。建造于 1938 年，伊利诺伊州芝加哥地方政府投资建设的公共住房。该住房面积一般都很小，租客也很少，主要是白人和贫穷的工人

　　无家可归的人数依然有很多，迫于各方压力，政府部门开始重新审视公共住房，改变了其用途定位和服务对象，真正让其成为给因拆迁而流离失所的城市公民提供居所的救济保障房。回顾之前所说的，最开始居住在公共住房中的人群只有两类，一类是通过政府筛选的，具有较高劳动素质的居民，另一类则是退伍军人；而后来，凡是房屋被拆迁且没有能力再买房的人，也都统统获得了入住资格，成为了公共住房的居客。

新的公共住房制度给真正需要它们的人带来了极大的福利，但也引起了激烈的争议。一方面，建设公共住房成为了政客争取民众认可、为自己拉选票的重要政治工具，压过了其他更重要的政治议题；另一方面，由于公共住房中居住了大量贫困人口，任何一个家庭都不希望政府将公共住房建到他们的住房周围，选址成了难题。尤其后者，在一定程度上激化了种族矛盾与阶层矛盾，导致了不少白人居民游行抵制，甚至在有的城市引发暴力事件。少数民族人口和穷人遭到严重的歧视，即使是社会地位较高的人也没能幸免。

最终大规模的公共住房项目都密集地建到了几乎没有经济价值的地段里，如废弃工业区。在一些城市，成片的公共房屋已成为贫民区的象征。最有名的例子是密苏里州圣路易斯的普鲁伊特-艾戈（Pruitt Igoe Homes）项目，自1956年竣工后就问题不断。到20世纪60年代，这里因贫困、犯罪和种族问题等臭名远扬（图7.15，图7.16）。1972年，项目的33座楼遭到拆除。这一项目的设计人是美国建筑师协会认可的著名建筑师山崎实（Minoru Yamasaki），即使这样优秀的设计人，也很难设计出满足居民需要，同时方便政府监督管理的房屋群。这一案例从某种程度上也说明公共住房规划的失败。据统计，联邦政府最终花费数十亿美元来拆除和整改那些存在重大社会问题的公共住房。

Missouri History Museum, St. Louis

图7.15 建成于1956年的Pruitt Igoe Homes鸟瞰图。该项目的建筑师山崎实（Minoru Yamasaki）获得了美国建筑师协会（American Institute of Architects）的大奖

图 7.16　（a）Pruitt Igoe Homes 建筑群在 1956 年的落成典礼上被宣布为解决圣路易斯贫民窟住宅的一种
途径；（b）该建筑群使用不到 20 年，于 1972 年被联邦政府拆除。目前该地块一直闲置

7.8　旧街区振兴与城市中产化

　　尽管市中心老街区的大趋势是凋敝，但有些地方仍然出现了好转，Brian Berry（1985）
将其描述为"混沌海洋中的希望之岛"。这一现象开始于 20 世纪 60 年代，随着中产阶级
人数的增多，居民开始主动购买和翻新贫困旧街区的房子。

　　中产阶级的居民主动投入资金与劳动，改造原先破旧的房屋，一开始固然遇到众多困
难，但当越来越多人投身这一行列后，许多问题便可以由大家团结起来合作解决。当一个
街区有足够多的房子得到修缮后，街区面貌便焕然一新，从贫困人口、少数民族人口聚集

区演化成为中产阶级人口居住区，与此同时，房价也逐步上升。

David Ley(1996)和其他一些学者认为，住房需求的多样化是部分街区得到振兴的原因，这些多样化需求主要来自中产阶级以及精英阶级。随着社会发展，购房者的组成成分已经产生了相当大的变化，有越来越多的丁克夫妻、单身族、不婚者、同性恋者等，他们购房不再是为了家庭或者后代，仅仅是为了自己更好的生活体验。这类人群往往都来自中上层社会，有着前卫且新颖的想法，旧城区独有的建筑风格和生活气息常常会吸引他们独到的眼光。

另一种说法是，旧城区与其他地区的地价差别使得众多投资者看到了机会。根据 Neil Smith(1996)的说法，由于长期被穷人和少数民族居民占据，市中心地区的地价通常很低，严重低于其他地区的价格和它本身的商业价值，投资成本低，潜在利用价值高。Smith(1996)认为，在解释旧城区振兴的现象上，经济动机方面的原因远比需求或文化方面的原因更具有说服力。

城市中产化迎来了很多人的支持。几十年来，高素质的人口持续外迁前往郊区，而中产化无疑为市中心保留了这些人口。于政府而言，中产化也增加了他们的税收，同时减轻了旧城区的管理工作，贫困问题也得到了缓解或转移。同时城市中产化还使得很大一部分零售商从郊区重返城市中心，经济活动得到恢复。

但也有一些反对的声音认为，城市中产化其实是对贫困人口和少数民族人口进行进一步剥削。原先，这些人口就已经受到大众的排挤，不得不居住在市中心——这里至少能保障他们的日常起居和就业。而城市中产化发生后，中产阶级人群又重返市中心，占据了这里的资源，使得贫困人口和少数民族人口失去了最后一片乐土，不得不迁往条件更差、工作机会更少的地方。因此，大量社会评论家提出倡议，要求政府给予这些弱势群体以补贴和帮助，补偿他们为城市中产化作出的牺牲。

7.9 小结

美国城市区域规划历史研究团队(The Society for American City and Regional Planning History)是一个跨学科的学术组织，由多名城市历史学家、社会科学家、规划师和建筑师组成。1999 年，Robert Fishman 邀请了一批来自该团队的专家，让他们对过去 50 年里影响了美国城市发展，并将继续保持影响力的几大因素进行了排名，列出了前 10 位：

(1)《1956 年联邦公路建设法案》(又名《州际公路法案》)；

(2)联邦住房管理部门的房贷政策；

(3)中心城区的空心化；

(4)旧街区重建与公共住房项目(《1949 年住房法案》)；

(5)William Levitt 发明的住房批量化生产技术；

(6)种族隔离与就业歧视；

(7)一站式购物中心的出现；

(8)南部工业区的崛起；

（9）空调的出现；

（10）20 世纪 60 年代频发的城市骚乱。

Fishman 特别指出，政府行为通常会或直接或间接地影响到城市发展，甚至产生一些意想不到的结果，例如《1956 年联邦公路建设法案》、各种房贷政策、《1949 年住房法案》等，都在一定程度上重塑了城市空间形态。但无论政府因素还是非政府因素，都是先影响了住房市场，市场的力量再一点点改变了城市的面貌。因此，住房问题研究始终是现代城市地理研究中非常基本、非常重要的一部分，且是城市地理相比其他地理分支学科而言所独有的一大领域。

第8章 都市区治理与空间破碎化

西方世界的大多数国家，尤其是美国，是极其推崇私营企业的。一座城市的天际线，由高耸的办公楼大厦、酒店、银行和公寓大楼组成，而这些基本都是由私人开发商为追求个人利益而建造的。人们日常的工作、购物以及娱乐等各项活动，包括从各式各样的商店、餐馆、剧院到其他各种吸引人们去娱乐消费的场所，都使城市变得喧闹而拥挤。事实上，城市人口以及功能的分布是与城市地价、人们的工作与居住场所相关的。

这些城市的公共属性显得不太明显，但它却能够使私营企业蓬勃发展。几十年来，城市已经发展到具有众多职能且积累了广泛的权力。即使在那些私营企业最"自由"的城市，由城市政府或都市政府控制的公共部门和规则也在城市的形态和功能形成过程中扮演着一个重要的角色。公共消费（collective consumption）的膨胀，即全部或部分城市居民的商品消费和服务，关系着税收的来源，包括：销售税、财产税、个人和企业所得税、消费税、使用费以及其他税收。一系列的公共服务、城市管理以及税收等问题使城市的管理者或地方政府（local state）显得尤其重要。当联邦政府讨论对外援助或能源政策时，许多人都不感兴趣，但当提议在街上建一个大型购物中心或增加财产税时却会引起关注。每个人及其利益都受到地方政府决策的影响。因此，地方政府作为进行城市治理的杠杆是至关重要的。

本章的研究重点是城市规划及其治理的发展变化。这个主题内容很丰富且具有时空动态性。我们主要研究美国的城市，因为这类城市代表着一种特殊的权力和意识形态的集合体。而像中国这类中央集权的社会主义国家，与美国的地方政府在城市治理方面所面临的机遇与制约是极其不同的。

本章我们还通过来自不同领域（如政治学领域）的概念、理论和见解来讨论城市治理的地理学意义。因此，本章大部分内容是关于大都市区的破碎化、都市区规划和更新策略。

8.1 城市治理和公共服务的产生

地方政府到底做了些什么？事实证明他们做了很多。城市各类基础设施，包括街道、人行道、路灯、港口、机场、下水道和供水管道等这些促使城市商业繁荣、居民生活便利的设施都是公共的。城市运输系统，特别是公共交通也是在公共管控之下的。城市通过警察局、消防部门和应急部门来保障城市的公共安全。一座城市的公共性还体现在城市建造及维护其城市公园，如许多大城市所具有的城市绿心和城市绿带等，以及在休闲娱乐区竖立的纪念伟大人物或者彰显某种抽象艺术理念的纪念碑。城市教育的普及则体现在城市的公立学校、公立大学和免费图书馆等设施上。而市民所期望的住房和福利则体现在城市各种各样的公共住房、免费医疗诊所和收入-援助计划等项目上。

城市治理的另一个方面表现为它对企业活动及人类行为的规制。城市治理涉及对不同类型土地利用的区划，经济活动的许可，城市的交通、犯罪和潜在的危险活动的管制，医疗卫生设施的监测及对作出对城市及其周边区域影响深远的各种决策。

在美国，地方城市政府要先于州政府成立。因为美国东部沿海地区曾长期建立过殖民地。在美国独立之前，那里许多小镇和城市就已经建立且存在很久。西部的城市如辛辛那提、路易斯维尔、圣路易斯都是在它们各自所属的俄亥俄州、肯塔基州、密苏里州之前成立的。城市根据宪章建立，这些城市建立的法律基础性文件奠定了城市所拥有的权力，城市的发展变化由它控制，一些历史悠久的城市如波士顿就拥有广泛的权利，而州政府是不能篡夺的。相比之下，美国许多西部城市所拥有的权力就较为有限。对于大多数城市而言，依据城市宪章所组成的城市就像一个团体，因为这类城市都是通过合并而组建的。而在这种情况下，这些城市只拥有可独立通过发行债券和借款来增加城市资本的权力。

8.1.1 城市公共服务的发展

起初，美国的居民点不同于欧洲（详见第 2 章），其格局上与乡村的差异很明显。美国居民点很少会有围墙或其他人工防护设施。土地使用类型也极其广泛，新建立的居民点周围则是大量未开发利用的土地（欧洲人建立），这将会使居民点无限制地扩展，所以有必要去划定一个实体边界，否则将很难控制新兴城市的形态发展。在这些城市，经济效益即土地价值决定土地的利用类型，往往位于市中心的土地价值是最高的。这种空间自由性，即城市居民控制着与自身利益密切相关的活动，使美国的城市形态不断发展变化。

随着时间的推移，特别是人口的增长及居民点的日益复杂，使城市政府具备了更多的职能。19 世纪初，政府主要对城市的经济活动进行积极而广泛的调控。大多数城市至少拥有一个城市中心商业区及码头和仓储设施。从乡村运送到市场上销售的商品都是由政府有关部门制定价格和质量标准。例如 1819 年，圣路易斯政府就禁止城市肉商出售任何不健康的受污染和腐烂的肉类。早期城市收入来自这些商贩缴纳的税费和违法违规者的罚款。然而，这在自由的市场经济体系中开始改变，商品可以在任何地方以任意价格购买和出售。政府主导经济的时代过去，因此早期城市政府最主要的职能消失，取而代之的则是慢慢走向了"服务型"城市。地方政府越来越多地负责城市各类服务功能，尤其是安全、教育和基础设施以及支持着城市这些服务的税收职能。

1）安全

城市政府关于公共安全职能主要围绕着消防和治安服务。19 世纪，大部分的消防工作都是由一些自发的组织执行（事实上，志愿消防员仍然是现在许多小城镇的重要部分）。基本上城市政府可以给消防队长提供站点和部分津贴。而反过来，城市居民所获得的服务则不均衡，所以导致众多的罢工和不同消防组织之间的争斗与骚乱等。同样，治安服务队也是由志愿者组成的，他们主要服务于法庭、涉及传票及类似的事件。他们也会对居民的投诉做出回应并通过阻止滋扰公共安全的行为得到一些报酬，自愿守夜会则负责夜里在街上的巡逻工作。19 世纪下半叶，警察和消防都已成为正式的、身着统一制服的权力机关，消防公司变成了具有严格的等级制度、专业技术型且富有经验的机构。而警察局也变成积极主动地预防犯罪行为而非在犯罪产生后作出简单回应的部门。警察局的许多职责如动物的管控和健康检查后来下放给单独的城市机构来执行。

2）教育

教育是当今地方政府开销最大的项目。治安和消防的支出不及小学和中学教育支出的 1/5。因为教育是非常重要的，大部分城市和城镇都选举成立独立的学校董事会。需要指出的是学校的大部分运作和融资都是在学校辖区内进行，它是独立于城市的且有时与城镇范围不完全一致。因此，教育支出相对地方政府预算而言，只占城镇预算中很小的一部分，它并不代表整个地方的全部教育支出。

早在 19 世纪前，教育只是富人所享有的，随着义务教育和免费教育的出现，教育成为公共的权利，而这个负担就落在了当地政府的肩上。19 世纪初，教育在州政府和地方政府两级都开始了。个别城市地方政府建立全民教育制度要早于其所属的州政府，例如辛辛那提市在首先游说俄亥俄州建立广泛的全州教育体系时，其结果是在 1829 年市政府批准它，自己来推行这个制度。所以这种中小学教育管理模式开始于城市地方政府而并非州政府。最终州政府规定所有学生都要接受一定的教育，但是它们把教育的开支以及管理等事务基本都交由地方政府负责。1851 年，马萨诸塞州成为第一个规定免费义务教育的州。州政府在很大程度上负责公众的高等教育，包括建立以及资助本地大学及师范类院校来培养教育工作者等。

3）基础设施

正如之前我们定义的，基础设施是指为社会生产和居民生活提供公共服务的物质性工程设施，是保证国家或地区社会经济活动正常进行的公共服务系统，如交通、通信、供水、排水系统和发电厂等。这些都是各个地方最基本的需求，并且在乡村演变为城镇，城镇再发展为城市的过程中，对地方基础设施的要求会不断加强。因为在一个小村庄里，步行的小径就可以满足人们的交通出行，附近的河流也可以容纳人们日常排放的生活废水及污水，沟通则可以通过面对面的交流。但是随着居民点的不断扩大，技术的进步与发展，人们对基础设施的需求就会迅速增加。我们从近代历史的发展过程中就可以看到这种现象，如蜂窝电话成为各个区域的必备装置，区号随之不断增加。

19 世纪，人们最迫切的需求是铺设道路、供水以及处理城市生活污水或者其他生活垃圾。20 世纪，人们的需求则迅速增加为包括电网、通信、柏油马路、高速公路以及其他城市居民认为应当配有的基础设施，这些设施有的是满足私人或由公共监管但私人拥有的公共事业公司的需求，其他则属于城市政府。

往往是现实情况到了无法容忍的地步，政府才会采取相应的措施应对，扩展这些城市的公共服务设施。例如早期的城市会建立所谓的"街道"，它属于公共道路且不受私人侵占。然而，这些为数不多的街道，散落着动物的尸体且被建筑物地下室的入口侵占，天晴时道路尘土飞扬，下雨时泥泞难行。因此，除了一些最古老的城市，美国的大多数城市都制定了一致的街道规划，通常称作网格规划，这是国家区域调查和季度调查的延伸（专题

8.1)。起初道路的维护工作是由私人负责的，后来城市开始铺设街道并负责它们的清洁，尽管不同城市在如何支付这些费用方面存在差别。一些城市成立了特定的董事会负责管理街道的建设、延伸和日常维护；后来州政府开始干预并协调邻近城市之间的街道规划。殖民时期，费城任命勘测员和监管机构设计和维护街道。到1891年，宾夕法尼亚的立法机关将此方法扩展到整个州。纽约市的"1811规划"将整个曼哈顿分成155条东西街道和12条南北街道。因为这个时期5万人都挤在小岛的最南端。有时，州立法机关为了保护私有产权也通过调整规划及允许人们在规划大道旁边进行适量建设。所以街道规划仍旧是不成熟的城市设计手段和城市管理意图的表达。

给排水系统同样是在人们的需求增长过程中不断发展起来的。现场污水池能够满足一个人口稀少城市的使用需求，却无法满足城市的不断发展，垃圾废物经常会对周边提供水源的小溪、河流造成污染。那些靠用手推车将肥料运送到附近农场谋生的垃圾清洁工是不可能满足人口迅速增长的需求的。到19世纪中叶，城市开始精心策划下水道系统，它可以排水并将雨水分流进下水道的管道内，这种开盖污水管可以清除污水，动物尸体、粪便等各种废物，最后再利用流动污水的重力作用直接将其排出城市。

一些城市建立了水厂（起源于费城），虽然其很少真正达到卫生标准，并且难以满足城市的需求。John Snow在伦敦做的一项调查表明了人们对清洁水的迫切需求，调查显示19世纪，霍乱是城市生活的大祸害之一，是饮用水污染的产物。20世纪初引进了现代过滤系统，扩大了储水池以及实现了向每个家庭的直接供水。20世纪美国的城市居民在获取清洁水方面已遥遥领先于欧洲的城市居民。

随着时间的推移，城市开始被呼吁或者强制要求在现有的公共服务基础上提供更多新服务，例如公共卫生和公共福利（图8.1）。这些占据了当代城市政府预算的一大部分。城

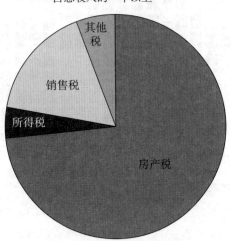

图 8.1 2002年地方政府支出。图中显示了县、市、镇和其他地方政府在各种服务上的支出。教育支出占直接财政支出的40%以上，其他功能占比均超过6%

市资助补贴当地医院处理药物滥用问题，支付一定份额福利，参与污染控制行动以及建造维护一些住房。城市也致力于通过大量的再开发工作来促进自身增长。根据当地官员的说法，最令人恼火的趋势之一是州立法机关、联邦政府和法院要求城市履行职能，而不给城市资金支持。这些被称为无财源提供强制责任（unfunded mandates）。例如，要求为无家可归者提供庇护所，或者法律规定所有公共建筑都允许残疾人进入。所有这些规定都是出于好意但同样需要很高的费用，而这些支出基本上都转移到当地政府。

◎ **专题 8.1**

美国早期的街道规划

　　直到 20 世纪中期，网格（grid）仍是美国城市的主导设计模式。它在很多方面符合美国人的性格。它便于划界线，易于可视化并可以伸展到远方。网格模式批判了旧世界的封闭城市。在这点上，网格被用来作为一种以不断重复的路网线条来伸展城市至远方的方式。但是网格的划分并没有太多考虑地形，导致网格横跨河流、丘陵和各种类型土地。从纽约到洛杉矶，在平地和小丘上，网格反映出 19 世纪的城市扩张。然而，若干美国城市并不是以网格开始的。最早的城市，如波士顿和新阿姆斯特丹（后来的纽约）往往是自然演进而非故意设计的。此外，一些城市的设计更为精细。费城、萨凡纳和纽黑文都设计了一系列广场。这些都意在营造一种社区氛围。

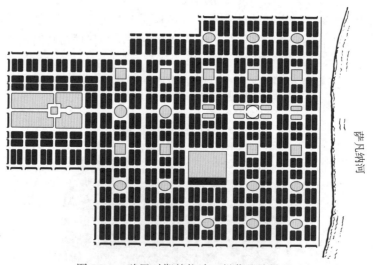

图 B8.1　殖民时期的佐治亚州萨凡纳景观

　　佐治亚州的萨凡纳市是由大广场或多分区组成的（图 B8.1）。每个分区都有一处由宅地围合的 2acre 开放空间。为了鼓励紧凑利用，居民被迁入很多"城镇"，一个 5acre 的外围花园，以及一个在城外的 45acre 农场。然而，他们期望住在分区的中心广场附近。随着城市发展，增添了更多分区，这一过程持续到约 1850 年。对于整体来说，有助于保持集中形式。纽黑文和康涅狄格同样建立了一系列的广场。

费城是在威廉·佩恩的指导下大规模建立起来的。它首先被分成四个象限，每个象限的交叉点是一个大型公共广场。城市的主要街道规划同样也纳入了网格。但在这种情况下，街道之间距离400ft！这些超级街区很快就被分割且允许在内部更多发展（图B8.2）。这一过程中，宾夕法尼亚最初计划的大部分开敞空间就消失了。

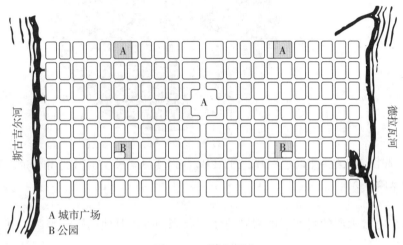

A 城市广场
B 公园

图 B8.2 费城规划

8.1.2 政府财政

美国的城市市政管理中的一个矛盾点是城市财政收入根本无法满足强加于城市的各项事权。美国宪法赋予了州政府广泛的权利，而城市仅被简单地看作"州的产物"，历史上就一直被限制增加税收的权力。州政府可以干预城市事务，修改城市宪章，建立其他地方行政机构（如学区），并且可以限制一个城市税收增加的额度。

支持公共服务的主要收入来源是财产税，一种基于个人财产价值评估的税收。这种税收的好处是能够对那些实实在在的财富，无法隐藏且历史上就曾作为财富指标的不动产进行征税。当今，财产税大概占到地方所有财政收入的3/4，政府各项税收所占比例见图8.2。然而，这些财产税长期以来一直流向通常独立于市政当局的学区以及各县。房产税占城镇总收入的一半以上。

随着城市的不断发展，现有财产价值不足以跟上需求，且国家立法机构、政治动荡及经济发展各种因素都经常制约税率。1978年发生了美国税务近代历史上最重要的事件，即加利福尼亚州选民投票通过的加利福尼亚州"13号提案"。它规定房产价值定位于1975年的水平，随后每年房产价值增值不能超过该水平的2%。马萨诸塞州紧随其后，通过了旨在限制财产税的"$2\frac{1}{2}$提案"$\left(\text{Proposition } 2\frac{1}{2}\right)$，将地方政府的财产税税率最高上限设定为2.5%。

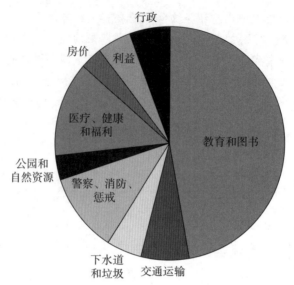

图 8.2　地方财政收入约一半以上来自政府间转移。剩下约 3/4 来自房产税、销售税、所得税和杂费构成其余部分

　　对城市财政来源的财产税的限制迫使市政当局寻求其他的资金来源，其中一项就是销售税，销售税曾长期作为州政府的财政来源。地方政府也是如此，经常利用州政府强加于它们的税收名义来征收销售税。销售税属于递减税，它使低收入群体的负担比富人重很多。然而，它却是一个相当可靠的收入来源，它影响着城市里每一个购买商品的人，并且还可以通过对酒店、娱乐场所、酒和其他项目征收特殊的销售税来加以补充。其中的酒店税就极其受欢迎，因为它针对城市以外的人而非城市居民。

　　个人所得税在 20 世纪 40 年代以前是极其少见的，但是现在它们却成为城市一个相当重要的财政来源。个人所得税通常是个人收入的一个固定百分比，例如在俄亥俄州，所有的城市都规定了个人所得税所占百分比，从 1% 到 2% 之间。这些税一般向城市的居民以及在城市工作的人们征收。许多州不允许存在地方个人所得税，但是这些税收已经成为 3500 个强制征收的市、镇的主要财政来源，地方的个人所得税占总收入的一半。

　　虽然税收可以对市政收入作出贡献，但是它不足以支持全部市政管理以及市政工作的开展。因此必须要从其他途径筹集资金，城市长期依赖联邦政府和州政府的资金补助或者像燃气税这类共享税。这种转变向政府间税收的方向发展。2002 年，它们占地方总收入的 40%，问题是这种政府之间的资助总是会因为财政因素（融资成本过于昂贵）或者意识形态因素而遭受联邦政府及州政府的削减。在 20 世纪 80 年代初，里根政府曾大幅度削减对北部大城市的财政援助，基本削减 2/3。

　　另一个增加财政收入，尤其是增加城市主要发展项目资金的方式是向城市投资者发行债券。这种市政债券起源于 19 世纪，它为越来越多的居民建设所需的基础设施，促进市政建设的发展。它为城市许多大工程项目提供了资金支持，如电车轨道、港口扩建和综合排水管；它们继续成为城市经费的主要来源。以 2002 年为例，各地最新发行 1970 亿美元的长期债券，长期债务总额将近1.1万亿美元。这些债券被用来支付城市会议中心、体育设施、博物馆和其他城市认为有助于其长期发展经济的项目。这些市政债券之所以吸引投资者，是因为它免税，这就意味着那些投资者不需要向联邦政府、州政府以及地方政府缴纳股息税。发行债券对于城市和投资者来说都存在一定的风险，因为政府可能会拖欠债务，即使这类问题很少发生。

理想状态下，地方财政收入应足以支付地方的开支。而现实中许多城市都陷入了财政困境，它们不能像联邦政府那样因为财政赤字而削减服务。而不幸的是这种情况常常会发生在那些对公共服务具有极大需求的城市，即那些有着大批的低收入居民、公共卫生问题严重且基础设施老化的城市。我们将在后面的章节中讨论具有这种困境的城市。

8.2 谁治理城市

殖民时期和国家独立后的初期城市治理基本是不讲民主的，类似于欧洲的模式。没有最初的普选，只有自由民(一个需要购买的身份)才被允许参与城市的政务。执政委员会的6个成员，通常是被提名的，这些官员和选民需要拥有自己的财产。城市治理由城市最富有的居民支配，导致城市的运作类似于商人追逐商业利益一样。这时进入了美国强烈反民粹主义的开端。Kenneth Lockridge 在《一个新英格兰小镇》(*A New England Town*)一书中描述了马萨诸塞州戴得镇的居民怎样通过在非行政委员会委员主持的小镇会议上作出更多的决策来反对官方的权威，而 de Tocquevillezai 在《民主在美国》(*Democracy in America*)中则单独提出了城市治理多方面正朝民主发展。这一思想则给美国的城市治理带来了持久的压力。

虽然财富一直被认为是城市政治中最主要的推动力，但是这种压倒性的优势在19世纪至20世纪的过程中也将发生改变。因为民族政治、利益集团政治和机器政治会给城市治理引进其他的观点与见解。19世纪初，选举权扩大到所有白人。内战后，非裔美国人被赋予了选举权，即使这在任何地方都根本不能真正影响到选举结果。而女性被赋予选举权则更迟，直到一个世纪以后，1920年《第19修正案》(19th Amendment)才予以批准。城市治理方式也相应有所改变，如老城区重新修订的城市章程反映出这种变迁。

8.2.1 城市治理的阶段

美国的城市治理分为几个阶段，这里我们主要关注于4个主要阶段：精英主导(elite dominance)，政治机器(machine politics)，政治改革(reform politics)和专业政治(professional politics)。

1)精英主导

在第一个阶段，城市治理由精英主导，而这些精英起初是凭借着高贵血统的贵族，后来则演变成那些在商业上取得成功的人士。这种精英主导型城市治理在大部分美国东北部城市、中西部城市从殖民时期持续到19世纪中期，在南部城市一直持续到20世纪。这种治理类型的本质是政府由拥有财产的上层阶级主导，城市较贫穷的居民以及移民的需求能够得到满足的可能性很小，因为他们中的许多人是没有选举权的。

2）政治机器

19 世纪中叶，特别是在美国的东北部和中西部见证了"政治机器"的发展，这是城市治理机制的第二个阶段。它由一个强大的政党组织组成，由候选人通过选举产生。政党组织为选举他们的人发放好处当作回报，有时是现金，有时是提供工作，有时则是给予保释。没有"正确"投票的人将不能享受城市提供的任何东西，尤其是公共服务。

这种政治机器有三个特别重要的特征。首先，政治机器是分等级的，有一个明确的领导和组织。每个城市都有一个强大的党魁，其本人一般不出任显要公职，而在幕后发号施令。如新纽约市坦慕尼协会组织的领导人 William Marcy。

其次，这台机器代表着平民主义者，即它代表着社会底层阶级的利益，通过投票表决，它很容易得到城市新兴民族和贫困居民的支持。反过来，政治机器为贫困居民提供大量的帮助来感谢他们的投票。例如，在社会广泛反对天主教时期，他们为天主教堂提供资金。移民则特别感激他们帮助提供工作和住房并因此成为城市公民。当然，它也帮助了许多政治机器强烈的反对者，即那些认为如果没有新移民而美国将会更好的本土主义者。

最后，政治机器是区域性的。城市分成不同级别的区域，并且在每一个级别都安排有工作人员。这些政党工作人员、区长和城市领导者将服务于城市居民并且在选举日确保每一个人参与投票。在引入澳大利亚选票制（投票可以秘密进行）之前，投票都是公开的。

政治机器的时代持续了很长一段时间。随着移民群体的发展成熟，并开始拥有权利，美国城市中开始出现明显的种族政治。特别是爱尔兰人、意大利人、犹太人和一些斯拉夫人组织都开始为各自的利益而要求参与城市治理。

3）政治改革

尽管政治机器制度已经大大减弱，但是即便在今天，有些政治机器可能依然存在。而人们对于政治机器的反应则是遮遮掩掩，不民主和腐败导致了政治改革时期的到来。政治改革的主要宗旨是城市应当由富有经验的管理者来管理，他们运用科学的管理技术为公众服务。而过去那些对整个城市的发展和管理都不利的城市治理制度应当予以扫除。许多各式各样的改革在城市甚至国家层面进行，其中包括大型选举、无党派人士的选举和城市经理制形式的城市管理制度。

●大型选举：传统的政治机器将城市分为区，每个区分别选出一名代表：议员、参议员、行政委员。改革派则认为，应在整个城市范围内选举每一个议员，无论他们住在哪里都将会更好地反映城市的整体利益并将为城市提供最具代表性的意见。今天，大多数城市都至少有一些代表来自大选。问题是，这样的一个体系削弱了地理上集中群体的影响。少数族裔和低收入群体倾向于居住在城市的某些地区，而且在这个大系统中来选举代表他们的人是很困难的。例如，研究表明黑人在这种体制下不大可能被选举。

●无党派人士选举：虽然政治机器往往不会成为一种意识形态。它以一个政党为基础，选民期望投票给党派而非个人。为了反对这种做法，一些改革者便"撕去"了党派的标签，这使候选人都只是站在现实问题的立场上，选民将根据候选人优点来作出判断。今天，约 3/4 的城市选举是正式的无党派选举。而无党派选举的一个问题是因为候选人基本依靠宣传力度和知名度，实际上可能导致他们对待问题的立场难以判断。他们对待问题的立场由于缺乏党派标签可能导致不确定性更大。其他因素如候选人的种族问题也可能在选举中扮演着不合适的角色。

• 城市经理制：地方政府有几种形式（图8.3）。"强市长型"将行政权力主要集中在市长手中。"弱市长型"则更加受到市议会的控制。城市委员会制度即通过任命几位有能力的企业家组成一个委员会来负责城市的治理。后来，城市经理制的形成被视为一种政治改革。这种制度引入了一个城市管理者，即由议会设立"总经理"职位，负责行政管理部门工作，大多数城市赞同并开始实行这种制度。城市经理制的优点是它超越了意识形态和偏见。缺陷是城市管理者拥有强大的权利并且不直接对选民负责，市议会很难成功反对城市经理的决定。

这些改革的一个总体特征是似乎把权力从人民转移给精英阶层。在本质上，它们可以被视为标志着精英统治时代城市治理方式的一种延续。虽然这可能会存在一些腐败问题，但政治机器确实将公共资源分配给低收入群体。地区投票选举产生的候选人，代表了当地居民的利益并积极长期在为其争取利益。总的来说，在大选中的受益者是那些足够强大、能够将他们的利益等同于城市利益的公民。因此，专业的管理人员可能认为应当寻求一种新的制度。因为当每个地区有不同意见的时候，有些事情是很难完成的。

4）专业政治

现代城市政治发展与专业政治的兴起是相对应的，至少在大城市中是这样的。政治越来越多地从挨家挨户敲门的"零售"方式转变成利用广播媒体进行广告宣传的"批发"方式。候选人必须很上镜，能说会道，并且能够筹集大量的资金。如今，城市也需要被迫解决一大堆问题。美国已经成为一个郊区化的国家，大城市是那些以其为中心的大都市地区形成和发展的基石。大城市中出现的问题可能不会比过去的问题更严重，但是需要持续解决去中心化过程中企业和居民迁移到郊区、生态环境恶化等一系列问题。此外，城市在政治上更加依赖联邦政府和州政府，城市政治家必须懂得如何从联邦政府那里获得资金支持。

8.2.2　城市权力

城市政治学专业的学生长期就城市权力的基础问题进行争辩，特别是在现代城市。来自商界精英或政治机器权力的组合出现了一个更加微妙的政治类型。但是这并不意味着不会带来一定的利益。我们可以看到城市秩序（使用地理学家 John Short 的术语）由三个重要的角色组成：家庭、企业和地方政府。家庭最终决定着城市的选民以及城市所提供的服务。本质上，他们希望得到最优的服务而缴纳最低额度的税收。企业则是一个城市的经济基础，它提供就业机会以及支持着城市大部分的开销。他们经常宣称自己的需求被置若罔闻，特别是当他们意识到那些繁琐的监管规定和城市偶尔出现的"反增长"和"反商业"的情形时。然而，企业同时也需要寻求政府的支持与帮助，比如扩建城市道路，提高教学质量，改善消防和治安服务以及其他他们认为有利于其商业运作的城市服务。地方政府所扮演的角色则既是为自身利益服务的"运动员"，又是调解城市利益竞争中的"裁判员"，但作为整个政府体系中的一个部分，其权力也受到一定限制。

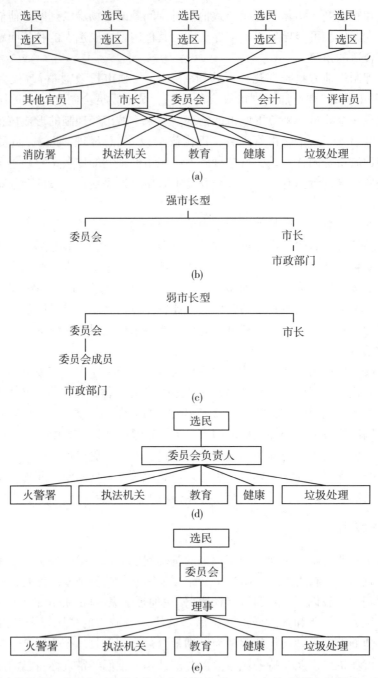

图 8.3　地方政府的类型。美国有五种基本的地方政府类型：（a）市长-委员会的形式，最高行政官员由直接选举产生；（b）在强力市长制度中，市长任命各市政部门负责人；（c）在弱市长制度中，委员会控制这些部门；（d）委员会的形式，其中一个由三名委员中选出的委员会任命部门负责人；（e）委员会-理事的形式需要雇用城市理事，他向委员会汇报工作但最终自己管理城市的日常业务

关于现代城市权力来源的三个基本理论已经提出，即精英理论、多元主义理论和制度理论。精英理论主张城市政治决策应由选举出来的相对少数的人决定。权力通常是集中于来自商业机构的团体，其他部门（如大学和大的非营利组织）也可以代表。虽然这些精英阶层可能无法左右选民，但是他们可以帮助参考哪些问题应当优先讨论。在 1953 年和 1980 年由 Floyd Hunter 进行的一项众所周知的研究表明，40 个人基本控制了城市的发展，这些具有影响力的领导人中许多是企业家。这就能够得出一个结论：地方政府像一个仆人在为强大的个人和特定的企业服务。

多元主义理论不认同权力集中这一论断。相反，他们主张权力应当下放给不同的群体。当然，企业拥有巨大的资源和影响力，但是它们通常会出现内部分化。其他利益团体如族裔群体、工会、宗教组织、当地居民和特殊的利益集团共享权力，才能更加有助于最后的决策。Robert Dahl（1961）对康涅狄格州纽黑文市的研究表明不同的人在不同的问题上具有不同的影响力，只有市长拥有超越一个区域的权力。地方政府更多的是所有利益群体都允许参与其中并进行利益争夺的竞技场。

制度理论围绕着政治制度这一概念，它主张权力机关是一个相对正式且固定的群体，由私人和处于决策中心的公众人士组成。制度理论认为每一个城市基本有一个有能力执行并且能够达到关键目标的政权。虽然企业主导政治制度中的私有部分，但是公众参与也起到一定的作用。它与精英主义理论不同点在于：①这种团体很少能够决定所发生的所有事情，因为其依赖更大范围的政治环境；②根据城市制度理论，政体由更加多样化的团体组成，包括少数族裔、社区和有组织的劳动者。然而，制度理论不同于权力是分散的多元化理论。虽然其他参与者有时也参与决策，但是城市政治权力显然集中于主导政权的人中。然而，根据目标的不同，制度性质可能会有所不同。为特定的目的而制定的行为制度（regimes act），包括：维护现状、吸引更多的企业、促使社会更加公平。

政治科学家 Gerry Stoker 和 Karen Mossberger（1994）认为构建一个有机体系是一个寻求和保持社会发展的有效方式。这主要可能出现于一个对现状感到相当满意、较小的同质人群的社区内。一个有所作为的政权可以联合完成一个特别大的项目或者一系列的项目。例如，在 20 世纪 80 年代，许多大城市试图通过构建大规模的民间项目和吸引私人资本来重建其中心城区。这种机构由那些认为这些项目有利于他们自己及把这些发展看作促进公众利益的人组成。这些制度也被称为增长联盟。一些城镇由一个象征性的机构指导，一个看起来能够改变城市形象的联盟。有时这种改变会朝着更为振兴和快速增长的方向发展。在这方面，它们在试图通过创造城市成功定位的城市"品牌"，使其在众多的竞争对手中脱颖而出。在其他时候城市发展目标则会转向那些环境保护主义者所主张的观点。这类制度已经出现在一些希望缓解过度增长所带来的影响的城镇和郊区。因为从长远来看，它们可能会因为企业的反对以及人们对因扩张而迫使税基转向郊区所持的消极态度而受阻。因此，欧洲的城市更有可能被这种象征着激进思想的制度所主导。

8.3　大都市区的空间破碎化

城市地理学尤其关注城市问题或者大都市区的空间破碎化。随着城市的发展，城市内的复杂程度也随之不断增加，城市区域已经远远超出了其行政界限，而包含越来越多的周边区域。如今，中心城市以及围绕在其周围的相对松散的郊区联系在一起。这种联系构成一个共同的经济体。人们所说的"来自城市芝加哥"，而现在他们则更可能是居住在芝加哥都市区，即一个由受到芝加哥中心区辐射的城镇、小城市、郡县以及其他行政区组成的极其复杂的城市联合体。在美国，我们称这种地区为大都市区并为其划定边界。如第 4 章所讨论的，在世界上大多数城市，这种郊区化的一般进程都是较相似的，但是美国的城市可能要比其他任何国家的城市表现得更为成熟。

城市很容易出现一定程度的分裂。这本教材中的大部分材料是关于城市如何基于经济职能、投资、住房质量、社会群体、种族以及类似因素进行划分的。郊区化及都市区复杂性的不断增加已经极大地掩盖了目前破碎化最严重的部分——政治破碎化。一个大都市区可能包括几百个共享某些利益，但在其他方面又存在差异的不同地方政府。政治的分离也就是财政的分离，因为每一个地方政府都需要提供公共服务并且也都赋予了其征税的权力。这就意味着其所需的公共服务类型和税收的数额在很大程度上是存在差异的。

目前关于应对大都市区破碎化的著作都是由政治家撰写的。Myron Orfield 就是其中一员，他代表了明尼苏达州立法机关的明尼阿波利斯区。在他的《都市区政治》（Metropolitics）（1997）一书中，他认为破碎化在"那些社会经济需求集中而资源匮乏的中心城市和近郊区最容易出现"（p. 74）。都市破碎化的另一个关注者，新墨西哥阿尔伯克基市前市长 David Rusk 在《没有郊区的城市》（Cities without Suburbs）（2003）一书中描绘了一个被郊区包围而无法扩张的"非弹性"城市。在这种情况下，地方政府加强种族和经济的分离。辖区间竞争往往会限制整个地区应对经济挑战的能力。对于这两类政治家而言，解决方案就是建立一个单一的、全面的地方政府。Orfield 主张建立都市二级区域政府；Rusk 则主张扩大城市弹性价值，即增加城市带动影响其周边区域的能力，以保持周边区域在城市的管辖之下。我们将在本章的后面仔细研究这些解决方案和其他解决方案。

8.3.1　日益破碎化

大都市区的日益破碎化在很大程度上是不争的事实。这个过程不是简单地将现有的城市分割成许多部分，而是源于三大因素的作用：①大都市区空间的扩展；②纳入都市区的郊区数量的增加；③地区服务的增长与多样化。我们把美国看作一个整体，截至 2012 年，它包含了 89004 个政府，其中有 3031 个县（见表 8.1）。

表 8.1　　　　　　　　　　　　　美国政府的类型与数量

年份 政府类型	2012	2002	1992	1982	1972	1962	1952
总数	89004	87900	86743	81 831	78269	91236	116805
联邦政府	1	1	1	1	1	1	1
州政府	50	50	50	50	50	50	48

续表

年份 政府类型	2012	2002	1992	1982	1972	1962	1952
地方政府	88953	87849	86692	81780	78218	91185	116756
一般用途：							
县	3031	3034	3043	3041	3044	3043	3052
支县	35886	35937	35962	35810	35508	35 141	34009
市	19522	19431	19296	19076	18517	17997	16807
镇区	16364	16506	16666	16734	16991	17144	17202
特殊用途：							
学校地区	12884	13522	14556	14851	15781	34678	67355
特殊地区	37203	35356	33131	28078	23885	18323	12340

资料来源：http：//www.census.gov/govs/www/cog2002.html and http：//www.census.gov/govs/go/.

当我们进一步考察治理破碎化的过程时，也有其他一些趋势出现。第一，学区的数量几乎下降了 90%。20 世纪 40 年代、50 年代和 60 年代见证了大规模学区的建立，基本在乡村和城市的远郊区。这种做法主要是希望通过建立高中和小学来服务当地的日益增加的经济规模。从这个意义上来说，它是朝着与破碎化相反的方向整合发展的。第二，大都市区所包含的城市数量的增加。各个州的法律是不同的，但是在大多数地方，一个中心城市在未经双方一致同意的情况下要合并一个建制市也是不可能的。城市的大规模扩散始于 19 世纪晚期的库克县，它从 1890 年拥有芝加哥等 55 个市镇，增长到 1920 年的 109 个市镇，并有继续激增的趋势。1930 年，所有州的立法规定"郊区是否并入中心城区由那些城镇自己决定"（Judd，Swanstrom，1994，p. 218）。关键问题是这就使一些独立的地区发展成了避税地。例如，20 世纪 50 年代在洛杉矶县，由于一群希望避免支付税费的实业家的聚集而形成了工业城市。到 1992 年，每一个大都市区的政府的平均数量已经上升到 90 个。虽然这种增长从全国范围上来看并不大，但是在某些都市区却经常发生戏剧性的变化。例如 20 世纪 80 年代，芝加哥地区包括 1250 个地方政府。1990 年的人口普查数据显示：底特律大都市区有 338 个郊区政府；到 2000 年，底特律市政府将管辖的城市人口控制在整个大都市区的 1/4。

第三，城市中扩张幅度最大的是一些特殊区域，从 1942 年到 2002 年增加了 4 倍以上。其中包括公园区、消防区、住宅区和污水处理区域。这些特殊地区的边界已经不与城镇行政边界相一致。例如，将近一半的芝加哥地方政府实际上是特殊区域，它的数量超过了许多乡镇、城市和学区。

但是促使大都市区日益复杂化的最大推动力是都市圈的扩张。19 世纪，随着城市人口的增长，居民一步一步地向城市外围迁移。随之导致大城市实体边界的扩展。因此，波士顿兼并了罗克斯伯里、罗切斯特、布莱顿；纽约兼并了布鲁克林和斯塔滕岛；克利夫兰则兼并其东西部以及俄亥俄州的格兰维尔。虽然许多城市在不断兼并外围地区，但是许多大都市区的扩张已经远远超出了中心城市的治理范围。从 20 世纪初开始，每一代人都建造了这样一个环形郊区，现代大都市区就像一个风车，而中心城市则一直都处于市郊漩涡的最中心。

大都市区的破碎化是与某种程度的经济一体化水平同时发生的。城市和郊区存在于同一个都市经济圈内，一般来说，它们的发展是交织在一起的。正如近期一本书中的观点，即"它有一个潜在的地方经济区域，而其中每一个城市和郊区的政府管辖区只是其中的一部分"（Barnes，Ledebur，1998，p. 40）。然而，随着时间的推移，城区和郊区之间的收入水平发生了巨大的变化。1960 年，城区比郊区要稍微富裕。而到 1990 年，城区的平均收入只是郊区收入的 84%（Barnes，Ledebur，1998）。最新数据显示，通过采取一些措施且由于城区更有利于步行、具有吸引力的中心城市以及最新的公寓设施，城郊之间的收入悬殊已经缩小。城区收入的相对增长对整个都市区的发展是有利的。2000 年的人口普查数据显示：城郊存在较小差距的都市区与那些郊区比都市区整体富裕很多的地区相比，更有可能出现强有力的就业增长。

8.3.2　对都市破碎化的积极评价

两个公共官员援引先前 Orfield 和 David Rusk 的观点来反对都市区的过度破碎化论点。事实上大多数的相关政治家和社会科学家都曾表达过这种观点。然而，如果忽略那些认为都市破碎化会带来积极影响的人的观点则也是不公平的。

一种观点认为破碎化的管辖可以看作多中心主义（polycentrism）的标志。首先，这种观点认为大都市政府可能会对地方的利益问题不那么关注。如果城市很小，那么一个市民更有可能成功地向政府表达个人诉求。然而，任何一个处理过巨大的城市政府事务的人都知道它的规模和复杂性足以令人望而生畏。议员可能要对成千上万的选民负责，不同的公共服务被安排在这些分级机构中，市民甚至可能很难找到一个合适的人来接受自己的投诉。

一个相关的问题是越来越多的郊区政府提出人们有更大的权力选择在哪里居住。以经济学家 Charles Tiebout 命名的 Tiebout 理论认为人们会在税收和公共服务需求之间寻求最佳的匹配模型。社区的选择可以看作一个市场决定。一些社区可能提供更多的公共服务，但是要支付更高的税收。然而，其他社区提供的服务较少，税也较低，或者可能有一些其他的因素，如有一些会议中心或者购物中心等。单身的年轻人和老年人可能不大关注学校的问题，所以他们不太可能选择居住在那些能够提供高质量的公共郊区的社区内。

政治制度或者生活方式等因素也可能影响人们选择居住的地方。例如，加利福尼亚的西好莱坞（West Hollywood），那里的政治是由同性恋者主导的。因此，洛杉矶市区的同性恋者可以选择居住在那些法律、公共服务更有利于他们生活的社区（图 8.4）。其他社区如蒙特雷市 Monterey Park 则满足了华人居民的聚集需求。这样的例子还有许多。

图 8.4　加利福尼亚西好莱坞(在洛杉矶盆地)是首批公开同性恋管理的城市之一。这张照片描绘了每年沿圣莫尼卡大街游行的女同性恋、同性恋、双性恋和变性人的人群

◎ 专题 8.2　技术和城市地理

网 络 社 区

　　计算机技术作为一种提高生产力的途径，能快速寻找问题的答案并能获得广泛的信息来源。但是计算机技术能够提高社区认同感吗？这个问题十分突出，研究人员发现：现代城市家庭之间的隔阂比较严重，且"社区"关系也变得十分疏离。也有人担心计算机技术可能削弱了社区认同感。由于人们往往通过他们的笔记本电脑进行联系，却不愿意在现实世界中与人交流。

　　许多社区把这些概念引入社区网络试验，这些试验通常在一小片地、一组建筑或一个小镇上进行。这些网络(通常称为内部网)的价值在于通过提供一种真实社区的替代性网络，有助于将所有的社区成员联系在一起。它也成为社区宣传材料的一部分，网络社区可以提供更便捷的家庭信息来源。

　　也有一些对世界社区网络价值的研究，Alladi Venkatesh 和他的同事在加利福尼亚州的橘子郡(Orange County)做的一个研究表明网络社区充当多个角色。网络社区可以用来公布一些关于社区活动、车库出售和当地学校的信息。它给有共同兴趣的人提供了一个见面场地，促进了不同团体和社交俱乐部的发展。它也提供了一个发表交流社区观点的论坛。成员可以就"从垃圾收集到其他更严重的问题；从关于交通拥挤到规划下一个购物中心的问题"等各种问题，各抒己见(Venkatesh, Chen, Gonzales, 2003)。这些网络社区有多重用途，如我们所料它对全职妈妈和职业女性特别有用，因为她们更愿意登录社区网络的公共论坛。

　　可能最综合的研究来自城市规划专家 Keith Hampton 和 Barry Wellman(2003)的研究。如图 B8.3 为多伦多的一个郊区，指示牌上有一个署名为"网络小镇"("Netville")的地方。调查研究和对实验人员观察表明社区内部网络的存在对邻里间的关系具有十分重要的影响。使用社区内网的居民可以与邻居间建立更多联系，人们会更乐意坐在门廊前(尽管大部分人有更宽敞的后院和天井)来观看街道，因为大家都想第一个将发生的事情传到社区内网上。社区网络也成为一个谈论政治的地方，这提高了郊区居民接触政治行为和言论的机会。总的来说，社区网络的使用有助于提高社区认同感。

图 B8.3　欢迎来到"智慧社区"("The Smart Community")
(Hampton Keith, Barry Wellman, 2003)

即便没有这种多样性，多中心主义认为较小的社区提供了更多个人服务。民众可以在政府管理中提出更多意见，而当地政府官员也可以更好地满足当地居民的需求。如专题 8.2 所示，一些社区已经建立了社区网络将社区居民联系在一起。大都市碎片化结合了小镇居民拥有的亲密人际关系和在大城市居住的益处，这是一个双赢的局面。正如多中心主义所说的，这是人们一直以投票反对合并，努力保护地方自治的方式来选择他们理想住宅的原因。

最后，许多美国新城市地理的观察者已经注意到边缘城市现象的存在(本书在第 4 章进行了介绍)。这些新的城市形式通常存在于中心城市边界的外围，包括合并的郊区和分散的县域土地。边缘城市的发展繁荣和具有的影响力使得传统的市中心也有些黯然失色。边缘城市发展的支持者认为服务这些有序的边缘城市的分散政府比一个统一政府的效果更好，因为单一政府往往需要制定更多的规章和条例。

8.3.3　地方财政差异

尽管大城市破碎化有许多支持者，然而也有很多反对者。这些反对声音可能有多种形式，但有一个经常被说起的原因就是财政差异(fiscal equity)。像我们前面讨论的，地方政府有能力评估税基(tax base)，是指所有在当地范围内应纳税的财产，即计税标准。如果当地政府给定一个销售税收入的份额，税基可以指销售收据或者收入；如果地方收入税也被评估，其他税目可能也被包括在内。在大部分情况下，财产税是主要的税收来源，提供了当地几乎 3/4 的税收额。税基是十分重要的，因为它代表了可以从税收获得的"本金"

或"财富"。依照一个较小的税基，要想获得和按较大税基一样的税收就需要一个更高的税率(tax rate)，或者提高财产、收入、销售额或是其他基础的评估。一个地区如果有较大的税基，就能够给当地居民提供一个较低的税率。相反，一个税基低的地区则必须抬高税率来获得相同数量的税收。

什么导致了不同的税基呢？在大多数地方，关键影响因素是财产值。豪华住宅比普通住宅能产生更多收入。富有社区比贫穷社区享有更高的财产值。地区也依赖来自商业和工业财产的税收，工厂、仓库、商铺、写字楼，这些都要征税。很明显，来自那些非住宅活动的税收收入更多。然而无人的店面、空置的写字楼，以及如图8.5所示的工业的"棕地"(是指一些工厂的旧址，且因为工厂及废弃物清理的问题，很难再利用的地方)这些没有收入。在一些情况下，对商业和工业征收更高的税，这样会给某些特定地区带来更多益处。

© Blade_kostas/iStockphoto

图 8.5 老工业城市被迫面临衰败的老工业基地，然而工厂用地再作他用也并不安全。"棕地"(废弃工厂旧址)再利用时需要被清理和净化

如图8.6所示，财产值差异是市中心社区和周边郊区社区财政差异的一个根源。在明尼阿波利斯-圣保罗都会区(Minneapolis-St. Paul)，富裕的南部和西部郊区要比那两个中心城市、内圈郊区和工人阶层郊区人均税基高1/3。美国西北部的双子城(Twin Cities)已经致力于减少这些差异，较低的财产值会使市中心处于劣势。贫穷的市中心和富裕的郊区的两极分化掩盖了许多复杂问题。通常情况下，市中心和中心商业区有更高的财产值，因为它们包含高层办公楼、豪华酒店之类的。几个市中心仍然享有这种优势：20世纪80—90年代，市中心的复兴带来财产值的提高，并有助于巩固全城财富。Orfield (1997)认为主要差异并不总存在于市中心和郊区之间。当处于内圈的郊区税基减少，也没有大的商业中心，通常情况会更糟糕。通常最贫穷的地区是那些税基下降且资产较少的郊区，新泽西州的卡姆登、马萨诸塞州的切尔西和俄亥俄州的东克利夫兰都在美国财政最穷困地方之列。图8.7所示为伊利诺伊州的东圣路易斯：

　　这个城市，98%是黑人，缺乏妇产科服务，没有定期的垃圾收集，工作机会也较
少……在密苏里州大道只有三个 13 层的建筑，一个城市主干道被占据……在过去的 12
年，财政短缺迫使城市 1400 个员工中有 1170 人被裁员。东圣路易斯市市政厅大楼常买
不起燃煤和厕所用纸。市政厅最近宣布现有的 230 个劳动力可能还要再裁员 10%。1989
年，市长宣布他可能要卖掉市政厅和所有的 6 个消防站来筹集资金……东路易斯被抵押
到下个世纪，是州内财产税税率最高的城市。（Kozol，1991，p. 8）

　　这样的例子不胜枚举：没有垃圾收集车，堵塞的排水道，花费巨大的治安和消防，还有
徘徊在破产边缘的城市。

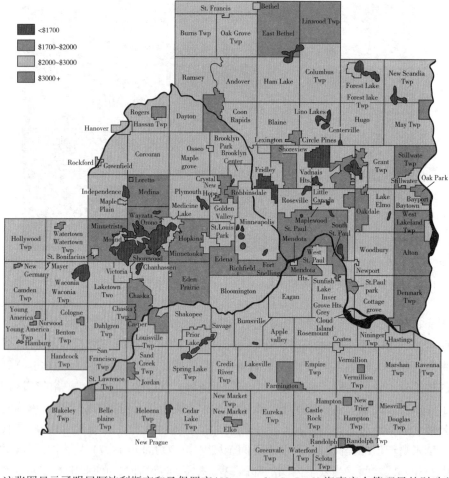

图 8.6　这张图显示了明尼阿波利斯市和圣保罗市（Minneapolis-St. Paul）海事安全管理局的财政差异。有
　　　　效净税收能力是指来自一个社区在财政差异按比分配之后期望税基潜在的税收收入。在迈伦·
　　　　奥菲尔德西南部社区被称为"最受欢迎的四分之一"，因为这里有最高有效净税收能力。通常在
　　　　这些城市纳税能力较低（Orfield Myron，1997）

图 8.7　主城市外贫困郊区严重荒芜。图中是伊利诺伊州圣路易斯市的一个郊区

　　尽管没有市中心近郊的那些财政问题，但大城市边缘快速城市化的地区由于需要提供更多的服务，即带来了它们自己的财政问题。新的居民要求新学校、基础设施还有更多的安保服务。人们起初可能不愿意支付这些服务费用，但他们最后会支付的。

　　其他财政差异的主要方面是服务需求差异（differential need for services）。市中心往往居住着大都市区那些最贫穷的居民，有最严重的犯罪率且基础设施可能比较老旧。此外，市中心学校（占当地财政支出比重较大），也承担着同样的贫穷、犯罪和不合理的基础设施问题。较大的服务需求包括福利开支、治安防护、街道和污水管道维护，还有教育，都需要更多的资金支持。因为这些原因，通常大的中心城市需要与其人口规模相匹配的更多资金。

　　税基差异和服务需求差异带来了一种在资源匮乏和资源丰富两者之间的大都市极化（metropolitan polarization）现象。税基低但社会服务需求高的城市需要更多的州（国家）拨款。这些城市地区通常是不受欢迎的地方，因为巨大财政预算压力，没有足够的钱用于基础公共服务，更没有钱去支付一些像公园维护和休闲活动设施修建等的"奢侈活动"。

　　城镇拥有较高的税基和较低的社会服务需求，则是比较适合居住的地方。这里给居民提供了许多配套设施。这些差距导致了那些有能力选择住房的中产和高收入阶层，纷纷从贫困区域迁移到发达区域。然而，低收入居民没有能力选择居住地点，只能维持现状。企业也采取行动，转移它们的财产税税金，这使得极化现象更加严重。

8.4　抵制大都市破碎化

　　也有一些反对者致力于抵制大都市碎化或至少减轻它的负面影响。然而，由于各种类型的协调总是伴随当地自主权的减少，因此经常遭到反对。比如，富有社区可能不愿意放弃治理自主权，因为这可能意味着他们失去一些财政自主权。郊区的一些社区通常把市中心看作他们自主权的一种威胁，而且理所当然地认为大城市可以主导任何城市组织。

　　同时，在某些时刻为了共同利益，所有社区需要进行团结协作。一些经济援助和提高所有社区交通可达性的大工程项目，如飞机场建设，都需要在大都市政府级别才能得以解决。同样高速公路和其他类型交通方式的扩张，如铁轨建设的费用需要所有受益的社区协商承担，不然项目很可能不会顺利完成。即使大都市处在不同行政区，它们也作为一个独立的经济体运行，为达成某些目标而进行政策协商。同样地，大都市社区也共同受到环境决策的影响，包括垃圾填埋场和有毒废物处理的位置、流域问题以及空气污染问题等，所以大都市区也需要在这些基础上进行协商。

8.4.1　合并

　　抵制大城市破碎化的方法中，最简单的就是合并(annexattion)。合并是指一个市区将另一个独立市区或分散的土地纳入自己的行政边界。在美国，城市长期依赖合并来扩展空间范围以满足其急剧膨胀的城市人口需求。观察任何州和大城市的地图可以看到过去合并的踪迹：一个地区主要城市的面积通常比其他市镇面积大，主要城市通过合并扩大自己的管辖范围。

　　美国的城市就其面积而言，差异较大。人口最稠密的城市如纽约，在 19 世纪增长十分迅速，它有能力获得大的领土，但事实上只包含 5 个县的领地。纽约市面积 308mile²，但比洛杉矶、休斯敦、圣地亚哥、菲尼克斯、圣安东尼奥、达拉斯、印第安纳波利斯、杰克逊维尔、纳什维尔、俄克拉何马市、堪萨斯城、安克拉治(Anchorage)、切萨皮克和奥古斯塔都要小。所有这些城市人口规模都远比纽约小，一些城市人口仅占纽约人口的 1/40。你可能也注意到上面所列城市，除了印第安纳波利斯，这些面积大的城市大多位于西北部或中西部工业区。通常位于南部和西部的新兴城市容易通过合并成功实现扩张，结果它们城市面积的扩展与人口膨胀保持同步。东北部的老城市很难扩张，这导致它们的郊区人口增长较慢。

　　1)弹性城市

　　David Rusk(2003)，为美国新墨西哥州中部大城市阿尔伯克基(Albuquerque, New Mexico)前市长，曾假设并提供证明"老城市是自满的，新城市是雄心勃勃的"。他认为合并是保持城市财政稳定、经济繁荣唯一最好的方式。他认为弹性城市能继续合并那些非弹性城市，非弹性城市是那些不再合并因此并不活跃的城市。他所说的弹性城市(elastic cities)，是指城市通过合并(如休斯敦、哥伦比亚和罗利)或者与它们原有县市的联合(如印第安纳波利斯和纳什维尔)，已经极大地扩展城市界限。相比之下，非弹性城市(inelastic cities)，如底特律、克利夫兰和密尔沃基"没有扩展它们的城市界限"。因为弹性城市扩展了其城市界限，它们的郊区获得了发展。与此相反，非弹性城市为郊区发展作出了贡献。Rusk 进一步论断所有城市在它们成长初期都是弹性城市，但是一些城市丧失了扩张的能力。Rusk 指明城市的弹性等级包括 5 级：零、低、中等、高和超高。每一个弹性等级表征一个城市边界扩张功能的程度和城市的密度等级。表 8.2 显示了这些类型城市的一些差异。Rusk 进一步指出越高的弹性等级伴随较高的就业率和更好的债券评级(bond rating),意味着更好的财政状况。一些像亚利桑那州图森市这样的城市,尽管在一定程度上可能受到联邦和美国本土的限制,但也有大量的空间来扩展市政边界并持续制定新的增长途径(图8.8)。

可以准确地说,如果被给予选择,大部分城市会选择扩展自己的空间范围,这能使它们获得更多的税基。阻止他们的是郊区维持自身自主权的意愿和政府的政策,州政府在允许兼并方面非常吝啬。比如,大部分州要求合并需要两个司法管辖区同意,通常以双方投票表决的形式进行。这要求这些区域快速融入合并城市的管理。再者,不同州的法律也有不同之处。在许多州,法律规定如果在这个城市和周边独立土地之间有一些连接,即使这个城市没有得到合并地居民的支持,城市也可以合并这些独立的土地。比如美国俄克拉何马州,简单地要求一个城市三面环绕一个区域即可。在其他案例中,居民支持是必须的,所以也需要一些激励郊区居民同意要求的优惠条件。

甚至在同一个州内,城市间在土地兼并的能力上也会有很大不同。一些城市已经能够追求一种更具侵略性的兼并政策。一些城市在它高度城市化之前就已经非常有预见地通过城市基础服务的延伸向其周边乡村土地扩张。例如,在20世纪早期,洛杉矶通过停水来迫使郊区居民同意合并。在这以前,旧金山人口是洛杉矶的3倍多,但现在旧金山人口仅占洛杉矶的1/5,面积则仅占1/10。同样地,在20世纪后半叶,堪萨斯城替代了圣路易斯成为密苏里州最大的城市。堪萨斯城已经扩张到311mile^2,圣路易斯则局限在62mile^2。

表8.2   合并策略对城市特征的影响(Rusk,2003)

弹性类型	中心城市的地铁人口比例(%)	城市密度1950年	区域变化(1950—2000年)(%)	平均值(×2000mile^2)	城市郊区收入比(%)	制造业就业增长(1969—1999年)(%)	非制造业就业增长(1969—1999年)(%)
无弹性	25	12720	1	58	68	−40	66
低弹性	28	6879	21	84	78	−23	92
中弹性	33	5280	193	79	89	28	177
高弹性	36	4822	342	146	97	18	168
超弹性	54	4729	944	345	102	65	194

   示例:无弹性:纽约,芝加哥,波士顿,旧金山,克利夫兰。低弹性:新奥尔良,西雅图,亚特兰大,洛杉矶。中弹性:丹佛,夏洛特,麦迪逊,波特兰。高弹性:圣安东尼奥市,菲尼克斯,圣何塞,林肯。超弹性:沃斯堡市,圣地亚哥,休斯敦,安克雷奇。

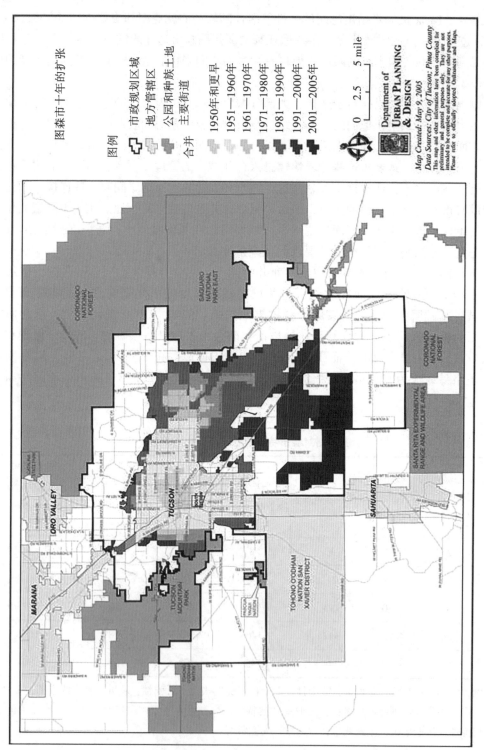

图8.8　本图显示了亚利桑那州图森市在21世纪第一个十年是如何继续扩张的

2）市-县整合

另一种被一些城市使用的策略是大联合政府的创立，实质上产生效应是城市规模的急剧扩张。这种方式通常通过中心城市与周边县区的合并来完成，被称为市-县整合（city-county consolidation）。印第安纳波利斯是应用这种策略最好的一个例子。在 1969 年，印第安纳州将老城区与马里恩县合并创造了所谓的"联合政府"。这种整合是几个地方政府和特别行政区仍保留，合并后的新城市仍然被划分成 22 个学区，但是新城市能利用更大的税基并实现人口增长。

另一种合并方法是创建一个联合经济发展区（JEDD）。JEDD 可能被定义为在一个城市和单独的乡镇之间的经济契约。城市提供了具体服务用以交换乡镇的一部分收入。这种方法已被应用于美国俄亥俄州阿克伦市，作为一种从合并的郊区获得一些收入的途径，而不是直接接管。这种合并方法对郊区的好处是它们能够获得城市服务的同时保留它们的自主权。这对城市的好处是能够共享一些由 JEDD 创造的新的税收收入。JEDD 的支持者认为这种方法在保留当地郊区自主权的同时提供了合并的益处。

8.4.2 大都市政府

甚至在大都市区内部吞并和整合也有可能发生，不同的城市存在几种级别的合作。为了更高效，这种合作在某些方面被制度化。每一个都市区都包含广泛的大都市组织部门：交通运输部门、区域规划委员会、公园委员会等。在许多案例中县政府帮助协调其组成城镇之间的活动。然而，真正的合作来自大都市区政府的建立，大都市区政府享有原有那些市区的更广泛的权利，特别是一些财政权形式。大都市政府的一些标志包括地区委员会的直接选举权、税收权（征收财产税或销售税的能力）、税基共享（大都市区范围内富裕的城市可以资助那些贫困的市区）和区域规划决策（未来增长空间的决策）。虽然不像市县合并那样，大都市仍能保留完整的地方政府，但为实现大都市规模政权，地方政府也要放弃一些自身的权利。

大都市政府的建立通常比较复杂，由于郊区居民通常质疑政府建立后将对他们自身和自主权产生怎样的影响。郊区居民不想面临城市税收和各种城市问题，他们愿意一直居住在小镇里，即使它恰好就在一个大城市旁边。在城市具有权利的少数群体往往把都市化看作一种稀释他们影响力的过程。同时联邦和州政府在政策态度上并不明确，有时鼓励建立区域政府，有时又倡导政府权力分散。加拿大政府鼓励促进城市之间的财政均衡，所有加拿大特大城市都已成立大都市政府。多伦多的大都市区政府治理十分成功，但蒙特利尔的大都市就没那么成功（专题 8.3）。

◎ **专题 8.3**

蒙特利尔的大都市化和语言

在美国，都市区明显存在种族和阶级差异。在加拿大蒙特利尔，这些差异中也包含语言方面的差异。蒙特利尔，曾经是加拿大最大城市，现在仍是魁北克省主要说法语城市。蒙特利尔长期作为一个双语城市，讲英语的人或是以英语为母语的人，继续居住在说法语的居民或以法语为母语的人中，移民群体蜂拥到蒙特利尔也是这种混合的部分原因。大蒙特利尔语言地理（Greater Montreal's linguistic geography）已为应对大都市破碎化的措施做出了许多努力（图 B8.4）。

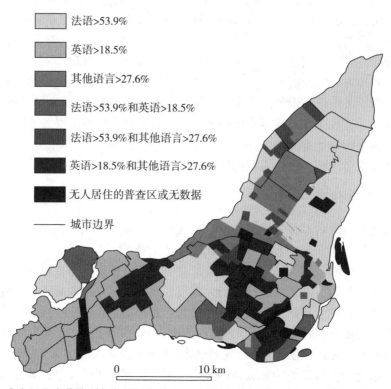

图 B8.4　加拿大魁北克蒙特利尔岛的语言分布。这张图显示说法语的人，说英语的人和其他人口在全岛范围内所占的百分比。很明显，以英语为母语的人口主要集中在岛的西部，而以法语为母语的人则主要分布在岛的东部。那些有其他母语的移民人口，更多分布在蒙特利尔中部（Germain，Rose，2000）

不同语言群体的嵌入式空间分异仍继续保持一种制度式隔离的模式。在 1978 年，魁北克政府委员会发现：

这就是两个相邻社区却不存在交流的原因。这一奇怪现象的解释：……这需要两类不同的公共机构和服务体系，比如在立法机构、司法部门、教育和医院级别等，更明显的是在信息媒体和娱乐领域。（Sancton，1978，p. 69）

20 世纪蒙特利尔合并和市政府建立的历史表明：蒙特利尔试图倡导大都市破碎化来保留语言分异。蒙特利尔曾经是一个法语为主的城市，合并明显集中在以说法语为主的地方内。以说英语为主的小镇避免了被合并，迄今仍主要是以英语为母语的人口分布地。

蒙特利尔拥有超过五千万说英语的人口，在加拿大城市中排在前几位，并提供大量物质来支持这些主要机构。说英语的人的空间集聚在蒙特利尔市的部分地区和一些郊区，已使它们形成一定程度的政治凝聚力，不会轻易地分散。它也保护了一些固有说英语的小镇避免被合并到蒙特利尔市中，避免失去它们的语言自主权。事实上，像西蒙特和蒙特罗伊这样的小镇，尽管在蒙特利尔通过合并来实现扩张的趋势下几乎被包围了，但它们依然独立存在着。一些政策变化，特别是那些关系到法语主导的政策，削弱了这种政治权力，但它仍旧存在并有助形成蒙特利尔的大都市空间结构。

在美国范围内，真正的大都市政府比较少见。原因主要是城市和郊区之间较大的财政差异、教育质量差异、种族和人口地理分布的显著差异以及大部分大都市区的功能地域已经超越县界线。尽管存在这些障碍，一些大都市政府还是出现了。比如，1957年在迈阿密与戴德县（Dade County）之间形成了一个强大的大都市政府，但还没延伸到周边县。大多数城市地理学家认为俄勒冈州的波特兰（Portland，Oregon），明尼阿波利斯市和圣保罗市（Minneapolis 和 St. Paul）是美国多县大都市政府的两个成功案例。

在20世纪70年代，波特兰大都市服务区（The Portland Metropolitan Services District）比较发达，主要负责区域规划、交通政策和环境保护等公共政策实施。像波特兰的大都市政府是直接选举出来的，并赋予其一种在美国其他地方并不常见的合法性。最著名的是实施了一个相对严格的土地使用政策并且为集约利用土地而划定了城市增长边界。波特兰的大都市政府没有区域税基分成协议。尽管波特兰的财政差距等级比其他大部分大都市区要低，但是有着高增长税基的富有郊区和贫穷郊区的差距仍存在显著的差异。

双子市市议会（The Twin Cities Metropolitan Council）创立于1967年，包括圣保罗市、明尼阿波利斯市、7个县和许多郊区。最初的目的是通过关注某些地区发展为整体区域制定长期的规划。多年以来，市议会在区域排水、交通和土地利用规划方面也得到司法管理权。市议会领导本身并不是民选的而是被任命的。然而，议会拥有财政自主权，可以提高自身收入并能发行债券。比较有利于这个大都市区统一治理的是该区域具有部分税基共享计划，即允许每个区域通过共享财政从地区整体经济发展中受益。尽管城市之间仍存在很大的差距，但与其他大都市区相比，从真正促进地方发展的角度，双子市取得了显著的成功。当然它并没有从根本上改变财政差距和大都市极化的问题。

8.5 小结

本章阐述了19世纪和20世纪经济社会发展是怎样促进城市治理制度的形成、发展。随着城市成为大部分美国人居住的地方和城市本身变得面积更大、人口更稠密，城市政府也不得不扩大。我们今天认为理所当然的服务，比如公安、消防、街道设施和排水管道等，都受到市政府的管理和监督。公共服务需求的增长要求城市收入的增加，但会面临地方财政不足的问题。随着城市扩张，也形成了更复杂的地方政府，通常出现一些权力中心和合并联盟。20 世纪后半叶，跨越市区边界的城市扩张、城市中心衰落和郊区的发展导致旧的城市中心产生了一系列严重的财政问题，促使地方政府努力寻找解决核心问题的正确政策路径。

第9章 规划让城市更美好

今天，也许我们会把城市规划想象成这样一种活动：在政府机构里，由专职公务员、选举产生的政治家以及社区活动家、房地产开发商共同开展进行的。在经历了整个 20 世纪的发展后，城市规划给人的印象的确如此。然而这种印象并不完全正确。早在人类聚居之初，村庄的建设就受到限制条件、风俗以及公众意见的各种约束。后来，城市被明确要求按照某些特定的规则来设计。

城市规划由来已久，最早可追溯到古希腊时期。当时希波丹姆斯（Hippodamus）提出我们可以因循理性与秩序来设计人们的居所。当然这种理念与结果并非总能一致。在这种理念的影响下，一些社区被设计得宛如天堂在人间的缩影，无论是内部结构还是城市自身都堪称完美。而其他一些社区，则随着作为城市组成要素的街道、房屋、宗教场所、商业、工厂等的点滴积累，缓慢增长。虽然城市的城墙、港口、运河以及市场作为公众设施的一部分，往往经过精心的设计与规划。然而，多数人生活的城市的部分城区却混乱不堪。此时，规划开始被视为一种向城市环境注入秩序的手段而得到发展。专业的规划形成于 19 世纪，此时城区已经发展得十分庞大而复杂。到 20 世纪，城市规划渐渐从少数富有远见与魄力的人的想象，过渡成为一些专注的、经过认证的专家的实践。

如今，规划（planning）是由许多人共同实施的，其中不一定都是专业的规划人员。无论"规划师"是否参与，规划都会发生。专业规划已经发展成为一种在城市发展过程中添加理性思考、方法和经验的手段。虽然有时规划师会发现自己造成了一些意想不到的混乱，但更多时候他们发挥了重要作用，即以较小的成本为城市发展取得了不错的收益。

在这一章里，我们将讨论现代城市规划的原理、依据以及实践。现代城市规划的各种手段（如总体规划、分区规划、财政激励等）在整个 20 世纪得到了充分的发展。其中一些手段的实施被认为导致了一些城市社会问题而受到批评。与此同时，针对这些问题，一些新的规划措施不断产生并开始在不同地区实施。

9.1 制定规划

即便人们可能对允许涉及的范围和细节存在异议，但城市规划存在的必要性的确是无可争议的。建立在没有规划约束的自由市场基础之上的城市无疑会陷入极端的混乱。为此，北美的每个城市、城镇以及村庄都进行了不同程度的规划。自然合理的规划已是城市发展的关键因素之一。正如我们在前面章节中讨论的，由于人们对警务、动力、教育、水源、街道等服务的需求，我们有必要扩大地方政府的权威。在 19 世纪，对这些服务的需求伴随人口的增长而增长。工业革命引发了欧洲与北美地区人口的空前增长，随之而来的还有诸多城市问题以及缓解这些问题的渴望。伴随工业化的脚步，城市以一种不可阻挡的惊人节奏快速扩张，任何维持秩序的努力都是徒劳。早期的工业城市被密集分布的人口、拥挤而泥泞的街道、为迅速增加的工人而建造的住房，以及满是油污的工厂和火车发动机所充斥。地方政府意识到城市规划也许可以为城市贫民糟糕的处境带来一些改观，同时帮助保护富裕阶层的财富，从而创造出更令人愉悦的城市。从这些不同的动机产生的一些基本城市规划理论直接推动了今天的规划实践。

9.1.1　城市美学

城市由公共区域(如街道、公园、政府大楼、学校)和私人所属区域组成。即便多数土地所有者拥有自己的土地，但事实上他们缺乏将土地开发建设成一个具有活力和令人愉悦的整体的能力。通过对当代都市景观的观察我们可以看出，缺乏集中式规划往往会造成许多不协调的现象。例如，在城区分布一些凌乱甚至有时已废弃的住房；曾经有活力的社区被荒废为废弃建筑，变得杂草丛生，逐渐衰败；在繁华的区域，城市景观被杂乱的停车场、巨大的广告牌、树木稀少的住宅小区等所淹没。

这些现象使得人们持续地寻找使城市更为协调的设计。当然，如果城市被一个人或一些特定的精英掌控时，这种方法实施起来会变得更容易些。例如在工业化之前的巴洛克时期，许多城市都是按照宏伟风格来设计的。规划作为一种歌颂统治者的手段，往往将城市设计得富丽堂皇且有不朽的纪念意义。以美为目的是这一城市设计的关键。这种宏伟的建筑风格的设计理念主要有以下几点。

(1)不同等级道路的相协调设计有助于连接城市中各种纪念物、雕塑以及其他重要地区。

(2)设计中要考虑城市的地势，这样当建筑物有规律地排列后可以使人们从某处俯瞰整个城市或某个地标建筑。

(3)设计中要考虑街景，尤其是城市的主干道，宽阔的林荫大道是必需的。

所有这些主要的设计特征都被叠加在城市的街道和建筑物上。

一些欧洲城市的设计遵循了这些观念。在法国，17 世纪中期，法国凡尔赛宫的设计明显受到路易十四的影响。在美国，典型的宏伟城市要数华盛顿特区。在这里，Pierre-Charles L'Enfant，一位擅长巴洛克式设计风格的规划师受命从零开始建造这座城市(图9.1)。他设计的布局风格显然既不是街道的大杂烩，也不同于简单的规则格网。在整个19 世纪，Pierre-Charles L'Enfant 的原始规划并未完全得以实施。到 20 世纪初，这一设计才在"麦克米伦计划"(The McMillan Plan)下得以建成。最后华盛顿特区建成了以华盛顿国家广场为中心、纪念碑和周围的公共建筑以及一系列毗邻的公园和池塘组成的格局。

"麦克米伦计划"是 20 世纪初一场席卷城市规划领域的更大运动的一部分。"美丽城市运动"(City Beautiful Movement)强调创造一个令人赏心悦目的公共城市。在 1893 年芝加哥博览会期间，拥有宽阔的林荫大道、高度一致的白色建筑、统一的新古典主义外观以及众多的城市艺术小品(纪念碑、喷泉和倒影池)的美丽城市原型被提出。

Library of Congress, Prints and Photographs Division, Photographs in the Carol M. Highsmith Archive

图 9.1 这是美国华盛顿特区的鸟瞰图，展示了广阔的线条、远景和整体组织，体现了宏伟的规划方式

这次设计是建筑师 Daniel Burnham 的创意，他一直秉持"不做小规划"的信条。在 1905 年，Burnham 集中提出来一系列被称作"芝加哥计划"的设计思路。从市中心向外延展约 60mile，创造了一系列的环状和放射状道路。这一设计展示了如何实现"美丽城市运动"中的多种元素。"美丽城市运动"中的诸要素体现出一种对美的追求，对城市发展的赏识，一种将城市视作一体进行设计的理念，对宏伟的、协调的城市建筑的建设以及自然环境的利用。

"美丽城市运动"并未取得如它的拥护者所期望的影响。它被认为太过精英主义、代价高昂且不切合实际。与"美丽城市运动"相对的另一项城市设计思潮被称为"实用城市运动（City Practical movement）"。这个运动思潮更应被看作前者的演进而非对立。"实用城市运动"推动了规划专业化及更为庞大的相关地方政府组织的兴起。"实用城市运动"同时也整合了"美丽城市运动"的多种设计理念：①宽广、协调的城市空间设计；②市中心大规模改造计划；③对滨水区以及其他城市基础设施的再度关注；④强调历史保护，力求保留许多古老的建筑，赋予各个城市独特的个性等。

9.1.2 效率

让城市的运作更有效率是实施城市规划的另一驱动力。对效率的强调源自一个广为人知的观念，即从私人开发商的角度，具有经济意义的开发项目可能会让社会大众承担巨大的公共成本。

随着 19 世纪以及 20 世纪早期城市的发展，城市运行效率的问题主要与城市拥堵密切相关。城市发展得如此迅猛，以致越来越多的人聚集到现有的城市空间中。城市密度急剧升高，部分城市街区人口超过 1000 人。建筑物对街道的侵占，导致通风系统受阻，高大的建筑物引发采光问题等。这些问题都促使人们寻找解决城市拥堵的措施。

欧洲和美国都存在这个问题。在巴黎，Baron von Haussmann 提出一种解决措施。在 19 世纪 40 年代，Hanussmann 被授权对巴黎进行改造以解决城市问题。在他的规划调整下，内城区一些拥挤不堪的建筑被拆除，形成一系列长长的、规则的街道。街道两侧布置着公寓建筑，这些建筑的第一层则是各种商店或办公场所。这种清理和重新设计现有城市的过程被称作"奥斯曼式改造"（Haussmannization）（图 9.2）。现在该名词已成为大规模城市更新的一个代名词。

Rue des Archives/The Granger Collection, New York

图 9.2　1870 年的巴黎展示了 Hanussmann 改造的后果

在美国，对交通拥堵的担忧在 20 世纪前十年达到白热化的程度。他们解决交通堵塞的主要办法是拆除现有的建筑物并使市中心的居民搬迁到更远的地方。然而，由于许多人没有适宜交通工具和财力外迁，这一方案事实上难以实施。因此，这些方法直到 20 世纪 50—60 年代才得到充分的实施，当时，在联邦政府数十亿美元的支持下，"城市更新运动"（Urban Renewal Movement）清理和重新开发了约 1000mile^2 的城市土地，并在此过程中拆除了约 200 万人居住的 60 万套住房。

在 20 世纪后半叶，至少在一些富裕的城市，由于一些居民居住分散化，城市拥挤问题得以缓解。讽刺的是却出现另一个现象——城市蔓延（详见第 4 章）。由于需要对分散布置的居民区和商业区提供公共服务设施，使得公共财政的支出大幅增长，城市蔓延为此遭受批评。公共服务的支出主要有：维护道路的费用，新建下水道和水管的费用，确保充足的警察和消防措施以及学校的建立和运转费用等。表 9.1 列举了这些社区服务的支出。对不同的乡镇而言，这意味着每个住宅区的发展需要 1.06 亿~1.67 亿美元的公共服务支出。但是也有争议：工商业的发展带来的收入超过了支出增加。所以如何权衡处理城市蔓延和经济增长的关系引发了政府官员与规划师的关注。我们将在随后的小节中讨论一些增长管理策略。

表9.1	社区服务的成本		
	住宅	商业/工业	开放土地
康涅狄格州			
希伯伦	1.00 : 1.06	1.00 : 0.47	1.00 : 0.43
马萨诸塞州			
阿加瓦姆	1.00 : 1.05	1.00 : 0.44	1.00 : 0.31
迪尔菲尔德	1.00 : 1.16	1.00 : 0.38	1.00 : 0.29
吉尔	1.00 : 1.15	1.00 : 0.43	1.00 : 0.38
纽约州			
比克曼	1.00 : 1.12	1.00 : 0.18	1.00 : 0.48
东北镇	1.00 : 1.36	1.00 : 0.26	1.00 : 0.21
俄亥俄州			
麦迪逊村	1.00 : 1.67	1.00 : 0.20	1.00 : 0.38
麦迪逊乡	1.00 : 1.40	1.00 : 0.25	1.00 : 0.30
中位数比率	1.00 : 1.19	1.00 : 0.29	1.00 : 0.37

资料来源：《农场信息中心概况》，美国农田信托基金会，2006。

9.1.3 社会公平规划

在市场经济条件下，城市的建设有助于创造充满活力的、熙熙攘攘的城市，从而满足不同人群的需要和愿望。然而，社会中最贫穷的成员往往被排除在外。土地利用决策者很少考虑他们的利益。穷人往往被忽视，没有住房选择，几乎没有购物机会，也没有绿地。

从历史上看，城市发展使穷人处于城市服务和城市保护的边缘并不少见。在工业化进程中，城市中穷人居住地点发生了变化。随着越来越多的富人远离噪声和污染，许多穷人搬到了市中心。在伦敦、曼彻斯特、纽约、芝加哥和其他工业城市，穷人住在一些糟糕的房子里，这些房子建造得很差，通风很差，而且缺乏足够的污水处理设施。人们挤在公寓里，4人以上共用一个房间的情况并不少见。

19世纪中期，问题变得更突出。那时，一位健康检查员 Dr. John Griscom 写了一篇关于纽约公寓的文章：

> 你必须俯下身子。开门时会有污浊的空气迎面袭来。如果不想在黑暗中摸索，那你就必须等待你的眼睛完全适应这个阴暗的场所后，才能找到路径。脚下的地板残破不堪，距下面坚硬的土地只有约半英尺。起居室内潮湿的空气让人难以忍受。凭借壁炉里微弱闪动的火光、人们的声音或响动，你可以依稀辨认他们移动的形迹。(引自 Foglesong，1986，p.64)

　　这些差的居住条件导致了高死亡率，是由于这些棚屋居民所遭受的综合贫困造成的。倡导更健康生活的人带头改善了条件，但倡导社会健康的人也是如此。社会"可敬"成员对此主要的担忧是，这些条件将威胁社会和平，滋生道德堕落、不满和社会主义。如1863 年的"草案暴乱"（其中反对内战征兵而引发了纽约市大量的暴力事件，导致 1000 人死亡）以及无政府主义运动等事件表明了采取行动的必要性。

　　大部分的改革是在住房领域进行的，19 世纪后期及 20 世纪初期尤为如此。作为美国最大、最拥挤的城市，纽约在这场变革中扮演着重要角色，当然其他城市也通过改革相关建设法规，如公寓占地面积的规定，对浴室、消防通道、窗户等最小面积的规定，有助于提高贫穷阶层的生活状况（图 9.3）。这些改革都在"社会公平规划（Social Equity Planning）"中被提及。欧洲城市率先建设了公有住宅，而美国城市直到 20 世纪 30 年代才出现。

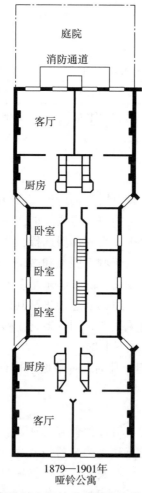

1879—1901年
哑铃公寓

图 9.3　19 世纪末，人口压力导致了新的城市设计。哑铃公寓的设计取得了胜利，但很快就因为糟糕、不健康的住房而声名狼藉（Wright Gwendolyn，1981）

目前，对社会公平规划的需求不言而喻。市场决策对富裕阶层更为有利。前述章节展示了城市如何走向分散，在这一过程中商店与工作一同迁往郊区，而贫穷阶层则滞留在内城区。在第8章中讨论过都市区的碎片化，总是使得贫穷阶层的城市居民负担较高的税收，享受的却是较差的学校以及公共服务。城市的中产阶级在引领城市复兴的同时也会取代穷人，使得贫穷阶级因为高房价而离开了自己原来居住的社区。

规划可以在某种程度上改善这些低收入居民的境况，但改变的代价往往昂贵而复杂。正如我们在第7章所描述的，尽管存在诸多问题，公有住宅对贫穷阶层来说仍然是一个选择。税收优惠吸引商户入驻内城区。居住证对于提高城内居住的门槛起了效果。对城市放任不管而不做规划是有风险的。克利夫兰的规划师 Norman Krumholz(1996)认为，只有强有力的、积极的规划方案，才能够解决贫穷、种族隔离等重要的城市问题。

9.1.4 保持房产的价值

早期城市在功能上是一体化的。住宅、商业和工业用途彼此相邻。因为富人和穷人共享许多相同的社区，社会也更加融合。随着城市爆炸性地增长以及人口日益聚集，促使地方政府开始管控城市建设与土地利用，以减小城市聚集经济的负外部性以及维持房产价值。

房产价值的问题与房产所有者的困境和地产的商品属性有关。如果一个房产拥有者翻新了他的房产而其他人没有，那么他就体会不到房产增值；相反，如果其他人翻新了房产，而他没有，他的房产仍然会增值。因此，对个人来说没有动力去维护或改善他们的房产。然而如果所有人都遵循上述准则，那么所有人的房产价值都会下降。显然，你的邻居在一定程度上决定了你的房产价值。比如，当豪华公寓紧邻着工厂或脱衣舞俱乐部时表现得更为明显，因为该公寓的价值会下降。

区划(zoning)是一种通过明确规定哪些地方允许做什么的方式来减少这种负外部性的手段。区划是指划定不同区域所允许的特定类型的土地用途。在19世纪，综合区划第一次在德国城市如法兰克福得以推广。不同的区域规定了不同的用途，同时对建筑物的高度及体量也进行了管控(图9.4)。后来美国政府也引入区划理念。

20世纪以来，区划成为城市规划的基本方法，成为各地方政府的基础政策。区划并非一项美学运动，它并不追求城市景观的宏伟。区划主要是为了解决因市场经济条件下城市发展产生的问题而被采用。目前区划是政治上最有效的减少混乱、维护财产价值的方式，也因而得到企业、土地所有者以及市政人员的青睐。

9.1.5 环境保护

也许我们会认为环境保护运动起源于20世纪60、70年代，然而对有益健康的环境的关注却显然早至19世纪。那时的一些解决方案(诸如抽空临近沼泽的水从而减少疾病等)，可能与当前的观点背道而驰，但也反映出改善环境的愿望。之前讨论过的一些问题(如拥堵)，同样涉及环境这一维度。由于许多城市的扩张导致供水及垃圾处理的能力不足，从而引发了对公众健康的关切。

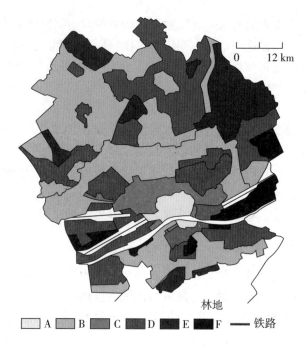

图 9.4　这张德国法兰克福的区划图是 1910 年绘制的。内城：A 区域划分为工业区和住宅区，C 区域为高密度住宅，B 区域为低密度住宅，E 区域为大型独立住宅。在 D 及 F 区域均可作工业用途（Sutcliffe Anthony，1981）

　　公园的建设与发展也与环境保护问题密切相关。许多欧洲城市逐步对公众开放皇家保护区。美国城市的情况有些不同。美国的城市周边有着大量的廉价土地，但其往往被期望从城市增长中获利的投机商持有而难以有效利用。城市的领导者开始意识到公园的重要性以及公众对接近绿色空间的需求。19 世纪后期，许多城市开始进行大量的公园建设与设计项目。

　　弗雷德里克·劳·奥姆斯特德（Frederick Law Olmstead）是美国最广为人知的公园设计师。在 19 世纪 50 年代，他帮助设计了纽约中央公园。他也负责设计了其他几个城市的公园，诸如波士顿、布鲁克林、芝加哥、蒙特利尔和底特律。在 19 世纪后期，他和学生一起设计了美国许多城市的公园。他认为公园能够帮助居民从单调乏味的城市生活中解脱出来，同时也是对抗贫民窟不良影响的良药。

　　一些城市精英认为公园是贫穷阶层的免费福利。事实上，对于工作到日落的工人而言，很难有时间进行长距离的步行或乘坐有轨电车到达公园，公园对他们的影响微乎其微。相反，公园被富人光顾。许多公园成为马术爱好者的时尚之地，他们可以在自然环境中骑马（当时大多数城市旅行都是骑在马背上或使用马车）。此外，公园的开发极大地提高了毗邻房产的价值，而且豪华的公寓多建在公园周边，以期从这一新的生活福利设施中赢利。后来，奥姆斯特德和学生设计了园林式道路及公园般的郊区，以期创造出花园式的居民区。这些居民区打破以往在多数城市的网格式布局且在富裕阶层中十分流行。在许多方面，他们预示着一些现代的总体规划理念。

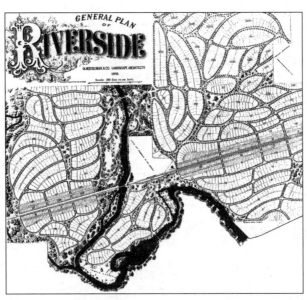

图 9.5 奥姆斯特德设计的坐落在公园般景观中的社区。这是芝加哥郊区里弗赛德的平面图，设计于
1869 年(Kostof Spiro，1991)

公园的发展也有着制度上的效应：它导致了公园委员会的建立。例如，1917 年成立
的克利夫兰都市公园区，其范围很广，覆盖了中心城区及早期的郊区。它们也影响到了其
他一些现代都市规划管理机构的成立，认为应该从更大的视角进行规划管理和设计。由于
现在的环境问题不仅涉及公园问题，地下水、地表水、空气等的一些污染问题也受到人们
的关注。一些问题已超出了单个行政区管理范围。因此，解决这些问题的机构应被赋予超
越现有行政区格局的权力。无论是对哪一行政级别的城市进行规划，环境影响评估已经渗
透进每一位规划师的日常工作之中，这尤其是联邦和州政府机构的工作重点。

9.2 现代规划的发展

19 世纪末至 20 世纪初期，规划的基本原理逐渐变得清晰，但此时的规划依旧只是少
数相关人员的职权。这些人就城市应该具有的景象提出了自己的观点，虽然影响微弱，却
仍然在城市与社区的实际规划中得到采用。20 世纪后，规划的权力慢慢被一些在特定制
度与机构框架下工作的专业人士所独有。这种演变使得规划在日常的土地开发方面具有了
更多的权威，但也可能导致规划缺乏一个总体的设想。所以现代规划经常局限于诸如确保
停车场的供给以及城市的功能分区等问题。这使得人们开始重新审视城市以及社区的一些
基本观念并考虑如何改善它们。

9.2.1 空想家与理想城市

在 20 世纪早期，一些对现代城市的设想被提出。我们已经讨论了 Daniel Burnham 规

划以及"美丽城市运动"。这些乌托邦式城市规划往往有着更大愿景且需要从头开始城市建设。虽然和 Burnham 一样，这些空想家大多是建筑师出身且没有公共机构权威背景，但是他们城市设计的理念依然影响了城市的发展。

1）霍华德与"田园城市运动"

第一个关于理想城市设想开始于 20 世纪的"田园城市运动（Garden City movement）"，这与一位叫作埃比尼泽·霍华德（Ebenezer Howard）的英国速记员有关。霍华德理想的城市应远离主要的人口中心，尤其是伦敦（当时世界上最大的城市）。田园城市也意味着自给自足，平衡住宅、工业和商业区域的比例。更重要的是，田园城市建立在土地公有制基础上。人们将租赁土地，非直接购买。土地可能是由某类公司、信托或政府持有。这将使土地利用决策符合公众利益。

田园城市的规划基本原则如下（图 9.6）。

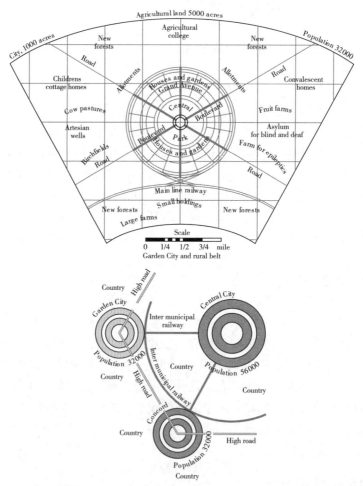

图 9.6 埃比尼泽·霍华德规划的一个自给自足的花园城市，在就业、住房和商业零售之间保持平衡（John M. Levy，2000）

（1）人口规模不超过 58000 人。这样的一个城市系统应该有较大的中心城区，周围被卫星城市所环绕，每个卫星城市的人口约 3 万人。建立这些卫星城是为了吸纳中心城市过多的人口。

（2）城市一般按照一系列有着大量公园的同心圆区域来布局。城市被绿化隔离带所环绕。绿化隔离带一方面带给城市绿木成荫的公共空间，另一方面也限制了城市无序的蔓延。

（3）城市应该能够自给自足，且其所有功能的实现都比较便捷。工厂会比较接近城市的边缘。中央政府及商业功能将坐落在城市中心。城市将进一步划分为内部超级街区，每个街区都有公园和商业区。

田园城市的理念是成功的，尤其是高通达性及开敞空间（在工业城市中比较罕见），以及将城市划分成不同功能区的大规模总体规划。在英国及海外地区都引发了大量"田园城市运动"。在"一战"以前，一些城市的设计与花园城市的理念较为接近。"二战"之后，英国人设计了许多大致基于该理念的新城镇。人们期望这些城镇是自给自足的，即工作、住房以及公园都能够供需平衡。到 1995 年，34 座这样的城市被建造出来，可容纳约 400 万人。其他国家和地区在这一方面也有所尝试，尤其是在法国。

2）勒·柯布西耶的塔之城

勒·柯布西耶（Le Corbusier）是一位法国建筑师，他提出的城市方案对城市的设计有着巨大的影响。对柯布西耶来说，理想的城市应将宽敞的空间与较高的密度结合起来。将高耸的楼房散布于开阔空间之上可能是仅有的解决方案。他创造了两个城市模式：当代城市以及辐射形城市。尽管在某些细节上可能有所不同，但这些模式与他关于城市应如何发展的观念仍相一致。与霍华德的田园城市一致，柯布西耶的乌托邦城市也是基于"所有土地为公众共有"这一理念。同时，他认为城市应进行功能分区，各分区间由绿色开敞空间构成的缓冲带隔开（图 9.7）。

图 9.7 勒·柯布西耶认为城市是一系列被开敞空间包围的巨大塔楼。这个 20 世纪 20 年代的计划展示了他打算如何重新设计巴黎的一个街区

当代城市展现了柯布西耶设计时的一些主要原则。柯布西耶理想中的城市有着巨大的面积和人口。他预测理想的人口规模应为 300 万人。城市本身被建在一个巨大的公园之中，其有着数千英亩的公共开敞空间供民众休憩，从而民众能够享受到充足的阳光和绿色植物。

居民在楼房中生活与工作。办公大楼与 20 世纪 20 年代的多数建筑一样，高约 60 层。这些办公楼建在城市的中心。呈"之"字形布局的八层公寓，能有效承载每英亩 120 人口的密度。建筑自身呈纵向排列使底层保持开放。

因为城市不同功能的分离，柯布西耶刻意在设计中抛弃了步行这一交通方式。他认为城市中的建筑群将由主要的公路、铁路相连接。在这一安排下，他预测城市将是去中心的，且人们更多地依赖私人交通工具。但与此同时，大量的停车场却似乎没有在他的计划中占据一席之地。

尽管柯布西耶乌托邦式的城市并没有被建设出来，但他的构想仍然在总体上影响了一部分城市以及现代城市的设计。比如，巴西设计建造的首都巴西利亚，被设计得极为宽敞与宏伟，且有着大量的开敞空间。还有印度的昌迪加尔（Chandigarh），是印度旁遮普（Punjab）的省会城市，其是由柯布西耶亲自设计的。这些城市大多比本国其他城市宽敞，然而贫穷却使得大量贫民涌入城市，在大量的主干道上搭起了帐篷。

柯布西耶的理论对城市更新以及公共住房方面也有着重要的影响。在这两者中，被开敞空间环绕的高楼都变成了某种象征。不幸的是，在公共住房领域，它的消极意义要大于积极意义。柯布西耶想象中的绿荫环绕的摩天大楼已变成了"荒漠"中枯萎的混凝土块。

3）赖特的广亩城市

美国建筑师弗兰克·劳埃德·赖特（Frank Lloyd Wright）因其一系列创新的建筑设计而闻名，诸如流水别墅（Falling Water）和古根海姆博物馆（Guggenheim Museum，位于美国纽约，是现代化艺术博物馆）。赖特也发展了一个乌托邦式城市规划的观点，在许多方面与现在郊区化城市比较接近。赖特的观点是典型的郊区化。赖特憎恨典型的中心化大城市，事实上他将纽约描述为一个"纤维肿瘤"。他热衷于将人们从都市团块状的拥挤中解放出来，从而使人们可以作为自由的个体生活。他还认为，最好的做法是将城乡融合发展，这是托马斯·杰斐逊（Thomas Jefferson）在一个多世纪前提出的理想。

赖特称此设计为广亩城市（Broadacre City），因为其由宽广的私人地块组成。在这一点，赖特与霍华德及柯布西耶的观念相冲突。赖特的设计是借助行驶私人汽车的宽敞的、绿树成荫的道路将分散人们连接起来。在他设想的城市里，每个人都将拥有大量的私人领地（1acre 或者更多），在那里人们将种植一些食物以及再生产；他们将开车通勤，前往城市的其他地区参与工作（图 9.8）。

由于需要如此多的私人土地，这一城市必须足够宽广。同时赖特认为在该规划对商业和工业区的布置下，每个人应在距家 10～20mile 的地方找到自己生活所需。从各方面来说，赖特的规划设计与当代美国近郊稀疏的住宅及居民点分布景象比较接近。赖特的设想中与现代郊区不同的地方在于他期望人们兼职务农。

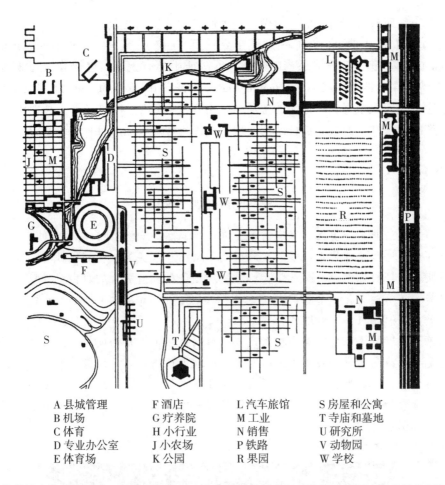

A 县城管理	F 酒店	L 汽车旅馆	S 房屋和公寓
B 机场	G 疗养院	M 工业	T 寺庙和墓地
C 体育	H 小行业	N 销售	U 研究所
D 专业办公室	J 小农场	P 铁路	V 动物园
E 体育场	K 公园	R 果园	W 学校

图 9.8　赖特的广亩城市设计。他设想的是一个由宽敞、景观良好的公路连接起来的分散的居民聚居区，
人们在公路上开着私家车(Gallion Arthur, Simon Esiner, 1983)

9.2.2　规划的法律基础

一座城市的愿景是重要的里程碑。这些观念有助于将城市看作一个整体，指导进行规划设计。但这些观念的缺陷在于，其认为一切都可以被一个集权式的政府所控制。柯布西耶对于政治及政治程序抱有轻蔑的态度。在民主国家，一些高压手段是不可行的。理想的城市设计却面临着与法律的对抗。

在所有的资本主义国家，规划必须与土地的所有者争夺权力。土地是人们工作、获取财富、休憩、居住与生活的地方。土地的不同价值(使用价值、交换价值、房产的价值等)在前面章节已经有所讨论。此处值得注意的是，土地作为一个商品，其价值的实现依赖其所有权的形式。如果土地是公有的，那么它没有交换价值，某种权利会被让渡给那些居住其上或使用它的人。因此，对个人来说，他可能拥有建在土地上的建筑物的所有权，然而土地本身是不能够被买卖的。如果土地是私人拥有的，它就像其他任何商品一样被买

243

卖。这给了土地所有者在自己的土地做一些他们希望的事情的权力。

在美国，私有土地的权利写进了《宪法第五修正案》(Fifth Amendment of the Constitution)。该法案规定没有适当的赔偿，不得征用私有土地。这被称为宪法的征用条款，它在《宪法第十四修正案》(Fourteenth Amendment of the Constitution)中得到确认："不经法律程序，任何人不得剥夺他人的生命、自由以及财产"。相比之下，其他国家虽然承认私有财产的神圣性，但其宪法框架内所规定的保护程度却不一样(专题 9.1)。

◎ **专题 9.1**

其他国家的规划权利

美国宪法非常注重保护私有财产，许多人认为这是美国长期繁荣的原因。然而，同时许多宪法和法律规定给规划实施造成了困难。事实上，在其他社会，规划往往更容易实施。产权保护没有那么强大，个别规划委员会有更大的自由裁量权。甚至当我们将美国与那些文化上与我们最接近的社会(英国和加拿大)进行比较时，我们也能看到差异(图 B9.1，图 B9.2)。

第二次世界大战后，英国在财产权，特别是在征用权的问题上，实际上把发展权国有化了。换句话说，英国土地所有者在土地被征用时是必须服从的，当然因此他们应该得到补偿。此外，如果土地所有者从开发许可中受益，那么他们必须支付一定的费用。加拿大宪法也没有像美国宪法那样明确保护财产权，因此土地征用问题在加拿大也和英国一样。

图 B9.1   美国拉斯维加斯郊区发展鸟瞰图

另一个区别与规划委员会的自由裁量权有关。在美国，由于需要平等对待利益相关者，如开发商和居民等，规划委员会的权力就受到了约束。这是许多法院成功挑战规划方案的基础。因此，只要开发商没有违反相关法律条例，他或她仍然可以继续开发被认为是不受欢迎的东西。相比之下，加拿大和英国的规划委员会拥有更高程度的控制权。在英国，所有的新开发项目都由规划委员会决定。虽然已经制定了总体规划，地方政府在开发中可能会考虑其他事情，如果他们决定禁止开发，几乎没有法律追索权。加拿大的制度比较复杂，各省各不相同。其他国家也出现了进一步的分歧。例如，像英国一样，法国和荷兰有非常集中的规划。这意味着地方的规划决策是在国家层面根据保护开敞空间、促进社会公平、分享自然资源等特定目标做出的。瑞典和德国地方政府有着更强烈的空间管控传统，但它们仍然允许政府在设计和指导未来增长方面发挥巨大作用。

图 B9.2　加拿大安大略省多伦多郊区住宅

由于以下两个原因使土地不同于其他财产：首先，土地可能会被一些公共项目如高速公路、港口、机场等设施所需要；其次，土地使用受其周边事物的直接影响。如我们已经看到的，你对自己土地的使用会直接影响邻居的房产价值。政府如何处理这些情况已经构成了规划法律历史的一部分。

在有些情况下，政府可以通过征用来获得土地。美国宪法明确表述不能简单地因为其他需要就剥夺他人的不动产权。与此同时，人们也意识到不能因为某个产权拥有者拒绝出售自己的土地就延误或停止一项必要项目的建设。于是美国《宪法第五修正案》规定只要提供适当的赔偿，政府可以从私人土地拥有者手中征用土地；政府通过征用取得土地的同时，必须给所有者一定的赔偿，也规定了赔偿的价格。宪法对土地征用的规定于 20 世纪 50 年代确立。2005 年，美国最高法院规定，都市区政府可以通过征用私有土地，以实现都市区全面发展规划。

在其他情况下，政府只是规定土地的用途。这些情况通常比直接购买更为复杂。大多数现代规划对于一块土地如何使用都有一些限制。例如，土地所有者想要建设 10 层的公寓，但由于限高而只能建 5 层高。这"失去的" 5 层可能转化为潜在的租金流失。产权所有者可能声称如果不就潜在的失去进行补偿，就相当于变相在向他收费。禁止某些特定的使用方式可能会带来类似的影响。如果产权所有者想要在规划为居住区的地方建设工厂而无法实现，那么他可能声称政府拥有了这块土地部分的产权，并带走了他的潜在收入。

20 世纪初，美国就发生了一些土地征用的案件。这些包括根据堪萨斯州的禁酒令关闭了一家啤酒厂，波士顿的限高令，以及在俄亥俄州的欧几里得（Euclid）区划阻止商业建筑建在居民区。在这些案件中，原告——那些试图推翻现有财产权限制的人——败诉了，政府被授权去限制在什么地方可以建什么。然而，在这些裁决中也达成共识，即规划的管控不能是任意的；相反，它们必须涉及保护公共卫生、公共安全或公共福利。规划限制也被要求适用于更高层面的区域规划，因此政府不能禁止单个地块所有者建造某特定建筑物，除非政府首先实施了涵盖社区内所有地块的全面综合规划。

随着许多规划工具成为既定法律的一部分，社区纷纷制定全面的规划和区划法规。但是，在财产监管力量和私人财产保护力量之间，一直存在一场拉锯战。最近，产权保护者——那些认为许多限制是违反宪法的而应该被取消的人——一直在积极挑战土地使用管控。他们在一些法庭裁决中取得了成功。在一个案例中，一位业主被告知，如果他被允许扩建自己的房子，就必须向公众开放海滩。最高法院裁定，这两项行为无关，而且不能强迫房主提供进入海滩的权利。南卡罗来纳的一名业主提起诉讼，声称他因为不能在自己的海滨土地上建房而受到经济上的损失。最高法院裁定，由于这些限制是在房产被购买后实施的，而且因为这些限制使房产在财务上变得一文不值，所以房主必须得到赔偿。2001年，最高法院甚至认为一名罗得岛州的居民在湿地购买了房产，他仍然应该得到开发价值损失的赔偿，尽管在该房产被购买之前就已经有了限制。

到 20 世纪后期，土地征用问题已经不仅仅是区划管控问题。像《濒危物种法》（Endangered Species Act）这样的环境法赋予了政府广泛的权力来限制那些侵犯自然栖息地的土地开发。这激怒了维护产权人士，国会也发起了一场运动，要求政府在由于环境法律的实施导致土地价值降低一定百分比时，对土地所有者进行补偿。也有人提议限制《濒危物种法》的实施范围，或者干脆废除它。

9.2.3　规划行业在美国的发展

前面我们讨论了美国地方政府是如何被广泛地分散到市、县、乡、学区、特区和城市一级的规划机构。每一个政府都有不同的权力，其中许多政府都依赖某种形式的规划者。一些政府可能会决定将他们的规划需求外包给咨询公司，但许多政府更愿意雇佣内部的规划人员。很明显，在雇佣的规划师数量上存在巨大的差异，大城市中有很大的规划部门，而许多乡镇可能只雇佣一个人，甚至外包规划。美国劳工统计局（Bureau of Labor Statistics）报告称，2004 年有 3.2 万名规划师，高于 1980 年的 1.3 万人。这可能不包括从事规划活动的大量其他人员，例如在交通、环境机构和私营公司工作的个人。

规划仍然是公共部门的主要工作之一。70%的规划师为政府工作，主要在市、县等地方政府。然而私营企业同样雇佣规划师，其占规划师总数的近 20%。这些公司既有专门从事规划的私营公司，也包括希望拥有一些规划人员的大型公司。被雇的规划师中一部分是经过认证的规划师（通过了测试，取得了资格证书），但大多数从事规划实践的规划师甚至没有取得规划证书。

规划作为一个行业的发展，与州和地方政府权力的扩张息息相关。随着规划的工具，尤其是区划法定化，规划这个行业日渐发展。1917年，美国规划师学会成立；这后来成为美国规划协会（APA），该协会在规划人员的认证过程中发挥了重要作用。随后在20世纪20年代，美国商务部引进了国会在1926年通过的《标准州区划授权法》（SSZE）。

《标准州区划授权法》（SSZE）意义重大，原因主要有三点。第一，它强调了将理性注入规划过程中的需求。时任商务部部长的胡佛提倡社会应具有良好的秩序。他认为政府不应干预市场，而应保障、构建有利于经济效率、规范以及投资安全的环境。SSZE法案文本的畅销（数以千计的副本被卖），证实了胡佛的论点是对社会需求的呼应。第二，SSZE法案将国家规划的大部分权力下放给地方政府。这一点很重要，因为国家拥有许多宪法特权，而地方政府几乎没有。商务部还撰写了区划准则，该准则受法律保护，且可以被各地市采用。至1926年，约43个州允许区划，大约420个地市拥有区划条例，这些条例中的多数都基于商务部撰写的区划准则。至1929年，这一事实渐渐清晰，美国最高法院认为区划是合乎宪法的。754个地方政府（约占州内都市人口的3/5）开始区划实践，而且其多数已经采纳了区划准则。第三，随着SSZE法案的颁布，区划成为主要的规划活动。

20世纪20年代之后，规划已经成为不同空间尺度上的制度。地方一直处于编纂与推行新的规划条例的前线。州政府被鼓励确立规划机构，除一个以外，所有州都设立了规划机构。它们并非专门或主要针对城市问题，但它们确实设法收集尽可能多的关于物质环境、社会特征、经济活动和建筑材料的资料。还设立了区域规划管理部门。其中最著名的是田纳西河谷管理局（Tennessee Valley Authority），旨在监管几个州的人工水坝、湖泊和水力发电系统。在联邦一级，设立了一些负责建设住房、公路和大型工程的机构和委员会。

作为一个行业，规划变得更加多元。虽然区划以及分区审批仍然是很多地方规划机构的主要活动，规划师群体作为专业人士却散布在各个公共、私人机构之中。近期一项对规划活动的调查研究表明，几乎所有的规划师都在某种程度上参与"管制"。当然，也有一些差异。比如，一些规划师受雇于地方政府，从事总体规划、区划、专项规划以及其他关于城市发展的工作。其他规划师则进行城市更新及提供保障性住房等相关工作。还有一些规划人员和规划机构参与区域交通规划。比如，美国州际高速公路系统在1956年建立，大量环境规划师参与其建设。另为城市经济增长以及消除特定地区的贫困，政府联合私人部门进行市中心商业区的再开发也是规划师重要工作内容之一。

9.2.4 规划的政治性

不论规划人员参与的具体活动是什么，重要的是，规划是一项高度政治性的活动。我们可以从以下方面来看待这一现实：①规划关注的不同区域尺度；②规划过程中涉及的众多不同利益相关者。

规划在多个空间尺度上进行。在大多数情况下，地方政府处于规划的第一线。它们最直接地受到城市、城镇或乡镇发生的事情的影响。县级政府也可能参与其中；在许多情况下，各县负责为其境内未合并的司法管辖区制定适当的分区和管理机制。他们有时也有更多的区域规划职责，比如协调区域内地方政府的规划目标。

除了地方政府以外，州以及联邦政府也一直在规划中扮演着重要的角色。在规划中，州政府主要起到如下作用。

（1）州政府也是土地所有者。他们拥有高速公路、机场、政府办公大楼、大学以及州的土地。州政府的土地使用行为会对该区域的发展产生巨大的影响。比如，高速公路位置的选择就会影响沿途城乡发展。有时，州政府还推动某些特定地区的发展。在 20 世纪 70 年代，马萨诸塞州试图将所有的州政府建筑设立在内城以促进内城经济复兴。

（2）州政府是地方政府权力的赋予者。辖区内各级地方政府必须遵循州政府的指导方针。一些州政府要求都市区进行统一的规划。有些州可以规定豁免小规模房产的规划监督。

（3）州政府是不同土地用途规划的制定者。州政府可能为市政当局制定非常广泛的土地用途计划（如湖岸的土地利用）。他们可能提供一些政策（如规定发展必须在已城市化的区域），或者可能修改或撤销一些局部的开发行为。

（4）州政府是地方规划的主要经费来源。资金中的大部分，甚至是联邦政府拨付的经费，最终也由州政府决定这些资金的去向。

联邦政府在规划方面也可以发挥重要作用。在美国，联邦政府往往回避任何形式的国家土地使用规划（这与许多欧洲国家形成了鲜明的对比）。然而，它对规划的影响仍然是深远的。早在 20 世纪 20 年代，随着 SSZE 法案的通过以及最高法院的几项重大裁决，情况就已经如此。由于许多原因，今天仍然如此。第一，和各州一样，联邦政府是一个大的财产所有者。它拥有军事基地、邮局、军火库、医院、政府大楼和大片土地。政府决定如何处理这些财产在社区的发展中起着重要的作用。例如，在 20 世纪 90 年代，政府发起了一轮军事基地关闭行动。这是一个敏感的问题，主要不是因为它对军事的影响，而是因为关闭一个基地将导致主要就业来源的丧失，而这又会使依赖这些就业机会的地方经济瘫痪。

第二，联邦政府通过了许多法规，颁布了许多影响土地利用决策的法律，其中包括《清洁水法》（Clean Water Act）、《清洁空气法》（Clean Air Act）、《美国残疾人法》（Americans with Disabilities Act）（要求建筑物、街道和人行道为残疾人提供方便）和《濒危物种法》。联邦政府还通过了相关法律，要求抵押贷款机构设立于服务不足的社区。当然，在前面已经讨论过的，抵押贷款利息的减免和联邦政府对抵押贷款的保护在住房所有权和郊区发展中发挥了巨大的作用。第三，联邦政府是资金来源，它向州和地方政府提供资金。

在任何尺度上，规划师都必须保持政治敏感。也许在一些大的规划机构，一些规划师可能只进行一些技术层面上的规划：收集信息、进行分析、制作图标等。但大多规划师并非如此。他们在规划中必须考虑大量的利益相关者，比如政府、开发商、金融机构、居民等。

　　图9.9提供了一些规划决策的详细信息。图的中心是专业规划人员，他们负责制定计划和提出建议。他们必须直接向市政官员(市议员、市长、县长)以及"公民规划者"(规划委员会、环境委员会和其他监督机构任职的人)负责。规划人员由州和联邦政府管理及提供经费。规划还涉及对私人财产权的限制，所以涉及律师和中间人。毕竟，规划小组通常是在监管由私人业主开发的物业，这些物业将由一些居民居住或位于附近。开发商必须从银行获得资金。居民可能决定组建一个正式组织，吸引新闻媒体的关注，或向政客施压。在一个高度指控的案件中，每个人都将保留律师的服务。

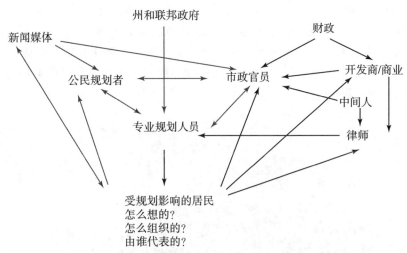

图9.9　任何类型的社区规划都会有利益相关者。此图显示了规划过程中不同利益相关者之间的关系。专业规划师必须兼顾各方利益

　　这个利益相关者网络如何在规划决策中发挥作用，我们可以参考下面这个低收入住房开发项目。一方面，州和联邦政府要求将低收入住房推广到不同的区域，一般他们的做法是"胡萝卜多于大棒"。联邦政府向那些愿意这样做的城市发放社区发展综合补助金。公平共享住房(fair share housing)的理念——所有社区都应该参与提供低收入住房——仍然影响着许多大城市的政策。如新泽西州制定了这一要求(专题9.2)。此外，通常会有开发商也对提供此类住房感兴趣。他们的动机可能是希望获得低收入住房税收抵免或其他一些政策支持。

◎ **专题9.2**

在新泽西州寻求公平共享住房

　　"公平共享住房"是指每个社区都应该在中等收入和低收入住房方面实现"公平共享"的目标。在实践中，有关公平共享住房的规定很难实现。虽然社会认识到有必要为穷人建造住房，但许多社区不愿让这种住房在其管辖范围内建造，并禁止开发小块土地去建设流动住房和多户住房。因此，许多公共建筑或公共援助房屋都位于市中心。尽管住房歧视本身是非法的，但几乎没有哪项法令明确禁止社区设计具有排他性的区划。

新泽西州是人口最稠密的州，与加利福尼亚州一样，也是城市最多的州。它也一直走在为公平共享住房寻求法律支持的前列。20世纪70年代初，新泽西州最高法院裁定，除非地区住房需求另有规定，否则城镇不能指定最小地块面积。最著名的一组法律案件涉及新泽西州劳雷尔的所有权。1975年，新泽西最高法院裁定，市政当局必须"为低收入及中等收入房屋……的公平住房的建设提供一个现实的机会。"（摘自Cullingworth，1993，p.67）。换句话说，社区被禁止设立排除性区划。1980年，《第二项劳雷尔山决定》(The Second Mount Laurel Decision)重申了这些原则，并进一步提出纳入旨在鼓励低收入住房建设的区划法规的主张。这些法规可能包括对开发商的激励措施，如提高区划密度等。《劳雷尔山决定》中有一项规定是，每4套商品房对应1套低收入住房(图B9.3)。

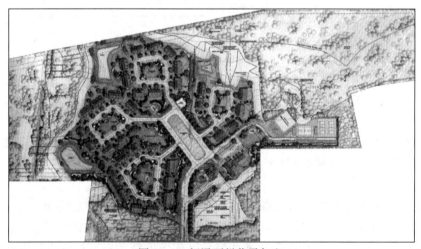

图 B9.3 新泽西州劳雷尔山

《劳雷尔山决定》在一定程度上是成功的，它使公平共享住房成为人们关注的焦点，并宣布每个城市都需要提供低收入住房。然而，新泽西州政界专业人士和市政府领导人对法院裁决的抵制导致了最初意图的淡化。20世纪80年代通过的《新泽西公平住房法》(New Jersey Fair Housing Act)削弱了对排除性区划的监管，同时大体上满足了法院的裁决。因此，实际建造的保障性住房很少。2003年之后，为履行新泽西公平住房义务而成立的经济适用房委员会(Council on Affordable Housing)已经将经济适用房的供给规定降为每10个新单元的商品房对应配套1个经济适用房。事实上，加利福尼亚州有自己的经济适用房配比的要求和对开发商的激励已经在走在如何实现公平住房分配探索的前列。

另一方面，住在拟建发展项目附近的居民可能不希望住在低收入住房附近。他们可能承认对这种住房的一般需要，但显然不希望它靠近(见专题7.2)。规划者把这种态度称为"不要在我的后院"或邻避(NIMBY)。经常被认为令人反感的土地用途类型被称为"当地不受欢迎的土地用途"或LULUs。低收入住房是一种在附近居民中引发敏捷反应的"LULU"。这些居民把他们的诉求反映给当地政府官员或规委会成员。新闻媒体也可能对此进行报道，这就扩大了潜在冲突的范围。在这场争论中，各方都有可能聘请律师去陈述各自的论点，他们可能会向规划委员会或法院提出上诉，或者两者兼而有之。通常在这些利益之间的协调工作是由专业规划师来承担的。因此规划师往往会成为人们普遍愤怒的导火索。然而，规划师在裁决争议方面几乎没有任何话语权，这是一般是地方官员或者法院的职权。

9.3 总体规划和现代规划工具

现代规划始于一份被称为"总体规划"(Comprehensive Plan)的文件。总体规划本质上是一项发展战略，其目的是通过对某区域的现有人口、经济和资源状况进行分析并进行预测和决策，以便在未来很长一段时间内指导该区域的发展。从政治的角度来看，总体规划是一份重要的发展纲领，它有助于制定区域发展目标，使规划过程制度化，为具体法规和条例建立法律基础并将区域内所有不同的利益相关者联系在一起。

总体规划的历史根源可以追溯到19世纪末20世纪初的"美丽城市运动"和公园的广泛发展。Frederick Law Olmsted在1911年的演讲中陈述了总体规划的优点。20世纪20年代的许多法律和政治行动也为广泛采用总体规划铺平了道路。时任美国商务部长赫伯特·胡佛支持区划制，但他亦将工作重点扩大到总体规划。1928年通过的《标准城市规划授权法案》(The Standard City Planning Enabling Act)建议，在规划新建筑和基础设施时，应考虑到社区的所有基础设施、公共建筑以及可能的区划。当时的法院判决表明区划需要符合总体规划。1954年的《住房法》(The Housing Act)推动了总体规划编制和实施。因为它为总体规划编制提供了资金，并允许这些地区雇用必要的工作人员来编制和修改总体规划。

9.3.1 总体规划的主要要素和编制步骤

尽管不同区域都会编制总体规划，但是不同区域的总体规划的规模和复杂程度相差甚远。但无论如何，总体规划包括以下主要要素。

(1)由一系列发展目标构成的区域长期发展愿景。

(2)这座城市的自然和人文要素简要分析。具体包括基础设施，如街道、桥梁和港口等基础设施；森林、土地等自然资源；历史建筑和其他人文资源；各种社会经济人口特征；等等。

(3)区域发展历史分析和趋势预测，例如，人口增长和土地利用模式的预测以及如何使其符合区域发展的需要。

(4)如何面对这些不同的发展趋势，并将其纳入总体和特定的社区目标。这涉及规划的实施部分。从规划的角度来看，它也是总体规划中最重要的部分。

（5）审查程序，显示管理部门将如何处理变化和实施任何新提议，以及社区公民将如何参与。

总体规划从区域整体来进行分析。为了更详细地分析特定地点可能发生的情况，进一步细分为不同区域（图 9.10）。

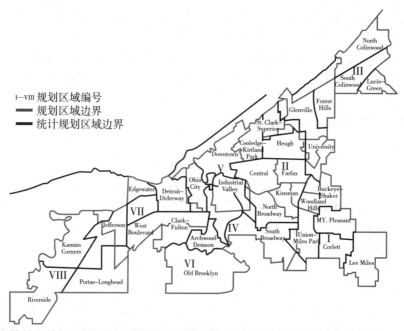

图 9.10　俄亥俄州克利夫兰市规划区示意图。这张地图来自克利夫兰总体计划。规划分区有利于对特定社区进一步分析

总体规划是一项艰巨的任务。因此一般每隔几年才进行总体规划的编制。规划编制一般涉及以下四个步骤：收集资料、设定目标、编制规划和规划实施。

1）收集资料

获取并分析资料是规划准备阶段最具技术含量的工作，这项工作由规划师完成。规划师收集所有与规划相关的基本资料，比如土地、人口、经济、基础设施以及其他相关的资料。通过分析已有数据和资料，以便能指导未来规划，因此发展趋势是至关重要的。例如，区域人口的年龄分布数据是重要的，如对 100 名成年人与对 100 名幼儿所做的规划的要求是不同的。同样地，规划者需要知道社区哪些产业正蓬勃发展，哪些产业保持稳定或有下降趋势。规划师所用的数据资料来源各异，比如美国人口普查数据、劳动统计局、国企和私营机构提供的更新和特有的资料。除此之外，规划师也可以自己收集一些原始数据和资料。如今计算机应用程序可辅助数据分析：数据库、电子表格、统计软件包、计算机辅助设计程序和地理信息系统（GIS）。特别是 GIS 在空间信息分析中的运用，使规划者的工作效率更高。

◎ **专题 9.3 技术与城市地理**

GIS 与城市规划

近年来，GIS 和相关计算机模型的发展对规划领域带来巨大的革新(图 B9.4)。考虑到城市规划涉及大量的地理位置数据，这是很重要的；考虑在哪里新建一个市政建筑，如一个消防设施。这时规划师可能需要从分布在不同地点的几个地块进行选择：①需要有较好的可达性，这有利于减少响应时间；②减少噪声和对潜在邻居的干扰；③与现存特定场所形成的特点相匹配；④成本效益最高。这些条件都是规划师需要着重考虑的。通过与地理数据库相结合。不同位置的信息以及每一个备选地的优缺点很容易显示出来。一旦情况发生变化(在城市的某一位置预计建一条新的街道或新的住宅建筑)，数据库就会被迅速更新。地理信息系统软件的使用已经在世界各地的规划机构普及。它可以被用来跟踪城市发展的地理轨迹，并指出它们是否与现有的基础设施协调一致，以及是否可能侵占生态敏感性土地。它可以使规划者制定将可开发土地与当前分区图相结合的"场景构建"，以便预想城市未来的增长模式。由于 GIS 分析所用的资料是数字化的，因此可以通过 Internet 向更广泛的社区提供信息。

图 B9.4 GIS 的应用(来源：Da-Wei Liu，GISP，特拉华县区域规划委)

2) 设定目标

总体规划的资料收集阶段没有涉及太多政策，但目标设定阶段会涉及许多政策问题。总体规划通常以区域的发展愿景与发展目标为开篇。目标设定中通常包含居民对他们区域未来发展的共识：持续增长（以便于税收和就业岗位增加），保护区域自然和文化特性（以使其自然文化遗产得以保护、传承）和提供良好的公共基础设施服务。不同区域规划设定的目标也存在一些差异，如某社区可能会担心其社区过度发展，而另一个社区却想努力扭转其多年发展暗淡的局势，但总体来说基本目标还是有一致性的。总体规划在制定目标的过程中是非常耗时的。规划者需要对大量的社区居民进行调查。可以通过调查问卷、公开会议、居民代表会议及其他形式了解当地居民对构建宜居城市的需求：他们认为需要改进什么；哪种建筑和设施需要更新、改善或替换；以及他们对本社区未来发展的意见。

3) 编制规划

所谓编制规划的过程就是由专业规划者通过图件、文本等形式来阐述区域发展的现状、未来发展目标和实施方法。在这个过程中，制图是一个关键组成部分，因为它们能使决策人和居民直观地了解区域过去和未来的地理格局。从法律上讲，编制总体规划后，社区的任何后续行动将必须以其为基础。在可预见的未来，城市发展也不得不遵守这些规程。例如，《佛罗里达州章程》（The Florida Statutes）这样声明：土地开发条例应与总体规划中的相关规定一致，即条例中的土地用途、密度或强度、容量或规模、时序以及与开发相关的其他方面，未来目标、政策、用途、密度或强度与总体规划中的相关规定不相矛盾（引自 Meck，Wack，Zimet，2000，p.347）。

总体规划本身比较宏观——这与区划不同——但它主要为未来城市发展勾画出蓝图。比如，它会从宏观方面确定区域未来土地利用是以住房用途为主，还是更倾向于以工业发展为主。

4) 规划实施

总体规划的第四步也是最后一步，涉及规划的实施。因为规划本身比较宏观，则实施策略必定也同样地从宏观层面来讲。规划促进实施机制不一定包含在规划文本里，但其规定应与规划目标协调一致。规划实施策略包括：

- 区划编码；
- 分区法规；
- 增长管理策略；
- 资本支持；
- 指定特殊区域（如工业园区）建设；
- 自然资源保护。

各种实施机制之间最好彼此不冲突，例如，工业园地的建设不会对附近重要的自然资源保护区造成破坏。规划实施也要考虑资金预算问题，因为大多数规划的实施都需要大量资金。如何为所有项目筹足资金是一个大问题，否则某些项目可能会被延迟建设。

9.3.2　区划

　　区划是实现土地使用管制的手段。区域空间被划分为若干个区域，在各个区域内建筑物的数量、规模和特征会有不同的规定。正如本章前面所述，区划是排除土地使用不兼容性的一种手段。早期颁布的区划法是用于限制商业建筑、啤酒厂和过于高大的建筑物建造的一种方法。1916年，纽约市区颁布了第一部真正完整的区划法。纽约由于交通拥挤、住房缺乏日照、土地使用不兼容性、非法侵占和开敞空间大量损失等问题的涌现，才不得不制定了这些条例。纽约市区划的特殊之处在于以下几个方面：①涉及的范围涵盖了整个城市；②将城市划分为四个区片；③进一步明确了五个高楼区（图9.11）。此外，区划是在综合考虑已有的土地利用方式并对其进行优化。这是一份为解决日益繁华的大都市出现的问题的行动方案。

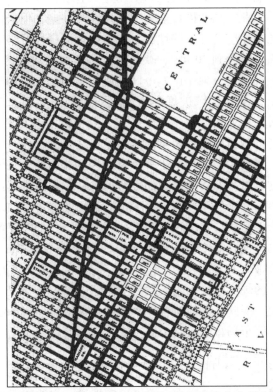

图9.11　1916年美国纽约市区划图。地图显示街道（黑体）被划分为住宅区和商业区；白色的街道只是住宅区；带点的街道是不受限制的（Barnet Jonathan，Gary Hack，2000）

　　纽约市区划法的成功实施促进了联邦政府提前讨论20世纪20年代的国家法、城市规划法和区划法。分区制成为实施土地使用管制的主要手段，但它通常是建立在土地已经被用于合理用途的情况下。分区制实施后，土地产权人的土地用途应与区划允许的用途一致。如今，分区需要基于对一个或多个特定土地用途区进行规定、定位及其详细描述。最常见的是分为商业区、工业区和居住区，然而也可能会被进一步细分。例如，独立式住宅与单元式住宅就被划分为不同类型（双户式住宅和公寓住宅）。重工业与轻工业有所不同，重工业是指有侵入性、污染大、噪音大并有可能释放有毒物质的工业类别。在商业区也有类似的分类。区划也会结合密度大小对用地进行分类。这种分类尤其适于在居住区进行并可决定其建筑密度大小。例如，某些区域规定每英亩土地建一所住宅，而其他区域可能规定每五英亩土地建一所住宅。区划的另一种形式是以高度为主进行划分，即规定建筑不能超过一定的高度，比如，河流、湖泊、山体周围的建筑物高度。高建筑区在大城市较普遍。

许多区域还会制定规划发展区，旨在为某些区域发展创造更弹性的空间。这些区域往往比一般区域拥有更多种类的土地用途且通常被确定在城市的某一特定区位。这些区域可能包括大学区、政府办公区、开发区等。

对分区有几个争论点。最早的分区区域的用途具有多样性的。某一区域的土地用途以其最密集的用途为主。因此，工业区可能会包括独立式住宅，但居住区内不能建工厂。多样性促进了更多功能的用途整合在某些地区，在这些地区居住区与其他用途相融合，例如公寓住宅位于店铺上面。然而到 20 世纪 50 年代，多样性用途分区让位于单一用途分区，即一个区域内只存在一种用途。独一用途分区条例使不同功能区相分离，如工业园区、购物中心、公寓住宅区等。某些区域被规定为"禁酒区域"，也就意味着他们禁止出售酒。这些规定不利于当地餐馆行业的发展，所以餐馆一般都设法开在可自由买卖酒的商业区。分区规范对路外停车场的数量也进行了具体的规定。在普通居住区，每一个小区单元规定设置一个停车场，但在富裕的地区，由于每个家庭会拥有两辆、三辆或更多辆小轿车，则会适当地增加停车场的数量。非居住区域的停车场的数量取决于其使用强度。对于商业机构，其停车场的数量由每一个停车场占用多少平方英尺的零售空间来决定。商业机构也可能会要求额外多建几个停车场。在这种情况下，区划对于户外停车场数量的规定也是相当宽松的，通常基于购物时期人流饱和的情况下设置停车场数量（如圣诞节前夕）。由于这个原因，新商铺往往会被大片停车场包围，但只有很小一部分会被经常用到（图 9.12）。分区条例对停车场数量的规定产生了内城发展的新问题。由于在汽车交通普及之前，许多内城区的用途已经确定，因此不可能符合停车条例的规定。在这种情况下，必须做以下调整：不同机构之间共享停车场，依赖路边停车或者使用商业停车场。

9.3.3 区划存在的问题及响应

区划对城市和乡镇的发展影响巨大。可以确定地说，它改变了在前面所讨论的土地价值和土地价值曲线之间的冲突。通过禁止某些土地用途，区划阻止了土地所有权人将其土地用于以营利为目的的用途。被建成独立式住宅区的一块地没有被建成公寓住宅的同一块土地的利用价值高。区划除了涉及许多技术方面的问题外，还会将一系列相关利益人卷入其中，某人获得利益还是失去某些利益取决于区划中对此内容的描述以及区划定义条款中精确的措辞。区划也会被批评，因为它有时掩盖了某些社区发展的重要愿景，却促进了社会不平等现象。

Daniel/ImageBrief

图 9.12 区划要求办公室和商店配套大量停车场。这常常导致休斯敦地区存在这样的景观：建筑被数英亩的停车场包围

区划对社区发展的影响。Jane Jacobs 对区划（和通常所说的规划）的批评众所周知，她在《美国大城市的死与生》（*The Death and Life of Great American Cities*）一书中描述了它们的缺陷。Jacobs(1961)在书中这样写道：

> 如果城市中重建的部分以及无止境的新开发的部分超出了城市和乡村废弃的部分，则等于创造了一个单调乏味的、感情用事的城市，这并不奇怪。所有的规定出自相同的知识分子之手，大城市所具有的独特品质、优势和活力已经与其他城市和毫无活力的居民点所具有的品质、生活必需品、优势和活动完全混为一谈。(pp. 6-7)

Jane Jacobs 对大城市的规划所做的批评也同样适用于小城镇的区划。James Howard Kunstler(1996 年) 是一位严厉的区划评论家，他这样说道：

> 如果你想让你们的社区变得更好，那就立马将区划法置之度外。摆脱它们的束缚。将它们扔得远远的。不要再去重温它们。用火销毁它们并为此举行一个郑重的仪式。(p. 110)

Jacobs、Kunstler 和其他的评论家指出区划中存在的一部分问题：
• 大多数区划授权的专属土地用途造成了地区之间功能上的隔离，从而使人们工作、购物的地方与所居住的地方分离开来。现代的区划没有考虑建设人们可以步行走去的小商店，却鼓励建设人们不得不开车去的大型购物中心。
• 区划条例中关于停车的规定导致商店被大型停车场包围，从而限制了人们的步行空间。

- 关于道路的规定，使得居住区建设很宽的路，这些规定鼓励了汽车交通的发展而抑制了行人的活动。此外，大多数新建区域在人行道和道路之间没有设置林荫花坛，这是因为交通工程师担心汽车会撞到树。

- 后退红线的要求意味着住宅和商铺需要被建在特定红线之外。这一规定不利于邻里之间的和睦相处，却鼓励了在住宅前建车库的行为。

- 大多布局要求每一块地要有一个确定的面积及某一特定几何规律性。这一规定导致的结果是使像湿地、森林地、水域等自然地理空间更难融进分区中。

- 尽管区划鼓励社区要具有一致性，但某一社区的区划与邻近社区的区划不可能完全一致。这样拼凑的规划导致在更大区域尺度不能有效地运转。

这些缺点导致了一系列如步行空间减少、邻里关系疏远、社会隔离以及对自然环境不必要的破坏等问题。对这些缺点讨论也促进了新的城市设计理论的产生，这一现象被称为新城市主义（New Urbanism）。该城市设计理念的基本原则是：①步行空间的扩大；②面积较小的用地聚集在一起；③住宅紧邻规划红线；④缩小在网格模式中的道路宽度；⑤功能一体化；⑥社会经济和生命周期一体化。这些设计希望达成的最重要的目标是促进人们形成地方感。

新城市主义的支持者包括 Andres Duany，Elizabeth Plater-Zyberk，Peter Calthorpe，Todd Bressi 等，新城市主义鼓励发展对汽车依赖性下降的新社区。他们借用了 Kevin Lynch（1960）的城市意象和城市设计五要素的概念。这些要素是指那些大概率能让人形成强烈的城市印象的城市要素。

Duany、Plater-Zyberk 和 Speck（2000）在他们的《郊区国家》（*Suburban Nation*）一书中提出几个关于如何使城镇或郊区变得更好的理念。其中一个理念是功能一体化或混合用途开发理念，这是建设新市镇的核心理念。Duany 和他的同事建议开发商在小区之间构建街角商店。这有助于零售业的发展，同时也能使小区间紧密相连。零售业通过鼓励小区内各收入水平和不同年代的人融合在一起，从而促进了社会经济和生命周期的一体化。另一个理念是连通性，即新建的小区与已有的小区应存在某种联系。新城市化主义支持交通系统网格模式发展（图 9.13）。

Duany 和他的同事也主张所有设施要有利于增加步行而强烈反对增加对汽车的依赖。基于这个原因，他们提议在每隔五分钟步行的距离范围内建设一个行人棚（pedestrian sheds），其应是每个小区的组成要素。建造行人棚往往要求将许多更小规模区域聚集在一起。行人棚被证实对交通的发展也是有益的。20 世纪 90 年代，Peter Calthorpe 在此基础上提出了围绕公交停车站点的公共交通导向式开发（transit-oriented developments）。

最后，Duany、Plater-Zyberk 和 Speck（2000）通过大量的研究方法完善了关于街景的定义。首先，他们提议紧挨着道路红线建设住宅，居民可以与走在人行道上的行人进行交流。此外，他们主张缩小传统设计中的道路宽度，从而构建慢交通模式和使人们在通过马路时能增加邻里之间的交流。最后，减少停车场需求量，停车场应该在视觉上不那么突出。这意味着停车场应该被建在建筑物和住宅的后面而不是前面。

图 9.13 美国某郊区社区交通网络和功能分区图

新城市主义理念受美国大部分地区支持(图 9.14)。甚至迪士尼公司也支持这一理念,并在佛罗里达奥兰多附近建造了一个符合新城市主义理念的城镇。新城市主义中的某些内容已经成为共识。例如组团式分区(cluster zoning),提倡只开发某大块区域中的一部分。这一理念将某一大规模土地看成一个整体并仅开发其中的一部分,而不是每个两英亩的土地上建一所住宅。因此,40acre 的大片土地可以容纳 20 所住宅,但这些住宅可能仅被建在 10acre 的土地上,剩下的 30acre 土地属于开敞空间。

© Courtesy of Duany Plater-Zyberk & Co.

图 9.14 美国佛罗里达州的海边社区显示了新城市主义的许多元素

也有一些开发商、规划师以及当地的政治家对新城市主义持怀疑态度。开发商担心将住宅聚集在小规模范围内和建在规划红线附近，或车库被建在住宅后面而不是前面，购房者就不会购买这些房子了。规划师被迫去调整他们的区划，以适应新城市主义的大多数理念。交通工程师也不大可能赞成将街道变窄这一想法。尤其组团式分区理念经常激起人们的焦虑感。居民担心它将导致开发密度增加。

总的来说，新城市主义的理念面临来源于当代都市地区的实际问题的挑战。新城市主义认为大规模住宅的开发必定要解决住宅条例中所说的经济因素（在前面住宅市场章节中有更详细的讨论），例如吸引买家的注意和引来零售业以及与交通相关的功能的开发商。第二个大问题是即使一个大型新城的发展也要与周边城市的空间结构互动。在大都市地区边缘所建的城市，像 Gaithersburg 的 Kentlands、Maryland 等，其居民不得不开车去工作或购物，因为周边郊区的居民不愿意共享新城市主义设计的产物。最终，新城市地区（尤其是在佛罗里达州建的庆典设施和海滨开发项目）引来相当多的批评，因为其主要为上层人士所用，过度开发且并将新的富裕阶层排斥在外。

9.3.4　增长管理

增长管理已经成为城市规划的一个主要方面，尤其是在快速发展的城市郊区。早期规划者很少关注增长管理，他们主要关心的是如何使城市加速发展。因为这仍然是许多社区面临的一个问题，尤其是在增长放缓的城市中心区和近郊区。然而在新发展的郊区，居民常常担心他们自己的生活方式会在新开发的房地产、新建的购物中心和越来越多的交通量的冲击下逐渐消失。还有一个焦点是耕地的损失，农民将他们的耕地卖给房地产开发商，以实现土地经济价值。在此过程中大量的开敞空间也消失了。然而在美国，控制城市的过度发展是一项非常困难的任务。因此如果试图这样做，则会引起支持产业发展的人员的强烈反对和大量的起诉案件。农民也会感到那些限制条件使他们土地的经济价值降低。目前城市增长管理主要有以下几种不同的方法。

（1）农业区划。最简单的增长管理策略是将土地进行分区，以致每 40acre 或多于 40acre 的土地上仅有一所住宅。一般而言，没有规定土地只能用于农业用途。农业区划可以缓解农田被转换为大量小型、郊区式、较密集的住宅。问题在于快速城市化地区，有时农地被占用是不可避免的。某些开发商试图创新设计一些新的住宅小区，通过减少新的住宅建设对环境的影响，使住宅小区与自然环境更好地协调。

（2）发放建筑许可。政府限制每年发出的建设许可证的数量。这可能是一个固定的数，如已有住宅数量百分比或者利用某些方法得出和区域基础设施保持匹配的数量。对建筑物数量进行限制的想法已经在哈得逊和俄亥俄州试验过，在那里每年只允许建设 100 个新单元。Boulder、Colorado 尽力将每年建筑物数量的新增率限制在 2%，也确保中等收入家庭可负担的住房数量占 15%。纽约拉马波（Ramapo）实行了另一种方法——点数制度，即不同的标准被赋予不同的点值以确保开发仅发生在那些基本基础设施已经存在的地方。

（3）划定增长的边界。即在某种情况下，大城市周边会划定一条界线，这条界线之外的增长是被限制的。在边界之外的开发可能不会被禁止，但会由于缺乏政府在基础设施方面的投资而受到限制。那么，城市增长边界是实实在在的城市服务边界。在基础设施上的投资，尤其是对道路的投资是城市增长的决定性因素。如果这些基础设施增长缓慢，那城市空间增长速度就会变慢。增长边界在欧洲城市比较普遍，而在美国却很少。

（4）收取配套费。即区域政府向开发商收取额外的费用作为改善城市公共设施费用的策略。通常来讲，大多数开发商会支付开发中涉及的道路和水管/地下管道等基础设施的费用。但是像消防站、学校以及此类的服务设施后期才建设，开发完成后收取的这些成本往往就会被强加给征税区的财产所有权人。许多州（像俄亥俄州）禁止收取配套费，但有些州使用了该方法。其效果是增加了建造房屋的成本，所以配套费最终被转嫁给了消费者。

（5）开敞空间的保护。可以通过购买私人土地用于建造公园或开敞空间。另外一个方法是通过购买土地发展权，会给农民支付该土地作为城市土地和农业土地的价值差异，在此基础上要求土地作为永久性农田。由于这些措施不涉及土地征用，所以该方式不会带来很多争议。当然这个购买的费用可能是非常昂贵的，尤其是对那些价值已经上升的土地。

所有的这些增长管理方法均被试验过，并作为一种社区的发展和人们寻求保护他们生活方式的方法变得越来越受欢迎。当然它们的应用也可能会引起争议。开发商不喜欢它们，农场主怨恨被骗走土地的全部价值，社区领导人也担心限制了税基的增长。

9.4 小结

只要有城市就会有规划。然而由于19世纪工业化城市的发展，使得对规划的需求变得更为迫切。规划变成了一个政策工具，可以使城市变得更美观、更高效、更公平，更有益于维护财产的价值，更有益于健康。当代的规划依稀在断断续续中被建立。在当代，城市规划者分为理想主义和实用主义两类，前者将城市看作一个理想模型，一个实现"大"规划的舞台；后者则把城市看作一个在有些地方需要被修补和改善的区域，但其他地方需要有所保留。二者之间的冲突是这个时期规划的主要特点。20世纪，这一局面以主张实用的规划者的胜利而结束。如今制定规划需要专业人士的共同努力，规划者由各级政府和私营部门人员组成。此外，专业规划者所使用的很多工具尤其是分区规划，已经被制成章程并被各级政府实施。规划者可能会被置于一个非常复杂且有时会引起争端的政治过程中，其涉及政治家、居民、开发商、金融业和律师。

在美国，现代规划的大部分范围涉及引导私营部门的发展。本章中，我们讨论了总体规划是如何变成重要的手段并使社区履行其规定。总体规划提供了一个大纲，即概述了社区现在是什么样子，期望未来是什么样子，以及什么规定和条例可以被用来引导其发展。存在几种实施规划的方式。主要方式是区划的使用，其规定了土地的用途、住宅和建筑物的密度、建筑物高度和其他几个指标。尽管区划使土地使用得到了很大的控制，但评论家嘲笑它创建了一批毫无吸引力和发展前景的社区。最终的结果是推动了一种旨在重新整合社区的新城市主义理念的出现。当代美国20世纪的空想规划者已经与21世纪早期寻求改变现代规划本质的新城市理想主义者融为一体。

参 考 文 献

［1］Abu-Lughod Janet. 1987. The Islamic City—Historic Myth, Islamic Essence, and Contemporary Relevance［J］.International Journal of Middle East Studies, 19:155-76.

［2］Adams Paul, Rina Ghose. 2003. India. com: The Construction of a Space Between［J］. Progress in Human Geography, 27(4):414-37.

［3］Adams Robert McC. 1966. The Evolution of Urban Society: Early Mesopotamia and Prehispanic Mexico［M］. Chicago: Aldine Publishing Company.

［4］Agnew John. 1995. Rome: World Cities Series［M］. New York: John Wiley and Sons.

［5］Airriess Christopher, David Clawson. 2000. Mainland Southeast Asian Refugees［M］// McKee J. Ethnicity in Contemporary America: A Geographical Appraisal. Lanham, MD: Rowman & Littlefield.

［6］Alonso William. 1964. Location and Land Use: Toward a General Theory of Land Rent［M］. Cambridge, MA: Harvard University Press.

［7］American Farmland Trust. 2006. Farmland Information Center Fact Sheet: Cost of Community Service Studies［R］.

［8］Apgar William C. 2012. Getting on the Right Track: Improving Low-Income and Minority Access to Mortgage Credit after the Housing Bust［D］. Cambridge, MA: Joint Center for Housing Studies, Harvard University.

［9］Archdeacon Thomas. 1983. Becoming American: An Ethnic History［M］. New York: The Free Press.

［10］Armstrong Warwick, McGee T G. 1985. Theatres of Accumulation: Studies in Asian and Latin American Urbanization［M］. London: Methuen.

［11］Austrian Ziona, Mark S Rosentraub. 2002. Cities, Sports, and Economic Change: A Retrospective Assessment［J］. Journal of Urban Affairs, 24:549-63.

［12］Auto Channel. 2006. Nissan to Test Intelligent Transportation System in Japan［EB/OL］. http://www.theauto channel.com/news/2006/09/20/022453.html.

［13］Barkan Elliott R. 1996. And Still They Come: Immigrants and American Society 1920 to the 1990s［M］. Wheeling, IL: Harlan Davidson.

［14］Barnes William, Larry Ledebur. 1998. The New Regional Economies: The U.S. Common Market and the Global Economy［M］. Thousand Oaks, CA: Sage Publications.

［15］Barnet Jonathan, Gary Hack. 2000. Urban Design［M］// The Practice of Local Government

Planning, 3rd ed. Washington D C.: International City/County Management Association.

[16] Bater, James. 1984. "The Soviet City: Continuity and Change in Privilege and Place[M]// Agnew J, Mercer J, Sopher D. The City in Cultural Context. Boston: Allen & Unwin.

[17] Bauder Harald. 2000. Reflections on the Spatial Mismatch Debate[J]. Journal of Planning Education and Research, 19:316-20.

[18] Baum Howell. 2000. Communities, Organizations, Politics, and Ethics[M]//The Practice of Local Government Planning, 3rd ed. Washington, D. C.: International City/County Management Association.

[19] Beaverstock J V, Smith J.1996. Lending Jobs to Global Cities: Skilled International Labour Migrations, Investment Banking and the City of London[J]. Urban Studies, 33:1377-94.

[20] Beaverstock J V, Smith R G, Taylor P J. 2000. World City Network: A New Metageography? [J].Annals of the Association of American Geographers, 90:123-34.

[21] Bender Carrie. 2001. The Role of Community-Based Organizations and the Local Government in the Creation and Maintenance of Racially Integrated Communities in the Cleveland Metropolitan Area[D]. Kent State University.

[22] Benevolo Leonardo. 1985. The Origins of Modern Town Planning[M]. Cambridge, MA: MIT Press.

[23] Berry Brian J L. 1985. Islands of Renewal in Seas of Decay[M]// Paul Peterson. The New Urban Reality. Washington, D.C.: Brookings Institution.

[24] Berry Brian J L, John D Kasarda. 1977. Contemporary Urban Ecology [M]. New York: Macmillan Publishing Co., Inc.

[25] Berry Brian J L, James O Wheeler. 2005. Urban Geography in America, 1950-2000: Paradigms and Personalities[M]. New York: Routledge.

[26] Berube A, Frey W H. 2002. A Decade of Mixed Blessings: Urban and Suburban Poverty in Census 2000[M]. Washington, D.C.: The Brookings Institution.

[27] Beveridge Andrew A. 2011. Commonalities and Contrasts in the Development of Major United States Urban Areas: A Spatial and Temporal Analysis from 1910 to 2000[M]// Gutmann M P, Deane G D, Merchant E R, et al. Navigating Time and Space in Population Studies. New York: Springer.

[28] Bhardwaj Surinder, Madhusudana Rao N. 1990. Asian Indians in the United States: A Geographic Appraisal [M]//Colin Clarke, Ceri Peach, Steven Vertovec. South Asians Overseas: Migration and Ethnicity. Cambridge: Cambridge University Press:197-217.

[29] Bischoff Kendra, Sean Reardon. 2013. Residential Segregation by Income, 1970-2009. US2010 Research Report 10162013, Brown University (http://www. s4. brown. edu/ us2010/Data/Report/report10162013. pdf) [M]// Logan J. The Lost Decade? Social Change in the U.S. after 2000. New York: Russell Sage Foundation.

[30] Bonine Michael. 1993. Cities of the Middle East and North Africa[M]//Stanley Brunn,

Jack Williams. Cities of the World: World Regional Urban Development, 2nd ed. New York: Harper Collins.

[31] Borchert J R. 1967. American Metropolitan Evolution[J].Geographical Review, 57: 301-32.

[32] Bose Nirmal. 1973. Calcutta: A Premature Metropolis[C]//Cities: Their Origins, Growth and Human Impact—Readings from Scientific American. San Francisco: W. H. Freeman and Company.

[33] Boswell Thomas. 1993. Racial and Ethnic Segregation Patterns in Metropolitan Miami, Florida,1980-1990[J]. Southeastern Geographer, 33:82-109.

[34] Boswell Thomas, Angel Cruz-Báez. 2000. Puerto Ricans Living in the United States[M]// McKee J. Ethnicity in Contemporary America: A Geographical Appraisal. Lanham, MD: Rowman & Littlefield.

[35] Bowen John T Jr. 2006. The Geography of Certified Trace-Induced Manufacturing Job Loss in New England[J]. The Professional Geographer, 58:249-65.

[36] Brennan Eileen. 1999. Urban Land and Housing Issues Facing the Third World[M]// Kasarda J, Parnell A. Third World Cities: Problems, Policies, and Prospects. Newbury Park, CA: Sage Publications.

[37] Brenner Neil, Christian Schmid. 2012. Planetary Urbanisation[M]//Matthew Gandy.Urban Constellations. Berlin: Jovis:10-13.

[38] Breton Raymond. 1964. Institutional Completeness of Ethnic Communities and the Personal Relations of Immigrants[J]. American Journal of Sociology, 70:193-205.

[39] Briggs Asa. 1970. Victorian Cities[M]. New York: Harper Colophon Books.

[40] Briggs X d.S, Popkin S, Goering J. 2010. Moving to Opportunity: The Story of an American Experiment to Fight Ghetto Poverty[M]. New York: Oxford University Press.

[41] Brown Catherine, Clifton Pannell. 2000. The Chinese in America[M]//McKee J. Ethnicity in Contemporary America: A Geographical Appraisal. Lanham, MD: Rowman & Littlefield.

[42] Brown Michael, Larry Knopp. 2006. Places or Polygons? Governmentality, Scale, and the Census in The Gay and Lesbian Atlas[J].Population, Space and Place, 12: 223-242.

[43] Brown Richard. 1974. The Emergence of Urban Society in Rural Massachusetts, 1760-1820 [J]. Journal of American History, 61(1):29-51.

[44] Brunn S D, Williams J F. 1993. Cities of the World: World Regional Urban Development, 2nd edition[M]. New York: Harper Collins College Publisher.

[45] Brush John. 1962. The Morphology of Indian Cities[M]//Roy Turner. India's Urban Future. Berkeley: University of California Press: 57-70.

[46] Burgess Ernest W. 1925 (1967). The Growth of the City: An Introduction to a Research Project[M]// Park R, Burgess E, McKenzie R. The City. Chicago: University of Chicago Press.

[47] Burtenshaw David, Michael Bateman, Gregory Ashworth. 1991. The European City: A

Western Perspective[M]. London: David Fulton.

[48]Caldeira Teresa P R. 2000. City of Walls: Crime, Segregation, and Citizenship in São Paulo [M]. Berkeley: University of California Press.

[49]Calimani R. 1987. The Ghetto of Venice[M]. New York: M. Evans and Company.

[50]Calthorpe Peter. 1993. The Next American Metropolis: Ecology, Community, and the American Dream[M]. New York: Princeton Architectural Press.

[51]Carbonell Armando. 2004. Forward[M]//Dolores Hayden, A Field Guide to Sprawl. New York and London: W. W. Norton & Company: 5-6.

[52]Carta Silvio, Marta González. 2012. Mapping Connectedness of Global Cities: α, β and γ Tiers[EB/OL]. Atlas of the World According to GaWC, http://www.lboro.ac.uk/gawc/visual/globalcities2010.html.

[53]Carter Harold. 1983. An Introduction to Urban Historical Geography[M]. London: Edward Arnold.

[54]Castells Manuel. 1977. The Urban Question: A Marxist Approach[M]. Cambridge, MA: MIT Press.

[55]Castells Manuel. 1983. The City and the Grassroots[M]. Berkeley: University of California Press.

[56]Castells Manuel. 2004. Space of Flows, Space of Places: Materials for a Theory of Urbanism in the Information Age[M]// Stephen Graham. The Cybercity Reader. London and New York: Routledge: 82-93.

[57]Cervero Robert. 1995. Sustainable New Towns: Stockholm's Rail-Served Satellites[J]. Cities, 12:41-51.

[58]Chakravorty Sanjoy. 2000. From Colonial City to Globalizing City? The Far-From-Complete Spatial Transformation of Calcutta[M]// Marcuse P, van Kempen R. Globalizing Cities: A New Spatial Order? Oxford, UK: Blackwell Publishers.

[59]Chandler Tertius, Gerald Fox. 1974. 3000 Years of Urban Growth[M]. New York: Academic Press.

[60]Childe V Gordon. 1950. The Urban Revolution[J]. Town Planning Review, 21(1):3-17.

[61]Christaller Walter. 1933. Die Zentralen Orte in Süddeutschland[M]. Translated by C. W. Baskin, 1966, as Central Places in Southern Germany. Englewood Cliffs, NJ: Prentice-Hall.

[62]Chung Tom. 1995. Asian Americans in Enclaves—They Are Not One Community: New Models of Asian American Settlement[J]. Asian American Policy Review, 5:78-94.

[63]Clark K B. 1965. Dark Ghetto: Dilemmas of Social Power[M]. New York: Harper and Row.

[64]Claval Paul. 1984. Cultural Geography of the European City[M]// Agnew J, Mercer J, Sopher D. The City in Cultural Context. Boston: Allen & Unwin.

［65］Cooke Thomas, Sarah Marchant. 2006. The Changing Intrametropolitan Location of High-Poverty Neighbourhoods in the U.S., 1990-2000［C］. Urban Studies, 43:1971-1989.

［66］Cox Wendell. 2012. The Evolving Urban Form: Cairo ［EB/OL］. http://www.newgeography.com/content/002901-the-evolving-urbanform-cairo.

［67］Cullingworth J Barry. 1993. The Political Culture of Planning［M］. New York: Routledge.

［68］Cutsinger Jackie, George Galster. 2006. There is No Sprawl Syndrome: A New Typology of Metropolitan Land Use Patterns［J］. Urban Geography, 27:228-252.

［69］Cutsinger Jackie, George Galster, Harold Wolman, et al. 2005. Verifying the Multi-Dimensional Nature of Metropolitan Land Use: Advancing the Understanding and Measurement of Sprawl［J］. Journal of Urban Affairs, 27:235-259.

［70］Dahl Robert. 1961. Who Governs? Democracy and Power in an American City［M］. New Haven: Yale University Press.

［71］Dangschat J, Blasius J. 1987. Social and Spatial Disparities in Warsaw in 1978: An Application of Correspondence Analysis to a "Socialist" City［J］. Urban Studies, 24:173-191.

［72］Davies Norman. 1996. Europe: A History［M］. New York: Oxford University Press.

［73］De Blij Harm, Muller Peter, 2003. Concepts and Regions in Geography［M］. New York: John Wiley & Sons.

［74］Dear Michael. 1988. The Postmodern Challenge: Reconstructing Human Geography［J］. Transactions, Institute of British Geographers, 13:262-274.

［75］Dear Michael. 2000. The Postmodern Urban Condition［M］. Madden, MA: Blackwell.

［76］Dear Michael, Steven Flusty. 1998. Postmodern Urbanism［J］. Annals of the Association of American Geographers, 88:50-72.

［77］De Navas-Walt Carmen, Bernadette D Proctor, Jessica C Smith. 2013. Income, Poverty, and Health Insurance Coverage in the United States: 2012［C］. U.S. Census Bureau, Current Population Reports, P60-245. Washington, D.C.

［78］U.S. Government Printing Office, Denton N A. 1994. Are African-Americans Still Hypersegregated? ［M］// Bullard R D, Grigsby J E, Lee C. Residential Apartheid: The American Legacy. Los Angeles: CAAS Publications, Center for Afro-American Studies, University of California, Los Angeles.

［79］Derudder B, Taylor P, Ni P, et al. 2010. Pathways of Change: Shifting Connectivities in the World City Network, 2000-2008［J］. Urban Studies, 47: 1861-1877.

［80］Derudder B, Witlox F, Taylor P J. 2007. U.S. Cities in the World City Network: Comparing Their Positions Using Global Origins and Destinations of Airline Passengers ［J］. Urban Geography, 28:74-91.

［81］Dick H W, Rimmer P J. 1998. Beyond the Third World City: The New Urban Geography of South-East Asia［J］.Urban Studies, 35(12):2303-2321.

［82］Dicken P. 2004. Geographers and "Globalization": (Yet) Another Missed Boat? [J]. Transactions, Institute of British Geographers, 29(1):5-26.

［83］Dickinson Robert E. 1962. The West European City: A Geographical Interpretation[M]. London: Routledge and Kegan Paul.

［84］Domosh Mona, Joni Seager. 2001. Putting Women in Place: Feminist Geographers Make Sense of the World[M]. New York: Guilford Press.

［85］Downs Anthony. 1981. Neighborhoods and Urban Development[M]. Washington, D.C.: Brookings Institution.

［86］Drake St. Clair, Horace R Cayton. 1945. Black Metropolis: A Study of Negro Life in a Northern City[M]. NewYork: Harcourt, Brace and Company.

［87］Duany A, Plater-Zyberk E, Speck J. 2000. Suburban Nation: The Rise of Sprawl and the Decline of the American Dream[M]. New York: North Point Press.

［88］Durkheim Emile. 1893 (1964). Mechanical Solidarity through Likeness; and "Organic Solidarity Due to the Division of Labor[M]// The Division of Labor in Society. New York: The Free Press.

［89］Dutt Ashok. 1993. Cities of South Asia[M]// Stanley Brunn, Jack Williams. Cities of the World: World Regional Urban Development, 2nd ed. New York: Harper Collins.

［90］ECLAC. 2000. Social Panorama of Latin America, 1999-2000 [M]. United Nations Publications.

［91］Edwards Mike. 2000. Indus Civilization[J]. National Geographic, 197(6):108-131.

［92］Eggers Frederick J. 2001. Homeownership: A Housing Success Story[J]. Cityscape: A Journal of Policy Development and Research, 5: 43-56.

［93］Elwood Sarah. 2002. GIS Use in Community Planning: A Multidimensional Analysis of Empowerment[J]. Environment and Planning A, 34: 905-922.

［94］Elwood Sarah, Rina Ghose. 2001. PPGIS in Community Development Planning: Framing the Organizational Context[J]. Cartographica, 38:19-33.

［95］Elwood Sara, Helga Leitner. 2003. GIS and Spatial Knowledge Production for Neighborhood Revitalization: Negotiating State Priorities and Neighborhood Visions[J]. Journal of Urban Affairs, 25:139-157.

［96］England Kim V L. 1993. Suburban Pink Collar Ghettos: The Spatial Entrapment of Women? [J]. Annals of the Association of American Geographers, 83:225-242.

［97］Ennis Sharon R, Merarys Ríos-Vargas, Nora G Albert. 2010. The Hispanic Population: 2010[R]. 2010 Census Briefs, C2010BR-04 I.

［98］Enyedi György. 1998. Social Change and Urban Restructuring in Central Europe[M]. Budapest: Akadémiai Kiadó.

［99］Esman Milton. 1986. The Chinese Diaspora in Southeast Asia[M]//Gabriel Sheffer. Modern Diasporas in International Politics. New York: St. Martin's Press.

［100］Espritu Yen Le. 1992. Asian American Panethnicity: Bridging Institutions and Identities ［M］. Philadelphia: Temple University Press.

［101］ESRI. 2006. GIS Solutions for Urban and Regional Planning［R］.

［102］Eurostat. 2014. Structural Business Statistics［EB/OL］. European Commission. http:// epp.eurostat.ec.europa.eu/portal/page/portal/european_business/data/main_tables.

［103］Fainstein N I. 1993. Race, Class and Segregation: Discourses about African Americans ［C］. International Journal of Urban and Regional Research, 17:384-403.

［104］Fik Timothy. 2000. The Geography of Economic Development: Regional Changes, Global Challenges［M］. New York: McGraw-Hill.

［105］Financial Crisis Inquiry Commission(FCIC). 2011. The Financial Crisis Inquiry Report: Final Report of the National Commission on the Causes of the Financial and Economic Crisis in the United States［M］. Washington, D.C.: U.S. Government Printing Office.

［106］Fishman Robert. 1996. Urban Utopias: Ebenezer Howard and Le Corbusier［M］// Campbell S., Fainstein S. Readings in Planning Theory. Oxford: Blackwell Publishers.

［107］Fishman Robert. 2000. The American Metropolis at Century's End: Past and Future Influences［C］. Housing Policy Debate, 11:199-213.

［108］Fitch Catherine, Steven Ruggles. 2003. Building the National Historical Geographic Information System［J］. Historical Methods: A Journal of Quantitative and Interdisciplinary History, 36(1): 41-51.

［109］Florida Richard. 2002a. The Economic Geography of Talent［J］. Annals of the Association of American Geographers, 92: 743-755.

［110］Florida Richard. 2002b. The Rise of the Creative Class … And How It's Transforming Work, Leisure, Community and Everyday Life［M］. New York: Basic Books.

［111］Florida Richard. 2005. Cities and the Creative Class［M］. New York: Routledge.

［112］Florida Richard. 2011. Why Cities Matter［EB/OL］. http://www.theatlantic cities.com/ arts-and-lifestyle/2011/09/why-cities-matter/123/.

［113］Florida Richard. 2013a. San Francisco May Be the New Silicon Valley［EB/OL］. The Atlantic Cities: Place Matters, August 5, 2013. http://www.theatlanticcities.com/jobs-and-economy/2013/08/why-san-francisco-maybe-new-silicon-valley/6295/.

［114］Florida Richard. 2013b. The Boom Towns and Ghost Towns of the New Economy［EB/OL］. The Atlantic Magazine, October 2013. http://www.theatlantic.com/magazine/archive/ 2013/10/the-boom-towns-and-ghost-towns-ofthe-new-economy/309460.

［115］Florida Richard. 2013c. Where America's Inventors Are［EB/OL］. The Atlantic Cities: Place Matters, October 9, 2013. http://www.theatlanticcities.com/jobs-andeconomy/ 2013/10/where-americasinventors-ara/7069/.

［116］Foglesong Richard. 1986. Planning the Capitalist City［M］. Princeton, NJ: Princeton University Press.

［117］Forbes Dean. 1996. Asian Metropolis: Urbanisation and the Southeast Asian City［M］. New York: Oxford University Press.

［118］Ford Larry R. 2003. America's New Downtowns: Revitalization or Reinvention ［M］. Baltimore, MD: Johns Hopkins University Press.

［119］Forest Benjamin. 1995. West Hollywood as Symbol: The Significance of Place in the Construction of a Gay Identity［J］. Environment and Place, D: Society and Space, 13: 133-157.

［120］Frank Andre Gunder. 1969. Capitalism and Underdevelopment in Latin America［M］. New York: Modern Reader.

［121］Frazier John W, Eugene L Tettey-Fio. 2006. Race, Ethnicity and Place in a Changing America［M］. Binghamton, NY: Global Academic Press.

［122］French R A, Hamilton F. 1979. The Socialist City: Spatial Structure and Urban Policy ［M］. New York: John Wiley and Sons.

［123］Frey William. 1998. Immigration's Impact on America's Social Geography: Research and Policy Issues ［C］. Presented at annual meeting of the Association of American Geographers, Boston, MA.

［124］Friedmann John. 1986. The World City Hypothesis［J］. Development and Change, 17, :69-84.

［125］Friedman Samantha, Angela Reynolds, Susan Scovill, et al. 2013. An Estimate of Housing Discrimination against Same-Sex Couples［C］. Washington, D.C.: U.S. Department of Housing and Urban Development, Office of Policy Development and Research.

［126］Fujita Kumiko, Richard Child Hill. 1993. Japanese Cities in the World Economy［M］. Philadelphia: Temple University Press.

［127］Gallion Arthur, Simon Eisner. 1983. The Urban Pattern: City Planning and Design［M］. New York: Van Nostrand Reinhold Co.

［128］Galster G. 1996. Poverty［M］// Galster G. Reality and Research: Social Science and U.S. Urban Policy Since 1960. Washington, D.C.: The Urban Institute Press.

［129］Galster George, Royce Hanson, Michael Ratcliffe, et al. 2001. Wrestling Sprawl to the Ground: Defining and Measuring an Elusive Concept［J］. Housing Policy Debate, 12:681-717.

［130］Gans Herbert J. 1962. The Urban Villagers: Group and Class in the Life of Italian-Americans［M］. New York: The Free Press of Glencoe.

［131］Gans Herbert J. 1967. The Levittowners: Ways of Life and Politics in a New Suburban Community［M］. New York: Pantheon Books.

［132］Garreau Joel. 1991. Edge City: Life on the New Frontier［M］. New York: Anchor Books.

［133］Garrett T A. 2004. Casino Gaming and Local Employment Trends ［J］. Review-Federal Reserve Bank of Saint Louis, 86(1):9-22.

[134] Gates Gary J, Jason Ost. 2004. The Gay and Lesbian Atlas[M]. Washington, D.C.: The Urban Institute Press.

[135] Germain Annick, Damaris Rose. 2000. Montreal: The Quest for a Metropolis[M]. New York: Wiley.

[136] Gerth H H, Wright C Mills. 1958. From Max Weber: Essays in Sociology[M]. New York: Galaxy Books.

[137] Gilbert Melissa R. 1997. Feminism and Differences in Urban Geography [J]. Urban Geography, 18:166-179.

[138] Girouard Mark. 1985. Cities and People[M]. New Haven, CT: Yale University Press.

[139] Glaeser Edward, Jacob Vigdor. 2012. The End of the Segregated Century: Racial Separation in America's Neighborhoods, 1890-2010 [M]. Civic Report No. 66, January 2012. New York: The Manhattan Institute.

[140] Godfrey B J, Zhou Y. 1999. Ranking World Cities: Multinational Corporations and the Global Urban Hierarchy[C]. Urban Geography, 20:268-281.

[141] Goering John, Judith D Reins, Todd M Richardson. 2002. A Cross-Site Analysis of Initial Moving to Opportunity Demonstration Results[C]. Journal of Housing Research, 13:1-30.

[142] Goetz A R. 1992. Air Passenger Transportation and Growth in the U.S. Urban System, 1950-1987[J]. Growth and Change, 23(2):217-238.

[143] Goetz E G. 2002. Forced Relocation vs. Voluntary Mobility: The Effects of Dispersal Programmes on Households[J]. Housing Studies, 17:107-23.

[144] Goetz Edward G. 2013. New Deal Ruins: Race, Economic Justice, and Public Housing Policy[M]. Ithaca, New York and London: Cornell University Press.

[145] Gordon Mary McDougall. 1978. Patriots and Christians: A Reassessment of Nineteenth-Century School Reformers[J]. Journal of Social History, 11:554-574.

[146] Gottmann J. 1964. Megalopolis: The Urbanized Northeastern Seaboard of the United States [M]. Cambridge, MA: MIT Press.

[147] Griffeth Robert, Carol Thomas.1981. The City-State in Five Cultures[M]. Santa Barbara, CA: ABC-Clio.

[148] Griffin Ernst, Larry Ford. 1980. A Model of Latin American City Structure [J]. The Geographical Review, 70:397-422.

[149] Gugler Josef. 1993. Third World Urbanization Reexamined[J]. International Journal of Contemporary Sociology, 30(1):21-38.

[150] Gugler Josef. 1996. The Urban Transformation of the Developing World [M]. Oxford: Oxford University Press.

[151] Hägerstrand Torsten. 1953. Innovationsförloppet ur korologisk Synpunkt. Translated by A. Pred, 1967, as Innovation Diffusion as a Spatial Process [M]. Chicago: University of Chicago Press.

[152] Haggett Peter. 1966. Locational Analysis in Human Geography[M]. New York: St. Martin's Press.

[153] Hall Peter. 1996. Cities of Tomorrow[M]. Oxford: Blackwell Publishers.

[154] Hamilton David. 2000. Organizing Government Structure and Governance Functions in Metropolitan Areas in Response to Growth and Change: A Critical Overview[J]. Journal of Urban Affairs, 22(1):65-84.

[155] Hammond Mason. 1972. The City in the Ancient World[M]. Cambridge, MA: Harvard University Press.

[156] Hampton Keith, Barry Wellman. 2003. Neighboring in Netville: How the Internet Supports Community and Social Capital in a Wired Suburb[J]. City & Community, 2(4):277-311.

[157] Handlin Oscar. 1941 (1976). Boston's Immigrants[M]. New York: Atheneum.

[158] Hanson Royce. 1983. Rethinking Urban Policy: Urban Development in an Advanced Economy. U.S. National Research Council, Commission on Behavioral and Social Sciences and Education, Committee on National Urban Policy[M]. Washington, D.C.: National Academy Press.

[159] Hanson Susan, Perry Hanson. 1980. Gender and Urban Activity Patterns in Uppsala, Sweden[J]. Geographical Review, 70:291-299.

[160] Hanson Susan, Geraldine Pratt. 1995. Gender, Work, and Space[M]. London and New York: Routledge.

[161] Harrigan John. 1989. Political Change in the Metropolis[M]. Glenview, IL: Scott, Foresman.

[162] Harrington Michael. 1962. The Other America: Poverty in the United States[M]. New York: Macmillan.

[163] Harris Chauncy D. 1997. "The Nature of Cities" and Urban Geography in the Last Half Century[J]. Urban Geography, 18:15-35.

[164] Harris Chauncy D, Edward L Ullman. 1945. The Nature of Cities[J]. Annals of the American Academy of Political and Social Sciences, 242:7-17.

[165] Hartshorn Truman A, Peter O Muller. 1989. Suburban Downtowns and the Transformation of Metropolitan Atlanta's Business Landscape[J]. Urban Geography, 10:375-395.

[166] Harvey David. 1973. Social Justice and the City[M]. Baltimore: Johns Hopkins University Press.

[167] Harvey David, 1989. The Urban Experience[M]. Baltimore and London: The Johns Hopkins University Press.

[168] Haverluk Terence. 1997. The Changing Geography of U.S. Hispanics, 1850-1990[J]. Journal of Geography, May/June: 134-145.

[169] Hayden Dolores. 1981. What Would a Non-Sexist City Be Like? Speculations on Housing, Urban Design, and Human Work[M]// Stimpson C R, Dixler E, Nelson M J, et al.

Women and the American City. Chicago: University of Chicago Press.

[170] Hemmens George, Janet McBride. 1993. Planning and Development Decision Making in the Chicago Region[M]// Donald Rothblatt, Andrew Sancton. Metropolitan Governance: American/Canadian Intergovernmental Perspectives. Berkeley: Institute of Governmental Studies Press, University of California.

[171] Herberg Edward. 1989. Ethnic Groups in Canada: Adaptations and Transitions [M]. Scarborough, Ontario: Nelson Canada.

[172] Hing Bill Ong. 1993. Making and Remaking Asian America through Immigration Policy 1850-1990[M]. Stanford, CA: Stanford University Press.

[173] Hirsch A R. 1983. Making the Second Ghetto: Race and Housing in Chicago, 1940-1960 [M]. Cambridge, UK, and New York: Cambridge University Press.

[174] Hitz Hansruedi, Christian Schmid, Richard Wolff. 1994. Urbanization in Zurich: Headquarter Economy and City-Belt[J]. Environment and Planning D: Society and Space, 12:167-185.

[175] Hodge Peter. 1972. Roman Towns[M]. London: Longmans.

[176] Holzner Lutz. 1970. The Role of History and Tradition in the Urban Geography of West Germany[J]. Annals of the Association of American Geographers, 60:315-339.

[177] Hoover Edgar M, Raymond Vernon. 1962. Anatomy of a Metropolis [M]. New York: Doubleday-Anchor.

[178] Horowitz Donald. 2000. Ethnic Groups in Conflict[M]. Berkeley: University of California Press.

[179] Hoyt Homer. 1936-1937. City Growth and Mortgage Risk[M]// Homer Hoyt. According to Hoyt: Fifty Years of omer Hoyt. Articles on Law, Real state Cycle, Economic Base, Sector heory, Shopping Centers, Urban rowth, 1916-1966. Washington, D. C.: Homer Hoyt.

[180] Hoyt Homer. 1939. The Structure and Growth of Residential Neighborhoods in American Cities[M]. Washington, D.C.: Federal Housing Administration.

[181] Hu Xiuhong, David Kaplan. 2001. The Emergence of Affluence in Beijing: Residential Social Stratification in China's Capital City[J]. Urban Geography, 22(1):54-77.

[182] Hunter Floyd. 1980. Community Power Succession: Atlanta's Policy Makers Revisited[M]. Chapel Hill: University of North Carolina Press.

[183] Iceland J, Weinberg D H, Steinmetz E. 2002. Racial and Ethnic Residential Segregation in the United States: 1980-2000, U.S. Census Bureau, Series CENSR-3[R]. Washington, D.C.: U.S. Government Printing Office.

[184] Immergluck Dan. 2012. Distressed and Dumped: Market Dynamics of Low-Value, Foreclosed Properties during the Advent of the Federal Neighborhood Stabilization Program [J]. Journal of Planning Education and Research, 32:48-61.

[185] Immergluck Dan, Geoff Smith. 2004. Risky Business: An Econometric Analysis of the

Relationship Between Subprime Lending and Neighborhood Foreclosures [M]. Chicago: Woodstock Institute.

[186] Immergluck Dan, Geoff Smith. 2005. Measuring the Effect of Subprime Lending on Neighborhood Foreclosures[J]. Urban Affairs Review, 40:362-389.

[187] Immergluck Dan, Marti Wiles. 1999. Two Steps Back: The Dual Mortgage Market, Predatory Lending, and the Undoing of Community Development[M]. Chicago: Woodstock Institute.

[188] Isajiw W. 1974. Definitions of Ethnicity[J]. Ethnicity, 1:111-124.

[189] Jackson K T. 1985. Crabgrass Frontier: The Suburbanization of the United States[M]. New York and Oxford: Oxford University Press.

[190] Jacobs Jane. 1961. The Death and Life of Great American Cities[M]. New York: Vintage Books.

[191] Jacobs Jane. 1969. The Economy of Cities[M]. New York: Random House.

[192] Jargowsky P A. 1994. Ghetto Poverty among Blacks in the 1980s[J]. Journal of Policy Analysis and Management, 13:288-310.

[193] Jargowsky P A. 1997. Poverty and Place: Ghettos, Barrios, and the American City[M]. New York: Russell Sage Foundation.

[194] Jargowsky P A. 2003. Stunning Progress, Hidden Problems: The Dramatic Decline of Concentrated Poverty in the 1990s[M]. The Living Census Series. Washington, D.C.: The Brookings Institution.

[195] Jargowsky P A, Bane M J. 1991. Ghetto Poverty in the United States, 1970-1980[M]// Jencks C, Peterson P E. The Urban Underclass. Washington, D.C.: The Brookings Institution: 235-273.

[196] Jargowsky P A, Yang R. 2006. The "Underclass" Revisited: A Social Problem in Decline [J]. Journal of Urban Affairs, 28:55-70.

[197] Jefferson Mark. 1939. The Law of the Primate City[J]. Geographical Review, 29: 226-232.

[198] Johnson Daniel K N, Amy Brown. 2004. How the West Has Won: Regional and Industrial Immersion in U.S. Patent Activity[J]. Economic Geography, 80:241-260.

[199] Johnson J H Jr. 2003. Immigration Reform, Homeland Defense, and Metropolitan Economics in the Post 9-11 Environment[J]. Urban Geography, 23:201-212.

[200] Johnson J H Jr., Farrrell W C Jr. 1996. "The Fire This Time: The Genesis of the Los Angeles Rebellion of 1992[M]// Boger J C, Wegner J W. Race, Poverty, and American Cities. Chapel Hill and London: University of North Carolina Press:166-185.

[201] Johnson Jotham. 1973. The Slow Death of a City[M]//Kingsley Davis. Cities: Their Origin, Growth and Human Impact. San Francisco: W. H. Freeman Company:58-61.

[202] Johnson William C. 1997. Urban Planning and Politics[M]. Chicago: American Planning

Association.

[203] Johnston R J. 1982. Geography and the State: An Essay in Political Geography[M]. New York: St. Martin's Press.

[204] Joint Center for Housing Studies of Harvard University (JCHS). 2013. The State of the Nation's Housing 2013[R]. Cambridge, MA: the President and Fellows of Harvard College.

[205] Judd Dennis, Todd Swanstrom. 1994. City Politics: Private Power and Public Policy[M]. New York: Harper Collins.

[206] Kain J F. 1968. Housing Segregation, Negro Employment, and Metropolitan Decentralization[J]. Quarterly Journal of Economics, 82:175-197.

[207] Kaplan David H. 1997. The Creation of an Ethnic Economy: Indochinese Business Expansion in St. Paul[J]. Economic Geography, 73:214-233.

[208] Kaplan David H. 1998. The Spatial Structure of Ethnic Economies[J]. Urban Geography, 19:489-501.

[209] Kaplan David H, Steven R Holloway. 1998. Segregation in Cities[M]. Washington, D.C.: Association of American Geographers.

[210] Kaplan Robert D. 1994. The Coming Anarchy[J]. Atlantic Monthly, 273(2):44-76.

[211] Karan P P, Kristin Stapleton. 1997. The Japanese City[M]. Lexington: University of Kentucky Press.

[212] Kasarda John, Allan Parnell. 1993. Third World Cities: Problems, Policies, and Prospects [M]. Newbury Park, CA: Sage Publications.

[213] Katz Bruce, Jennifer Bradley. 2013. The Metropolitan Revolution: How Cities and Metros Are Fixing Our Broken Politics and Fragile Economy [M]. Washington, D.C.: The Brookings Institution.

[214] Katz Bruce, Robert Lang. 2003. Redefining Urban and Suburban America: Evidence from Census 2000[M]. Washington, D.C.: Brookings Institution Press.

[215] Keil Roger, Klaus Ronnenberger. 2000. The Globalization of Frankfurt Am Main: Core, Periphery and Social Conflict [M]//Peter Marcuse, Ronald van Kempen. Globalizing Cities: A New Spatial Order? Oxford, UK: Blackwell.

[216] Keivani Ramin, Edmoundo Werna. 2001. Modes of Housing Provision in Developing Countries[J]. Progress in Planning, 55:65-118.

[217] Kelly Eric, Barbara Beckler. 2000. Community Planning: Introduction to the Comprehensive Plan[M]. Washington, D.C.: Island Press.

[218] Kenyon Kathleen. 1994. Ancient Jericho[J]. Scientific American Special Issue: Ancient Cities, 5(1):20-55.

[219] Kesteloot Christian. 2000. Brussels: Post-Fordist Polarization in a Fordist Spatial Canvas [M]// Peter Marcuse, Ronald van Kempen. Globalizing Cities: A New Spatial Order?

Oxford, UK: Blackwell.

[220] Kheirabadi Masoud. 2000. Iranian Cities: Formation and Development [M]. Syracuse, NY: Syracuse University Press.

[221] Klosterman Richard, 2000. Planning in the Information Age [M]// The Practice of Local Government Planning, 3rd ed. Washington, D.C.: International City/County Management Association.

[222] Kneebone Elizabeth, Carey Nadeau, Alan Berube. 2011. The Re-Emergence of Concentrated Poverty: Metropolitan Trends in the 2000s [M]. Washington, D.C.: The Brookings Institution.

[223] Knopp Lawrence. 1990. Exploiting the Rent-Gap: The Theoretical Significance of Using Illegal Appraisal Schemes to Encourage Gentrification in New Orleans [J]. Urban Geography, 11:48-64.

[224] Knopp Lawrence. 1998. Sexuality and Urban Space: Gay Male Identity Politics in the United States, the United Kingdom, and Australia [M]//Ruth Fincher, Jane M Jacobs. Cities of Difference. New York and London: Guilford Press.

[225] Knox Paul L. 1993. The Restless Urban Landscape [M]. Englewood Cliffs, NJ: Prentice-Hall.

[226] Knox Paul, Darrick Danta. 1993. Cities of Europe [M]// Stanley Brunn, Jack Williams., Cities of the World: World Regional Urban Development, 2nd ed. New York: Harper Collins.

[227] Kostof Spiro. 1991. The City Shaped: Urban Patterns and Meanings through History [M]. London: Bulfinch.

[228] Kostof Spiro, 1992. The City Assembled [M]. Boston: Bulfinch.

[229] Kozol Jonathan. 1991. Savage Inequalities: Children in America's Schools [M]. New York: Crown Publishers.

[230] Krishan Gopal. 1993. The Slowing Down of Indian Urbanization [J]. Geography, 78(1): 80-84.

[231] Krumholz Norman. 1996. A Retrospective View of Equity Planning: Cleveland, 1969-1979 [M]// Campbell S, Fainstein S. Readings in Planning Theory. Oxford: Blackwell Publishers.

[232] Kunstler James Howard. 1996. Home from Nowhere [M]. New York: Simon and Schuster.

[233] Lambert T E, Srinivasan A, Dufrene U, et al. 2010. Urban Location and the Success of Casinos in Five States [J]. International Journal of Management and Marketing Research, 3 (3):1-16.

[234] Lauria Mickey, Lawrence Knopp. 1985. Toward an Analysis of the Role of Gay Communities in the Urban Renaissance [J]. Urban Geography, 6:152-169.

[235] Lee Dong Ok. 1995. Koreatown and Korean Small Firms in Los Angeles: Locating in the

Ethnic Neighborhoods[J]. Professional Geographer, 47(2):184-195.

[236] Lee Sharon. 1998. Asian Americans: Diverse and Growing[J]. Population Reference Bureau Population Bulletin, 53(2).

[237] LeGates Richard T, Frederic Stout. 2003. The City Reader[M]. London and New York: Routledge.

[238] Levine Martin. 1979. Gay Ghetto[J].Journal of Homosexuality, 4:363-377.

[239] Levy John M. 2000. Contemporary Urban Planning[M]. 5th ed. Upper Saddle River, NJ: Prentice Hall.

[240] Lewis Oscar. 1966. La Vida: A Puerto Rican Family in the Culture of Poverty in San Juan and New York[M]. New York: Random House.

[241] Lewis Oscar. 1968. The Culture of Poverty [M]// Daniel Patrick Moynihan. On Understanding Poverty: Perspectives from the Social Sciences. New York: Basic Books.

[242] Ley D. 1996. The New Middle Class and the Remaking of the Central City[M]. Oxford and New York: Oxford University Press.

[243] Li Wei. 1998. Los Angeles's Chinese Ethnoburb: From Ethnic Service Center to Global Economy Outpost[J]. Urban Geography, 19(6):502-517.

[244] Lichtenberger Elisabeth. 1970. The Nature of European Urbanism[J]. Geoforum, 4: 45-62.

[245] Lichtenberger, Elisabeth. 1976. The Changing Nature of European Urbanization[M]// Brian J L Berry. Urbanization and Counter-Urbanization. Beverly Hills, CA: Sage Publications.

[246] Lichtenberger Elisabeth. 1993. Vienna: Bridge Between Cultures[M]// World Cities Series. New York: John Wiley and Sons.

[247] Lieberson Stanley. 1963. Ethnic Patterns in American Cities[M]. New York: The Free Press.

[248] Lieberson Stanley. 1980. A Piece of the Pie: Blacks and White Immigrants since 1880 [M]. Berkeley: University of California Press.

[249] Lieberson Stanley. 1981. An Asymmetrical Approach to Segregation[M]// Ceri Peach, Vaughan Robinson, Susan Smith. Ethnic Segregation in Cities. London: Croom Helm.

[250] Light Ivan, Steven Gold. 2000. Ethnic Economies[M]. San Diego: Academic Press.

[251] Lin Jan. 1998. Reconstructing Chinatown: Ethnic Enclave, Global Change [M]. Minneapolis: University of Minnesota Press.

[252] Linn Johannes. 1983. Cities in the Developing World: Policies for Their Equitable and Efficient Growth[M]. Oxford: Oxford University Press.

[253] Loan Processing Services. 2013. LPS Mortgage Monitor August 2013: Mortgage Performance Observations: Data as of July, 2013[EB/OL]. http://www.lpsvcs.com/ LPSCorporateInformation/CommunicationCenter/DataReports/MortgageMonitor/201307Mor

tgageMonitor/MortgageMonitorJuly2013.pdf.

[254] Lockridge Kenneth. 1970. A New England Town: The First Hundred Years[M]. New York: W. W. Norton.

[255] Logan J R. 2013. The Persistence of Segregation in the 21st Century Metropolis[J]. City & Community, 12(2):160-168.

[256] Logan J R, Molotch H L. 2007. Urban Fortunes: The Political Economy of Place[M]. Berkeley: University of California Press.

[257] Long Larry. 1991. Residential Mobility Differences among Developed Countries [J]. International Regional Science Review, 14(2):133-147.

[258] Lösch August. 1938. Die Räumliche Ordnung der Wirtscraft[M]. Translated by W. H. Woglom and W. F. Stolper, 1954, as The Economics of Location. New Haven, CT: Yale University Press.

[259] Lowder Stella. 1986. The Geography of Third World Cities[M]. Totowa, NJ: Barnes and Noble Books.

[260] Lucy William, David Phillips. 2006. "Cities" Performance Improves Since 2000 Census [EB/OL]. http://www.virginia.edu/topnews/releases2006/20060410cities study.html.

[261] Lungo Mario. 1997. Costa Rica: Dilemmas of Urbanization in the 1990s[M]// Alejandro Portes, Carlos Dore-Cabral, Patricia Landolt. The Urban Caribbean: Transition to the New Global Economy. Baltimore: Johns Hopkins University Press.

[262] Lynch Kevin. 1960. The Image of the City[M]. Cambridge, MA: MIT Press.

[263] Mallach Alan. 2004. The Betrayal of Mount Laurel [R]. National Housing Institute, Shelterforce Online, 134, March/April.

[264] Manvel A D. 1968. Land Use in 106 Large Cities[R]. Three Land Research Studies, Research Report No. 12. Washington, D.C.: National Commission on Urban Problems.

[265] Marcuse Peter. 1996. Space and Race in the Post-Fordist City: The Outcast Ghetto and Advanced Homelessness in the United States Today[M]// Mingione E. Urban Poverty and the Underclass: A Reader. Cambridge, MA: Blackwell.

[266] Marcuse Peter. 1997. The Enclave, the Citadel, and the Ghetto: What Has Changed in the Post-Fordist U.S. City? [J]. Urban Affairs Review, 33:228-264.

[267] Marcuse Peter, Ronald van Kempen. 2000. Globalizing Cities: A New Spatial Order? [M]. Oxford and Malden, MA: Blackwell.

[268] Martin Philip. 2004. The United States: The Continuing Immigration Debate[M]//Wayne Cornelius. Controlling Immigration. Stanford, CA: Stanford University Press.

[269] Martin Philip, Elizabeth Midgley.1994. Immigration to the United States: Journey to an Uncertain Destination[J]. Population Reference Bureau Population Bulletin, 49(2).

[270] Martin Philip, Elizabeth Midgley. 1999. Immigration to the United States[J]. Population Reference Bureau Population Bulletin, 54(2).

[271] Massey Doreen. 1973. Towards a Critique of Industrial Location Theory[J]. Antipode, 5: 33-39.

[272] Massey D S, Denton N A. 1988. The Dimensions of Residential Segregation. Social Forces, 67: 281-315.

[273] Massey D S, Denton N A. 1989. Hypersegregation in U.S. Metropolitan Areas: Black and Hispanic Segregation along Five Dimensions[J]. Demography, 26: 373-391.

[274] Massey D S, Denton N A. 1993. American Apartheid: Segregation and the Making of the Underclass[M]. Cambridge, MA: Harvard University Press.

[275] McConnell Curt. 2003. The Record-setting Trips: By Auto from Coast to Coast, 1909-1916 [M]. Stanford University Press.

[276] McGee T G. 1967. The Southeast Asian City[M]. London: G. Bell and Sons.

[277] Meck Stuart, Paul Wack, Michelle Zimet. 2000. Zoning and Subdivision Regulations [M]// The Practice of Local Government Planning, 3rd ed. Washington, D. C.: International City/County Management Association.

[278] Mehretu Assefa. 1993. Cities of Sub-Saharan Africa [M]// Stanley Brunn and Jack Williams. Cities of the World: World Regional Urban Development, 2nd ed. New York: Harper Collins.

[279] Millon René. 1994. Teotihuacán. Scientific American Special Issue: Ancient Cities, 5(1): 138-148.

[280] Minnesota Population Center. 2011. National Historical Geographic Information System: Version 2.0. Minneapolis: University of Minnesota.

[281] Mitchell Don. 2000. Cultural Geography[M]. Madden, MA: Blackwell Publishers.

[282] Miyares Ines, Jennifer Paine, Midori Nishi. 2000. The Japanese in America[M]// McKee J. Ethnicity in Contemporary America: A Geographical Appraisal. Lanham, MD: Rowman & Littlefield.

[283] Mohan Rakesh. 1996. Urbanization in India: Patterns and Emerging Policy Issues[M]// Gugler J. The Urban Transformation of the Developing World. Oxford: Oxford University Press.

[284] Mollenkopf John H, Manuel Castells. 1991. Dual City: Restructuring New York[M]. New York: Russell Sage Foundation.

[285] Monkonnen Eric. 1988. America Becomes Urban: The Development of U.S. Cities and Towns 1780-1980[M]. Berkeley: University of California Press.

[286] Moon H. 1994. The Interstate Highway System[R]. AAG Resource Publication Series.

[287] Morrill R. 2006. Classic Map Revisited: The Growth of Megalopolis[J]. The Professional Geographer, 58(2): 155-160.

[288] Morris A E J. 1994. History of Urban Form: Before the Industrial Revolution[M]. New York: Wiley.

[289] Mort Frank. 2000. The Sexual Geography of the City[M]// Gary Bridge, Sophi Watson. A Companion to the City. Oxford: Blackwell.

[290] Mukhopadhyay Anupa, Ashok Dutt, Animesh Haldar. 1994. Sidewalk Dwellers of Calcutta [M]// Dutt A K. The Asian City: Processes of Development, Characteristics and Planning. Boston: Kluwer Academic Publishers.

[291] Mulherin Stephen. 2000. Affordable Housing and White Poverty Concentration[J]. Journal of Urban Affairs, 22:139-156.

[292] Mumford Lewis. 1938. The Culture of Cities[M]. New York: Harcourt Brace & Company.

[293] Mumford Lewis. 1961. The City in History: Its Origins, Its Transformations, and Its Prospects[M]. New York: Harcourt Brace Jovanovich.

[294] Murdie R A. 1969. Factorial Ecology of Metropolitan Toronto, 1951-1961[R]. Research Paper No. 116, Department of Geography, University of Chicago.

[295] Murphey Rhoads. 1996. A History of the City in Monsoon Asia[M]// Gugler J. The Urban Transformation of the Developing World[M]. Oxford: Oxford University Press.

[296] Nelson Arthur. 2000. Growth Management [M]// The Practice of Local Government Planning, 3rd ed. Washington, D.C.: International City/County Management Association.

[297] Nelson Kristin. 1986. Labor Demand, Labor Supply, and the Suburbanization of Low-Wage Office Work[M]// Scott A J, Storper M. Production, Work, Territory: The Geographical Anatomy of Industrial Capitalism. Boston: Allen and Unwin.

[298] Neville Warwick. 1996. Singapore: Ethnic Diversity in an Interventionist Milieu[M]// Roseman Laux, Thieme. EthniCity. Lanham, MD: Rowman & Littlefield.

[299] Newsome Tracey H, Jonathan C Comer. 2002. Changing Intra-Urban Location Patterns of Major League Sports Facilities[J]. Professional Geographer, 51:105-120.

[300] Noin Daniel, Paul White. 1997. Paris: World Cities Series[M]. New York: John Wiley and Sons.

[301] O'Connor Anthony M. 1983. The African City [M]. New York: Africana Publishing Company.

[302] Oliveira Orlandina, Bryan Robert. 1996. Urban Development and Social Inequality in Latin America[M]// Gugler J. The Urban Transformation of the Developing World. Oxford: Oxford University Press.

[303] Orfield Myron. 1997. Metropolitics: A Regional Agenda for Community and Stability[M]. Washington, D.C.: Brookings Institution Press.

[304] Palen John. 1997. The Urban World[M]. New York: McGraw-Hill.

[305] Pan Lynn. 1994. Sons of the Yellow Emperor: A History of the Chinese Diaspora[M]. New York: Kodansha International.

[306] Park Robert E. 1915. The City: Suggestions for the Investigation of Human Behavior in the Urban Environment[J]. American Journal of Sociology, 20:577-612.

［307］Park Robert E. 1925（1967）. The City：Suggestions for the Investigation of Human Behavior in the Urban Environment［M］// Park R，Burgess E，McKenzie R. The City. Chicago：University of Chicago Press.

［308］Passel Jeffrey，D'Vera Cohen. 2011. Unauthorized Immigrant Population：National and State Trends，2010［M］. Washington，D.C.：Pew Hispanic Center.

［309］Patton P. 1986. Open Road：A Celebration of the American Highway［M］. New York：Simon and Schuster.

［310］Peet Richard. 1998. Modern Geographic Thought［M］. Malden，MA：Blackwell.

［311］Peil Margaret. 1991. Lagos：The City is the People［M］. Boston：G. K. Hall.

［312］Peterson Jon. 1983. The Impact of Sanitary Reform upon American Urban Planning，1840-1890［M］//Donald Krueckeberg. Introduction to Planning History in the United States. New Brunswick，NJ：Rutgers University Press.

［313］Philpott T L. 1991. The Slum and the Ghetto：Immigrants，Blacks，and Reformers in Chicago，1880-1930［M］. Belmont，CA：Wadsworth Publishing Company.

［314］Piana G. 1927. Foreign Groups in Rome［J］. Harvard Theological Review，20：183-403.

［315］Pickles John，Watts M J. 1992. Paradigms for Inquiry［M］//Ron F Abler，Melvin G Marcus，Judy M Olson. Geography's Inner Worlds. New Brunswick，NJ：Rutgers University Press.

［316］Pinal Jorge，Audrey Singer. 1997. Generations of Diversity：Latinos in the United States［J］. Population Reference Bureau Population Bulletin，52(2).

［317］Pollard Kelvin，William P O'Hare. 1999. America's Racial and Ethnic Minorities［J］. Population Reference Bureau Population Bulletin，54(3).

［318］Population Reference Bureau. 2006. World Population Data Sheet［M］. Washington，D.C.：Population Reference Bureau.

［319］Porter Philip，Eric Sheppard. 1998. A World of Difference：Society，Nature，Development［M］. New York：The Guilford Press.

［320］Portes Alejandro，Carlos Dore-Cabral，Patricia Landolt. 1997. The Urban Caribbean：Transition to the New Global Economy［M］. Baltimore：Johns Hopkins University Press.

［321］Portes Alejandro，Bryan R Roberts. 2004. The Free Market City：Latin American Urbanization in the Years of Neoliberal Adjustment［EB/OL］. www. prc. utexas. edu/urbancenter/documents/Free%20Market%20City%20text.pdf.

［322］Portes Alejandro，Alexander Stepick. 1993. City on the Edge：The Transformation of Miami［M］. Berkeley：University of California Press.

［323］Potter Robert B. 1985. Urbanisation and Planning in the 3rd World：Spatial Perceptions and Public Participation［M］. New York：St. Martin's Press.

［324］Potter Robert B. 1990. Cities and Development in the Third World［M］. Commonwealth Geographical Bureau.

[325] Potter Robert B. 1999. Geographies of Development [M]. Harlow, UK: Longman.

[326] Potter Robert, Sally Lloyd-Evans. 1998. The City in the Developing World [M]. Harlow, UK: Addison-Wesley Longman.

[327] Pounds Norman. 1990. An Historical Geography of Europe [M]. New York: Cambridge University Press.

[328] Preston Valerie, Sara McLafferty. 1999. Spatial Mismatch Research in the 1990s: Progress and Potential [J]. Papers in Regional Science, 78: 387-402.

[329] Pugh Cedric. 1995. Urbanization in Developing Countries: An Overview of the Economic and Policy Issues in the 1990s [J]. Cities, 12(6): 388-398.

[330] Rakodi Carole. 1995. Harare: Inheriting a Settler-Colonial City: Change or Continuity? [M]. New York: John Wiley and Sons.

[331] Rhein Catherine. 1998. The Working Class, Minorities and Housing in Paris: the Rise of Fragmentation [J]. GeoJournal, 46: 51-62.

[332] Ribeiro Luiz Cesar de Queiroz, Edward E Telles. 2000. Rio de Janeiro: Emerging Dualization in a Historically Unequal City [M] // Marcuse P, van Kempen R. Globalizing Cities: A New Spatial Order? Oxford: Blackwell.

[333] Rice R L. 1968. Residential Segregation by Law, 1910-1917 [J]. Journal of Southern History, 34: 179-199.

[334] Riche Martha F. 2000. America's Diversity and Growth: Signposts for the 21st Century [J]. Population Reference Bureau Population Bulletin, 55(2).

[335] Riis Jacob. 1890 (1971). How the Other Half Lives [M]. New York: Dover Publications.

[336] Rorig Fritz. 1967. The Medieval Town [M]. Berkeley: University of California Press.

[337] Rosenbaum J E. 1995. Changing the Geography of Opportunity by Expanding Residential Choice: Lessons from the Gautreaux Program [J]. Housing Policy Debate, 6: 231-269.

[338] Rosenbaum J E, Popkin S J. 1991. Employment and Earnings of Low-Income Blacks Who Move to Middle-Class Suburbs [M] // Jencks C, Peterson P E. The Urban Underclass. Washington, D.C.: The Brookings Institution.

[339] Ross Bernard, Myron Levine. 1996. Urban Politics: Power in Metropolitan America [M]. Itasca, IL: F. E. Peacock Publishers.

[340] Rothblatt Donald, Andrew Sancton. 1998. Metropolitan Governance Revisited: American/Canadian Intergovernmental Perspectives [M]. Berkeley: Institute of Governmental Studies Press.

[341] Rusk David. 2003. Cities without Suburbs, 3rd Edition: A Census 2000 Update [M]. Washington, D.C.: Woodrow Wilson Press.

[342] Sailer-Fliege Ulrike. 1999. Characteristics of Post-Socialist Urban Transformation in East Central Europe [J]. GeoJournal, 49: 7-16.

[343] Sampson R J. 2012. Great American City: Chicago and the Enduring Neighborhood Effect

［M］. Chicago：The University of Chicago Press.

［344］Sancton Andrew. 1978. The Impact of French, English Differences on Government Policies ［D］. University of Oxford.

［345］Sargent Charles S. 1993. The Latin American City［M］// Blouet B, Blouet O. Latin America and the Caribbean. New York：Wiley.

［346］Sassen Saskia. 1991. The Global City：New York, London, Tokyo［M］. Princeton, NJ：Princeton University Press.

［347］Sassen Saskia. 2002. Global Networks, Linked Cities［M］. New York：Routledge.

［348］Sassen Saskia. 2004. Agglomeration in the Digital Era? ［M］// Stephen Graham. The Cybercities Reader. London and New York：Routledge：195-198.

［349］Sassen Saskia. 2006. Cities in a World Economy, 3rd ed［M］. London and Thousand Oaks, CA：Pine Forge Press.

［350］Schelling T. 1971. Dynamic Models of Segregation［J］. Journal of Mathematical Sociology, 1：143-186.

［351］Scott Allan J. 1988. Flexible Production Systems：The Rise of New Industrial Spaces in North America and Western Europe［J］. International Journal of Urban and Regional Research, 12,：171-185.

［352］Seabrook Jeremy. 1996. In the Cities of the South［M］. NewYork：Verso.

［353］Seto Karen C, Roberto Sánchez-Rodríguez, Michail Fragkias. 2010. The New Geography of Contemporary Urbanization and the Environment［J］. Annual Review of Environment and Resources, 35(1)：167.

［354］Shevky Eshref, Wendell Bell. 1955. Social Area Analysis：Theory, Illustrative Application and Computational Procedures［M］. Stanford, CA：Stanford University Press.

［355］Short John. 1996. The Urban Order［M］. Cambridge, MA：Blackwell Publishers.

［356］Short John. 2004. Black Holes and Loose Connections in a Global Urban Network［J］. The Professional Geographer, 56：295-302.

［357］Short John R, Yeong-Hyun Kim. 1999. Globalization and the City［M］. New York：Longman.

［358］Simmel Georg. 1903 (1971). The Metropolis and Mental Life［M］// Individuality and Social Forms. Chicago：University of Chicago Press.

［359］Sit Victor. 1995. Beijing：The Nature and Planning of a Chinese Capital City［M］. New York：John Wiley and Sons.

［360］Sjoberg Gideon. 1960. The Preindustrial City：Past and Present［M］. New York：The Free Press.

［361］Sjoberg Gideon. 1973. The Origin and Evolution of Cities［M］//Kingsley Davis. Cities：Their Origin, Growth and Human Impact. San Francisco：W. H. Freeman & Company：18-27.

[362]Smith D A, Timberlake M F. 2001. World City Networks and Hierarchies, 1977-1997 [M]. American Behavioral Scientist, 44:1656-1678.

[363]Smith David D. 2000. Third World Cities[M]. London: Routledge.

[364] Smith James. 2006. Little Tokyo: Historical and Contemporary Japanese American Identities[M]// Frazier, Tettey-Fio. Race, Ethnicity and Place in a Changing America. Binghamton, NY: Global Academic Press.

[365]Smith N. 1996. The New Urban Frontier: Gentrification and the Revanchist City. London and New York: Routledge.

[366]Soja Ed J. 1989. Postmodern Geographies: The Reassertion of Space in Critical Social Theory[M]. London: Verso.

[367]Soja Edward, Clyde Weaver. 1976. Urbanization and Underdevelopment in East Africa[M] // Berry B. Urbanization and Counter-Urbanization. Beverly Hills, CA: Sage Publications.

[368]Song Yan. 2005. Smart Growth and Urban Development Pattern: A Comparative Study[J]. International Regional Science Review, 28:239-265.

[369]Song Yan, Gerrit-Jan Knaap. 2004. Measuring Urban Form: Is Portland Winning the War on Sprawl? [J]. Journal of the American Planning Association, 70:210-225.

[370]Spain Daphne. 1999. America's Diversity: On the Edge of Two Centuries[J]. Population Reference Bureau Reports on America, 1(2).

[371]Spear A H. 1967. Black Chicago: The Making of a Negro Ghetto 1890-1920[M]. Chicago: University of Chicago Press.

[372] Stambaugh John E. 1988. The Ancient Roman City [M]. Baltimore: Johns Hopkins University Press.

[373]Stanback Thomas M Jr. 2002. The Transforming Metropolitan Economy [D]. New Brunswick, NJ: Center for Urban Policy Research, Rutgers University.

[374]Stewart Dona J. 1996. Cities in the Desert: The Egyptian New-Town Program[J]. Annals of the Association of American Geographers, 86(3):459-480.

[375]Stoker Gerry, Karen Mossberger.1994. Urban Regime Theory in Comparative Perspective [J]. Environment and Planning C: Government and Policy, 12:195-212.

[376]Stuart George. 1995. The Timeless Vision of Teotihuacán[J]. National Geographic, 188 (6):2-35.

[377]Sui Daniel Z. 1994. GIS and Urban Studies: Positivism, Post-Positivism, and Beyond[J]. Urban Geography, 15:258-278.

[378]Sutcliffe Anthony. 1981. Towards the Planned City[M]. New York: St. Martin's Press.

[379]Swanstrom Todd. 2001. What We Argue about When We Argue about Regionalism[J]. Journal of Urban Affairs, 23(5):479-496.

[380]S'ykora Ludek. 1999. Changes in the Internal Spatial Structure of Post-Communist Prague [J]. GeoJournal, 49:79-89.

[381]Szelenyi Ivan. 1983. Urban Inequities under State Socialism [M]. Oxford, UK: Oxford University Press.

[382] Taaffe E J. 1962. The Urban Hierarchy: An Air Passenger Definition [J]. Economic Geography, 38:1-14.

[383] Taaffe Edward J. 1974. The Spatial View in Context [J]. Annals of the Association of American Geographers, 64:1-16.

[384]Taylor P J, Walker D R F, Catalano G, et al. 2001. Diversity and Power in the World City Network[EB/OL]. http://www.lboro.ac.uk/garge/rb/ rb56.html.

[385] TeleGeography. 2012. Global Internet Map 2012 [EB/OL]. http://www.telegeography. com/assets/website/images/maps/global-internet-map-2012/globalinternet-map-2012-x. png.

[386] Telles Edward. 1992. Segregation by Skin Color in Brazil [J]. American Sociological Review, 57(2):186-197.

[387] Tönnies Ferdinand. 1887 (1955). Community and Association (Gemeinschaft and Gesellschaft) [M]. London: Routledge and Kegan Paul.

[388] Torrens Paul M. 2006. Simulating Sprawl [J]. Annals of the Association of American Geographers, 96:248-275.

[389] Trading Economics Analytics. 2013. Indicators [EB/OL]. http://www. tradingeconomics. com/analytics/indicators.aspx.

[390] Tuan Yi-Fu. 1976. Humanistic Geography [J]. Annals of the Association of American Geographers, 66:266-276.

[391]Turner M A, Ross S L. 2005. How Racial Discrimination Affects the Search for Housing [M]// Briggs X d. S. The Geography of Opportunity: Race and Housing Choice in Metropolitan America. Washington, D.C.: Brookings Institution Press.

[392]Turner M A, Ross S L, Galster G C, et al. 2002. Discrimination in Metropolitan Housing Markets: National Results from Phase I HDS2000 [R]. Washington, D. C.: U. S. Department of Housing and Urban Development.

[393]Turner M A, Santos R, Levy D K, et al. 2013. Housing Discrimination Against Racial and Ethnic Minorities 2012[R]. Washington, D.C.: U.S. Department of Housing and Urban Development.

[394]Turner Robyne S, Mark S Rosentraub. 2002. Tourism, Sports and the Centrality of Cities [J]. Journal of Urban Affairs, 24:487-492.

[395]U.S. Advisory Commission on Civil Disorders. 1968. The Kerner Report[R]. Washington, D.C.: U.S. Government Printing Office.

[396]U.S. Census Bureau. 1999. Statistical Abstract of the United States. U.S. Census Bureau. 2002. Census 2000 Special Reports: Racial and Ethnic Residential Segregation in the United States: 1980-2000[R]. Washington, D.C.: U.S. Department of Commerce.

[397] Ulack Richard. 1978. The Role of Urban Squatter Settlements [J]. Annals of the Association of American Geographers, 68(4):535-550.

[398] Ungar Sanford. 1995 (1998). Fresh Blood: The New American Immigrants[M]. Urbana: University of Illinois Press.

[399] UN-Habitat. 2008. State of the World's Cities 2008/9: Harmonious Cities[M]. London: Earthscan.

[400] United Nations Development Programme. 2007/2008. Human Development Report[M]. London: Earthscan.

[401] United Nations Human Settlements Programme. 2005. Financing Urban Shelter: Global Report on Human Settlements[M]. London: Earthscan.

[402] van Kempen Ronald, Jan van Weesep. 1998. Ethnic Residential Patterns in Dutch Cities: Backgrounds, Shifts, and Consequences[J]. Urban Studies, 35(10):1813-1833.

[403] Vance J E Jr. 1970. The Merchant's World: A Geography of Wholesaling[M]. Englewood Cliffs, NJ: Prentice Hall.

[404] Vance James. 1990. The Continuing City: Urban Morphology in Western Civilization[M]. Baltimore: Johns Hopkins University Press.

[405] Venkatesh Alladi, Steven Chen, Victor Gonzales. 2003. A Study of a Southern California Wired Community: Where Technology Meets Social Utopianism[C]//Paper presented at the Human-Computer 10th International Conference, Crete, Greece.

[406] Wacquant L J D. 1997. Three Pernicious Premises in the Study of the American Ghetto [J]. International Journal of Urban and Regional Research, 21:341-353.

[407] Wade Richard C. 1959. The Urban Frontier[M]. Chicago: University of Chicago Press.

[408] Walker Richard, Robert D Lewis. 2005. Beyond the Crabgrass Frontier: Industry and the Spread of North American Cities, 1850-1950[M]//Nicholas R Fyfe, Judith T Kenny., The Urban Geography Reader. New York: Routledge.

[409] Ward David. 1971. Cities and Immigrants: A Geography of Change in Nineteenth Century America[M]. London: Oxford University Press.

[410] Ward Peter. 1998. Mexico City[M]. New York: Wiley.

[411] Western John. 1996. Outcast Cape Town[M]. Berkeley: University of California Press.

[412] Warf B. 2006. International Competition between Satellite and Fiber Optic Carriers: A Geographic Perspective[J]. The Professional Geographer, 58:1-11.

[413] Weber Alfred. 1909 (1929). Theory of the Location of Industries[M]. Trans. Friedrich C J. 1929. Chicago: University of Chicago Press.

[414] Wheatley Paul. 1971. The Pivot of the Four Quarters[M]. Chicago: Aldine Publishing Company.

[415] Wheeler James O. 1986. Similarities in Corporate Structure of American Cities[J]. Growth and Change, 17:13-21.

［416］Wheeler James O, Sam Ock Park. 1981. Locational Dynamics of Manufacturing in the Atlanta Metropolitan Region, 1968-1976［J］. Southeastern Geographer, 20：100-119.

［417］White M J. 1987. American Neighborhoods and Residential Differentiation［M］. New York：Russell Sage Foundation.

［418］White Morton Gabriel, Lucia White. 1977. The Intellectual versus the City：From Thomas Jefferson to Frank Lloyd Wright［M］. Oxford：Oxford University Press.

［419］White Paul. 1984. The West European City：A Social Geography［M］. London：Longman.

［420］Whyte W F. 1943. Street Corner Society［M］. Chicago：University of Chicago Press.

［421］Whyte William H. 1988. City：Rediscovering the Center［M］. New York：Doubleday.

［422］Wilkes R, Iceland J. 2004. Hypersegregation in the Twenty-First Century［M］. Demography, 41：23-36.

［423］Wilson David, Jarad Wouters. 2003. Spatiality and Growth Discourse：The Restructuring of America's Rust Belt Cities［J］. Journal of Urban Affairs,25：123-138.

［424］Wilson Jill H, Singer Audrey. 2011. Immigrants in 2010 Metropolitan America：A Decade of Change［M］. Washington, D.C.：Brookings Institution.

［425］Wilson W J. 1987. The Truly Disadvantaged：The Inner City, the Underclass, and Public Policy［M］. Chicago：University of Chicago Press.

［426］Wilson W J. 1996. When Work Disappears：The World of the NewUrban Poor［M］. New York：Alfred A.

［427］Knopf Wilson, William H. 1996. The Glory, Destruction, and Meaning of the City Beautiful Movement［M］//Campbell S, Fainstein S. Readings in Planning Theory. Oxford：Blackwell Publishers.

［428］Wirth Louis. 1938. Urbanism as a Way of Life［J］. The American Journal of Sociology, 44：1-24.

［429］Wood Joseph. 1997. Vietnamese American Place Making in Northern Virginia［J］. Geographical Review, 87(1)：58-72.

［430］Woodhouse Kathleen. 2005. Latvian Place Making In Three North American Cities［D］. Kent State University.

［431］Woolley C Leonard. 1930. Ur of the Chaldees：A Record of Seven Years of Excavation［M］. New York：Charles Scribners and Sons.

［432］World Bank. 2000. World Development Report1999/2000［R］.

［433］World Bank. 2005. World Development Report：A Better Investment Climate for Everyone［R］.

［434］World Bank. 2006. World Development Indicators［R］.

［435］World Bank. 2013. World Development Report：Jobs［R］.

［436］Wright Gwendolyn. 1981. Building the Dream：A Social History of Housing in America［M］. Cambridge, MA：MIT Press.

［437］Yeung Henry Wai-Chung. 1999. The Internationalization of Ethnic Chinese Business Firms from Southeast Asia：Strategies，Processes and Competitive Advantage［J］. International Journal of Urban and Regional Research，23（1）：103-127.

［438］Yeung Yue-Man. 1976. Southeast Asian Cities：Patterns of Growth and Decline［M］// Berry B. Urbanization and Counter-Urbanization. Beverly Hills，CA：Sage Publications.

［439］Yinger John. 1995. Closed Doors，Opportunities Lost：The Continuing Costs of Housing Discrimination［M］. New York：Russell Sage Foundation.

［440］Zeng H，Sui D Z，Li S. 2005. Linking Urban Field Theory with GIS and Remote Sensing to Detect Signatures of Rapid Urbanization on the Landscape：Toward a New Approach for Characterizing Urban Sprawl［J］. Urban Geography，26：410-434.

［441］Zhou Min. 1992. Chinatown：The Socioeconomic Potential of an Urban Enclave［M］. Philadelphia：Temple University Press.